本书为宁波大学人文社会科学培育项目"环境法治认同型塑路径研究"（项目编号：XPYB20003）的研究成果之一

新媒体背景下
公众法治认同的
困境及其应对

高　颖◎著

中国社会科学出版社

图书在版编目(CIP)数据

新媒体背景下公众法治认同的困境及其应对 / 高颖著 . —北京：中国社会
科学出版社，2021.11

（宁波大学东海文库）

ISBN 978-7-5203-9057-6

Ⅰ.①新… Ⅱ.①高… Ⅲ.①社会主义法治—研究—中国 Ⅳ.①D920.0

中国版本图书馆 CIP 数据核字（2021）第 181822 号

出 版 人 赵剑英
责任编辑 梁剑琴
责任校对 季 静
责任印制 郝美娜

出 版 中国社会科学出版社
社 址 北京鼓楼西大街甲 158 号
邮 编 100720
网 址 http：//www.csspw.cn
发 行 部 010-84083685
门 市 部 010-84029450
经 销 新华书店及其他书店

印 刷 北京君升印刷有限公司
装 订 廊坊市广阳区广增装订厂
版 次 2021 年 11 月第 1 版
印 次 2021 年 11 月第 1 次印刷

开 本 710×1000 1/16
印 张 13.5
插 页 2
字 数 222 千字
定 价 78.00 元

总　序

21世纪正面临一个从"黄土时代到蓝土时代"的转型大变局。从"面朝黄土、背向海洋"到"面向海洋、海陆统筹、谋新蓝图"在当下已成当今世界发展的大趋势。同时伴随着人类人口剧增，人类对海洋这一"最后空间"进一步涉足，人类的"活动半径"正进一步从"内陆"延展至"海洋"，陆地资源因大规模开发利用而日趋短缺，海洋也已成为人类在地球上进一步拓展足迹的最后空间。毋庸置疑，宁波作为"面向海洋、海陆统筹、以海定陆、谋新蓝图"趋势下向海而生的重要节点城市，面对上述时代变局，其本土所生发的系列先行先试治理及法治实践，正进一步被推向前台。

宁波作为计划单列市、副省级城市，是"一带一路"重要节点城市，有着诸多先行先试的商、海、港等先试资源，正面临"全面展示中国特色社会主义优越性、全国生态文明先行示范、高质量发展建设共同富裕示范"等十余项国家级先行示范区的时势之责。就宁波港而言，其历史可追溯到数千年之前，唐朝建立明州港，元朝更名为庆元港，明朝更名为宁波港。宁波舟山港位于中国大陆海岸线中部、"长江经济带"的南翼，为中国对外开放一类口岸，中国沿海主要港口和中国国家综合运输体系的重要枢纽，中国国内重要的铁矿石中转基地、原油转运基地、液体化工储运基地和华东地区重要的煤炭、粮食储运基地。宁波舟山港由北仑、洋山、六横、衢山、穿山等19个港区组成，共有生产泊位620多座，其中万吨级以上大型泊位近160座，5万吨级以上的大型、特大型深水泊位90多座，是服务长江经济带、建设舟山江海联运服务中心的核心载体。2020年，宁波舟山港完成货物吞吐量11.72亿吨，同比增长4.7%，连续12年保持全球第一；完成集装箱吞吐量2872万标箱，同比增长4.3%，继续位列全球第三。

　　宁波大学面朝东海、根系内陆，于上世纪八十年代由北京大学、浙江大学、复旦大学等五校对口援建而成。正如同其校训"实事求是、经世致用"一样，宁波大学扮演着地方与国家、本土与海外、理论与实践相对话与沟通的重要桥梁。宁波大学法律系于1986年在北京大学法律系对口援建下创办，是宁波大学最早设立的八个系之一。法学专业先后获国家综合改革专业、国家特色专业、浙江省"十二五"和"十三五"优势特色专业，入选首批国家一流本科专业建设点，法学学科为浙江省一流学科（A类）。行政管理专业为浙江省重点建设专业，公共管理学科是浙江省重点建设学科。宁波大学法学院已形成民营经济与中小企业法治服务、法治政府与地方治理、生态文明与海洋法治等特色学科建设领域。法学院拥有浙江省高校人文社科重点研究基地——法学、省重点学科——民商法学，法学浙江省首届高等学校省级教学团队、"滨海湾区建设及其法治保障"浙江省高校高水平创新团队，拥有浙江省高校人文社科重点研究基地、浙江省首批重点专业智库——东海研究院、国家首批知识产权信息服务中心等一系列学科科研建设平台；同时拥有宁波市人大常委会与宁波大学合作共建的"宁波立法研究院"。浙江省重点专业智库宁波大学东海研究院、宁波大学法学院、宁波立法研究院三者形成一体两翼的格局。

　　宁波大学东海研究院有着多年的建设积淀。2006年4月，宁波大学获批浙江省首批哲学社会科学重点研究基地（东海研究院的前身），经十余年的建设积淀，2016年11月提升发展并命名为宁波大学东海研究院；2017年遴选为浙江省教育厅首批高校智库，2018年遴选为浙江省首批重点专业智库，其后入选中国CTTI来源智库，成为中日韩黄东海战略联盟核心支撑平台之一。东黄海研究智库联盟是为落实李克强总理2014年第九届东亚峰会上提出的建设东亚海洋合作平台的倡议，由自然资源部海洋发展战略研究所2017年发起成立的我国首个专门研究东黄海涉海问题的智库合作机构。宁波大学东海研究院从"环境"与"海洋"两大领域跨学科推进系统深入研究，尤其重点关注"生态文明及法治基础理论及重点实践，海洋法治、海洋经济、海洋环境和海洋教育"等领域的重大前沿理论与现实问题。通过积极开展厚实的积淀建设与广泛的国内国际交流合作，东海研究院已建立了一支专业优势突出、研究视野宽广、决策能力突出、结构合理的研究团队；形成"高端东海智库论坛、东海沙龙、东海讲坛、东海通讯、海洋教育研究通讯"等一系列有影响力的智库品牌与交流载体;刊发诸多深层次的前沿真知灼见和有价值的论著;获得了国家社科重大招标项目,以及重要国家领导人、生态环境部部长、省委书记及省长等领导肯定性批示等一系列高端标志性成果;在国内外具有充分影响力与知名度,积极发挥着国家战略及地方治理先行先试的理论研究与资政智囊团作用。

宁波立法研究院成立于2021年,其服务于国家法治战略、宁波市人大地方立法、法规动态维护、法律法规实施监督等工作,服务于宁波大学法学学科建设,旨在打造一流的地方人大工作法律专家智库,探索研究地方先行先试立法、法律法规实施监督等前沿理论和实务领域重点课题,为地方人大及其常委会履行法定职责、推进地方治理体系和治理能力现代化提供有力的理论支撑和智力支持。力求通过宁波的先行先试地方立法实践与经验总结,合力将宁波立法研究院建设成为全面展示先行区域先行先试立法实践与经验的"重要窗口"。

伴随着党中央全面推进依法治国、推进国家治理体系与治理能力现代化等一系列重大战略举措的大力推进,我们正面临坚定不移走中国特色社会主义法治道路,在法治轨道上推进国家治理体系和治理能力现代化,为全面建设社会主义现代化国家、实现中华民族伟大复兴的中国梦提供有力法治保障,探索地方治理体系与治理能力现代化先行先试经验等时代要求。面对时势,对于宁波、宁波大学、宁波大学法学院、东海研究院及宁波立法研究院等而言,无疑需要在"前沿理论问题研究、先行制度机制创新先试、先行先试经验提炼推广、国家及地方政府治理战略咨政建言、高层次地方治理及法治人才培养"等方面,对时代大变局下的一系列新诉求予以积极回应,以及积极回应"全面展示中国特色社会主义优越性、全国生态文明先行示范、高质量发展建设共同富裕示范"等时代重责,积极扮演"示范先行区、发展引领区、改革试验区、展示探索者"等时代角色。

也正基于此,促就了《宁波大学东海文库》的共同谋划与系统生发。本文库旨在宣传先行先试区域、宁波大学、宁波大学法学院、东海研究院及宁波立法研究院等在积极回应时代大变局及时势使命诉求中,所涌现的有关"治理与法治先行先试探索"的一系列优秀理论与实证研究成果。

成果入选本文库，不论作者职称、地位和亲疏，一切以学术性为唯一考量，以求立足"顶天立地"以力承时势之责，为推进国家治理体系与治理能力现代化贡献绵薄之力！面对新时代大变局，《宁波大学东海文库》秉承"国家战略、区域先行、国际视野、中国立场"的逻辑主线，立足"根植于本土、归属于全国、面向新时局"的生成基点，迈向法治先行先试的新征程！敬请大家批评指正！

钭晓东

2021 年 6 月

前　言

　　"认同"本质上是一个反思性的自我意识概念，其包含了自身统一性中的所有内部变化和多样性。从法律意识、法律信仰到法治思维、法治认同的语词变化，并非仅是概念的转换，而是中国法治实践需求转化下的法学认识转向，是对法治本质、中国法治路径的争鸣与反思。它标志着中国法治从建构理性向实践理性的转化，也标志着中国法治从国家中心向公民中心的转化。法治认同亦是法治之标准，又是良法善治之结果。法治的本质决定了法治需要公众内心的自觉遵守与真诚认同。改革开放40多年来，从社会主义法律体系建设到社会主义法治体系建设，从法治国家到法治政府、法治社会建设，法治整体建设稳步推进。伴随司法改革我国司法体制也不断完善，全社会法治观念明显增强。然而颇为吊诡的是，公众法治认同似乎并未随着中国法治的进步而得到强化，呈现出公民法治认同与中国法治发展的非同步甚至是错位的非正常现象。从"彭宇案"到"芭蕾舞团"事件，质疑与解释、反对与赞许一时间席卷各类社交媒体，成为街头巷尾热议的话题。与社交媒体中舆论狂欢所不相称的是，公众似乎并未真正关心事件背后法治归属。法学人期望一次又一次的热点案件能够成为中国的"辛普森案"，成为伸张正义、法律教育、规则主义宣传的契机，但结果并不如"操纵水晶球"的法律人所愿。祈愿与现实的反差已然超越传统意义下法治内在建构视野，不禁让中国法学人重新审视法治、公众与媒体三者之间的关系，而三者恰恰共同作用于法治认同。

　　新媒体所具有的脱域性、匿名性、及时性、互动性特质，将传统的以机构为基本单位的社会性传播改变为以个人为基本单位的社会性传播，全面深入地影响和塑造了社会公众的日常生活和思维方式，并成为社会公众对法治进行共同想象的中介。由于新媒体大众获得前所未有的话语权，知识精英阶层对于真相和真理的垄断被打破，新媒体时代带给精英的焦虑和惶惑，如同印刷术在中世纪后期开启的知识平民化的普及带给贵族的焦虑和惶恐。新媒体终结了知识精英、专业研究者对知识与观点的垄断，公众开始拥有更多的信息资源，且交互形成巨大舆论洪流，几乎能够与以精英为代表的国家理性匹敌。恰似大部分学者对新媒体之于哈贝马斯公共领域的判断，以网络技术为核心内容的新媒体为公共领域的兴起和重构带来了重要契机。理想状态下新媒体所承载的海量信息扩展了公众理性，成为法治共识的基础；其超越时空的交互性为理性交往提供了媒介平台，构成法治认同的路径。

然而，新媒体在法治共识形成与共识传播的过程中似乎并未保持技术中立。在热点案件中新媒体有其自身的价值判断，更倾向于超脱法治判断而引领民意朝向媒体的传播规律。如果从法律系统内在视角观察，上述现象定然是媒体消极的一面。但从更为超脱的社会学视角观察，上述现象可归结为法律系统与媒体系统结构耦合不足，而这一沟通不足在公民心理系统中呈现为法治认知的偏差、情感的消解与群体共识的破裂。复杂化和专业化是现代法律发展的必然趋势。在此趋势之下，公众捕捉法律信息并内化法律认知的成本越发高昂，也就形成所谓的法律信息壁垒。而新媒体的传播规律决定了越是通俗、标签化的信息越是能够形成流量与关注。显然法律规律与媒体传播规律并不契合，加之中国媒体社会责任的法律化程度较低与公民理性不足，共同造成了法治认同与法治发展非同步与错位。

因应困境之策在于法律专业化的缓解与媒体传播规律的强力牵引。法律系统内部立法、执法、司法应在尊重相对独立性的同时刻意消解法律信息的专业化壁垒，主要包括法律全过程的信息公开、信息内容的通俗化以及专业化动态信息释放机制。内部专业化的缓解有助于保持法律信息的真实性，同时有利于法律信息与媒体系统的衔接。同时需要通过新媒体责任的法律化克制新媒体过度的商业化倾向，让新媒体传播规律回归社会中心；通过社会氛围培育塑造公众的公民品格，促进公民与新媒体、法律系统之间的理性沟通，排除极化、情绪化、过度道德化的不利影响；让法律职业共同体从封闭的法律象牙塔走向更为开放的媒体世界，实现法律人向法律人与媒体人双重身份的转变，发挥意见领袖引导舆论的作用。

本书具体章节内容概括如下：

第一章，法治认同及新媒体的基本范畴。本章内容首先阐述了法治认同的内涵与特征，并进一步阐述了法治认同的构成要素以及辨析法治认同与相关概念。其次，在此基础上从理论层面具体分析了法治认同的产生机理和法治认同的具体标准。再次，从法治认知的获取、法治情感的产生、法治评价的形成以及法治行为的发生四个过程分析个体法治认同的形成过程。最后，对新媒体的基本内涵、特征、分类以及其运行规律和传播特性进行了阐述。本章通过对法治认同及新媒体的基本范畴的阐述为本书整体研究奠定了基础。

第二章，新媒体背景下法治认同的理论基础。本章内容通过对新媒体背景下法治认同理论基础的阐述和论证，对进一步认识法治认同和全面深入地揭示法治认同的形成逻辑和机制有着重要的意义。同时也为后文论证法治认同存在的问题及法治认同的重塑奠定了深刻的理论基础。本章以哈贝马斯公共领域理论和交往行为理论、人本主义与人民主权理论作为新媒体背景下法治认同的理论基础。公共领域为新媒体背景下公众法治认同提供了场域和空间，有效地促进了法治认同的形成。交往行为构成了法治认同形成的具体路径，法治认同在主体间的交往行为中得以形成。而人本主义为公众法治认同提供主体性来源，同时人民主权理论为公众法治认同提供了正当性基础。

第三章，新媒体背景下公众法治认同的困境。新媒体不仅改变了传统信息的生产方式和传播规律，同时也改变了社会主体的思维方式和生活方式。在当代法治实践中，新媒体促进公众法治认同的形成，同时新媒体带给公众法治认同消极影响，造成公众法治认同困境。本章内容首先探讨了新媒体对公众法治认同的作用。其次，从公众个体法治认同和公众群体法治认同两个视角剖析了新媒体对公众法治认同造成的困境。一方面，新媒体对公众个体法治认同造成困境，导致公众个体法治认知的偏差、法治情感的消解、法治评价的偏见以及法治行为的背离；另一方面，新媒体对公众群体法治认同造成困境，导致公众群体法治共识破裂。

第四章，新媒体背景下公众法治认同困境的原因分析。对新媒体背景下公众法治认同困境的原因的深入分析和论证，有助于进一步深刻认知法治认同并且为后文论证公众法治认同重塑和强化的路径奠定基础。本章内容从法律层面、新媒体层面以及公众层面对新媒体背景下法治认同困境的原因进行深入系统的分析和论证。在法律层面，现代法律专业化形成的认知壁垒是新媒体背景下公众法治认同困境产生的根本原因。这种认知壁垒集中体现在立法专业化和司法专业化两个方面。在新媒体层面,新媒体社会责任的缺失是造成公众法治认同困境的重要原因。在公众层面,公众公民性品格的缺失进一步加剧了新媒体背景下公众法治认同的困境。法律、新媒体以及社会公众三个层面的原因共同造成了公众在新媒体背景下的法治认同困境。

第五章,新媒体背景下公众法治认同重塑路径。本章内容在前文关于新媒体背景下公众法治认同的具体困境及其原因的论证基础之上,提出了新媒体背景下公众法治认同重塑的具体路径。首先,在法律层面,积极促进法律专业化的缓解。主要从立法、司法和执法三个方面促进法律专业化的缓解,消解法律专业化下公众认知壁垒。其次,在新媒体层面,促进新媒体社会责任的实现。具体从新媒体社会责任的法律化、新媒体自律以及社会监督、新媒体从业人员法律素养的提升三个方面进行论证。再次,在公众层面,促进公众公民性品格的塑造,从而保障公众法治认同的形成和重塑。最后,发挥法律职业共同体对网络法治舆论的正确导向。本章内容从以上四个层面系统地论证了新媒体背景下公众法治认同重塑路径。

目　　录

导　论

一　选题缘起与研究意义

（一）选题缘起

党的十九大报告提出："加大全民普法力度，建设社会主义法治文化，树立宪法法律至上、法律面前人人平等的法治理念。"① 党的十八届四中全会提出："法律的权威源自人民内心拥护和真诚信仰"②。提高公众法治认同是我国现阶段法治发展和建设的一个重要课题。一个国家的法律制度和法律运作的社会效果只有获得了社会公众的普遍认可，法治发展才获得了合法性来源；一个国家的法律制度、法律规范和法律原则以及法律精神内化于公众的内心行为准则，才能获得持久的生命力。我国法治建设经历了一个迅猛高速发展阶段，法治建设在制度层面不断地进步和完善，然而作为法治建设和发展的社会心理基础即公众的法治认同和法律意识却远远落后于法治的物质层面和制度层面的建设，严重阻碍了我国法治建设的良性发展。我国法治建设一直以来采取国家主导、立法先行的模式，加之几千年中国传统法律文化的影响，公众缺乏对现代法治精神和法治优越性的认知和体验，出现了法律制度先行但法治观点滞后的非正常现象以及法律制度与法治意识严重脱节的情况，最终导致大量的法治现实问题。因此，要从根本上解决这些问题，就必须在法律制度和公众之间建立起法治认同这个桥梁。通过提高公众的法治认同，促进公众正确法治认知、积极

---

① 《决胜全面建成小康社会　夺取新时代中国特色社会主义伟大胜利——在中国共产党第十九次全国代表大会上的报告》，人民出版社 2017 年版，第 39 页。

② 《中共中央关于全面推进依法治国若干重大问题的决定》，人民出版社 2014 年版，第 26 页。

的法治评价以及正向的法治情感的产生，最终将法治制度和法治精神内化为积极主动的守法，实现法治与公众行为的良性互动。

以信息平台数字化、程序化和社会生活服务网络化为特征的第四次信息技术革命，给我们的政治经济文化以及法治的发展带来了翻天覆地的变化和前所未有的影响。特别是以互联网、手机、微博、微信等为主要代表的新媒体的出现，给我国法治建设带来了机遇，更提出了巨大的挑战。新媒体具有脱域性、及时性、互动性和虚拟性等特征，其成为公众获取法治信息和法治知识、表达法治情感、进行法治评价的重要载体，为公众与法律精英的互动提供了平台。新媒体为公众的法治认同提供了重要的场所，促进了我国公众法治意识和法治观念的培育和提升，塑造了现代法治文化，促进了公众的权利意识并培养公众法治思维和法治情感，对我国法治共建共享有着任何事物都不能取代的价值和意义。

然而，新媒体对于公众法治认同是一把双刃剑。在现实的法治实践中，新媒体由于自身的传播特性、网络舆论传播的群体极化现象以及公众现代公民品格和理性精神的缺乏等诸多复杂因素的影响，制约了公众法治认同的良性发展，造成了公众法治认同一系列的困境和问题，并放大和加剧了传统媒体背景下公众法治认同存在的现实问题。近几年发生的药家鑫案、许霆案、雷洋案、于欢案以及江歌案等大量的网络法治热点案件，经过网络舆论的演绎和发酵，严重破坏了司法公信力和法治秩序；加剧了法治共识的分裂，进一步加深了普通社会公众与法律职业共同体之间的偏见和对立；同时削弱了公众的法治情感，误导了公众的法治认知，最终引发了社会公众法治认同的危机，进而给我国法治健康发展造成了极大的破坏性后果。

面对新媒体背景下公众法治认同危机和困境，我们必须谨慎地对待和解决，防止新媒体因其自身的信息传播规律而肆意扰乱我国法治建设秩序。因此，笔者认为，新媒体背景下公众法治认同的研究具有重大的前瞻性和时代性，更具有重要的理论意义和现实意义。

（二）研究意义

1. 理论意义

首先，丰富和完善法治认同研究理论体系。目前学界对于法治认同的研究比较零散，缺乏系统化的分析和研究。多数学者的研究浅尝辄止而浮于基础性和概念性的探讨，再加上我国对于法治认同的研究起步较晚，且研究的内容多数局限于概念、特征和内涵等基础性理论研究，缺乏深入体系化的分析和探讨。笔者在目前研究成果上，发掘法治认同的内涵和特征，并结合认同理论具体地分析了法治认同产生机理和生成逻辑的现实表达，同时将哈贝马斯的公共领域、交往行为理论以及人本主义和人民主权理论与法治认同相关问题相结合，从而在内容上丰富了我国当代关于法治认同的理论研究体系。

其次，扩展法治认同研究的视角和方法。以往学界多从传统法律文化或者是从不同主体的法治认同视角来研究法治认同，也有部分学者从法律权威与法治认同的关系等视角研究法治认同。新媒体背景下的法治认同问题，学界目前还没有对其进行过系统深入的分析和研究。因此笔者突破传统研究的视角，开创新的研究方法和内容，以新媒体作为研究的背景和视角，深刻剖析新媒体对当代普通公众法治认同的积极影响和造成的困境，同时系统地阐述了媒体、公众与法治三个层面如何进一步提高公众法治认同的具体指向和路径。因此开创性扩展了研究视角和方法。

最后，促进和深化新媒体理论研究的具体领域。新媒体在我国的突飞猛进地发展，衍生了学界研究的浪潮。法学学术界对此的研究更是系统而庞大。学者多数以新媒体作为研究的背景，具体结合法学领域的某一问题进行研究，然而学界目前对于法治认同与新媒体二者的辩证关系的研究基本是一个盲区，而本主题的研究开创了新媒体研究的新领域和新视角。

2. 现实意义

首先，提高公众的法治认同，促进法治权威的实现。一国公众的法治认同是法治权威实现的先决条件，公众只有从内心深处认可法律规范和接受司法判决，法治的权威才能最终确立，公众的法治情感才能培养。本书通过分析法治认同在实践中具体的生成路径并结合新媒体环境中法治认同存在的具体问题，提出了法治认同重塑路径，有助于解决现实中存在的法治认同问题，从而提高公众的法治认同，进一步促进法治权威的实现和确立。

其次，促进新媒体和法治的良性互动和健康发展。新媒体的迅速发展，为我国法治发展提供了新的社会环境，对法治健康至关重要。本书通过研究新媒体平台下网络公众的舆论监督及公众理性思维的回归并在法治的框架内促进新媒体社会责任的法律化，从而促进新媒体对法治的积极价值的实现，并发挥其在立法、执法和司法中的监督作用，同时发挥其宣传法治价值和法治精神的价值与意义，最终促进新媒体与法治的良性互动。

最后，促进依法治国共识的形成。依法治国是我国一项长期的国策和治国理念，其实现离不开稳定的社会心理基础的支持，而全社会依法治国共识的形成无疑为其提供了稳定的内部动力和社会心理基础。本书通过法治认同的研究，进一步促成公众法治共识的形成，弥补大众法治认知与现实法治制度之间存在的裂痕，缩小公众与法律精英之间的对立与偏差，促进全社会依法治国共识的达成。

二　国内外研究综述

（一）国内研究现状述评

1. 新媒体及其相关问题研究现状

（1）关于新媒体的概念

新媒体一词最早是在 20 世纪中期被提出。新媒体的概念随着社会发展和科学技术的进步，其内涵也在不断发生变化。20 世纪首次被提出时，新媒体主要是指广播、电视等。而当代新媒体主要是以互联网技术为基础的各类新型媒体的总称，主要包括互联网、移动电视、智能手机、微信、微博、博客以及各类社交媒体。当代学界从不同的视角对新媒体概念予以界定。赵凯通过与传统媒体的比较，认为可以从传播特性和技术特性两个层面界定新媒体。从传播层面来看，新媒体信息传播具有交互性，而传统媒体信息的传播具有单线性；从基础层面来看，新媒体是以互联网和计算机技术为依托，其具有虚拟性和数字性，而传统媒体是以广播、电视、报刊等实物为依托，具有真实性。[①] 新媒体是随着时间的变化而具有相对性的一个概念，新媒体是相对于旧媒体而言的。如电视相对于互联网是旧媒体，而智能手机相对于传统手机是新媒体。石磊认为，新媒体与旧媒体相对应，其是在传统媒体如广播、报刊和电视等基础上形成的一种新型的媒体形态。新媒体以无线通信技术、互联网技术、卫星通信技术等新科学技

---

① 参见赵凯《解码新媒体》，文汇出版社 2007 年版，第 98—200 页。

术为支撑，向用户提供和传播信息的一种媒介形态。① 尽管学者们对新媒体的概念给予了不同的观点，然而关于新媒体的概念达成了两点基本共识：一是新媒体是与旧媒体而言的一种媒体形态；二是新媒体是以互联网技术、卫星通信技术、移动网络技术等科技为依托的一种新型媒介。

（2）关于新媒体本质

关于新媒体本质的论述，学界没有做专门性的论述。学者们大多在新媒体概念和内涵的论述中对新媒体的本质间接进行了阐述。如毕文佳指出，在互联网技术和数字技术的不断发展和革新中，新媒体在社会公众日常生活中不断得以普及，成为大众信息传播和信息交流沟通的重要空间和平台。新媒体不是完全脱离于传统媒体，而是在传统媒体的基础上融入互联网技术、卫星通信技术以及数字技术，从而形成具有传统媒体视听功能的信息传播载体，同时具有数字化、虚拟性及脱域性的传播媒介。② 从以上关于新媒体的论述中，可以看出新媒体的本质依然是媒介，新媒体的本质功能依然是信息的传播。新媒体为社会公众提供了一个虚拟的巨大的信息传播和交流平台。

（3）关于新媒体运作方式研究

学者们从不同角度对新媒体的运作方式进行了阐述，有助于我们更好地认知和把握新媒体。有的学者从新媒体传播特征的角度论述了新媒体的运作方式，如李玲提出，作为新媒体的一个典型代表的微博，其传播运作过程中体现了信息发布的及时性、内容的交互性、主体交流的便捷性，而新媒体的这些运作方式特征对传统媒体的存在和运作带来巨大挑战。③ 刘津认为，博客新媒体的运作方式主要有大众传播、群体传播和人际传播三种形式，而这三种运作形式进一步推动了人们对新媒体传播方式的认识。④ 而陆小华指出，新媒体的运作特征主要体现在信息驱动过程中思维方式的变化。⑤

---

① 参见石磊《新媒体概论》，中国传媒大学出版社 2009 年版，第 2 页。

② 参见毕文佳《新媒体特性及电视媒介的变革融合》，《现代视听》2012 年第 6 期。

③ 参见李玲《微博时代传统媒体的挑战、机遇和对策》，《理论探索》2011 年第 3 期。

④ 参见刘津《博客传播》，清华大学出版社 2008 年版，第 249 页。

⑤ 参见陆小华《新媒体观——信息化生存时代的思维方式》，清华大学出版社 2008 年版，第 4 页。

2. 法治认同及其相关问题研究现状

学界对法治认同的研究相对较少，更是缺乏体系化的研究。法治认同的概念在学者们对法律意识、法律信仰的研究中得以逐渐提出。但是专门研究法治认同的学者较少，特别是互联网与法治认同问题的研究，目前学界几乎没有涉及。党的十八届四中全会之后，法治认同的相关研究逐渐受到学界的重视，法治认同的研究成果也逐年递增。就研究著作而言，卢建军教授的著作《法治认同生成的理论逻辑》，是国内学界第一部关于法治认同研究的专门性作品。而其他著作是与法治认同理论相关或者交叉的学术成果。如姚建宗教授所著的《法治思语》、王利明教授所著的《迈向法治——从法律体系到法治体系》、刘哲昕教授所著的《法治才是硬道理——从法治思维到命运共同体》、季卫东教授所著的《通往法治的道路——社会的多元化与权威体系》等。国外中文译作有德肖维茨（Alan Morton Dershowitz）教授所著的《你的权利从哪里来?》、美国汤姆泰勒（Tom R. Tyler）所著的《人们为什么遵守法律》等。这些著作尽管没有对法治认同予以直接的论述，但为法治认同的研究奠定了理论基础。

（1）关于法治认同概念和内涵的研究

目前学界关于法治认同概念，学者从不同的角度进行了界定，比较零散，主要体现在一些期刊论文当中。在《当代中国的法治认同：意义、内容及形成机制》一文中，李春明、张玉梅认为："法治认同是指公众对制定的良好的法律的普遍认可和接受，是指公众通过实践经验和理性对法律进行评判，因法律顺应民众的价值期待、满足民众的需要，民众从而认可法律、尊重和信任法律、愿意服从法律的过程。"[1] 龚廷泰教授在《法治文化的认同：概念、意义、机理与路径》一文中提出，法治认同"一是指主体间在平等基础上的一种'相互承认'"，"二是指一种'重叠共识'，是民众认知的'最大公约数'"。[2] 在《公众认同、诱导观念与确立忠诚——现代法治国家刑法基础观念的批判性重塑》一文中，周光权认为："刑法认同是指公民对犯罪与刑罚之间必然的、适当的对应关系的

---

① 李春明、张玉梅：《当代中国的法治认同：意义、内容及形成机制》，《山东大学学报》（哲学社会科学版）2007 年第 5 期。

② 龚廷泰：《法治文化的认同：概念、意义、机理与路径》，《法制与社会发展》2014 年第 4 期。

确信和对刑法在划定国家权力和公民权利界域中的能力的期待，以及对依刑法而作出的解决社会冲突的结论的服从和尊重。"① 饶世权在《如何提高法治政府建设的公众认同》一文中提出："法治政府建设的公众认同是指公众对法治政府建设和自身利益、需求的一致性做出肯定性评价，即公众理解法治政府建设是对自身利益的确认和保护，从而认可法治政府建设，并采取自愿合作的态度。"② 李春明、张玉梅进一步对法治认同的分类进行了归纳概括。他认为从公众对法治的功能认知的角度，法治认同可分为工具性认同和价值性认同；从公众与法律的关系的角度，可分为义务性守法认同和权利性的用法认同；从公众在法治建设中的地位来看，可分为客体性法治认同和主体性法治认同。③

笔者比较赞同李春明教授和龚廷泰教授关于法治认同概念的界定。法治认同是指社会公众对制定的良法的普遍认可和接受，对法治规范和法治制度以及法治价值与精神的理解与认可，从而在行为上遵守法制规范与制度。同时法治认同是人们对法治的一种"相互承认"，是民众对法治的"重叠共识"，是主体对法治中的正义观念、良好的社会秩序观念、公民作为人的观念、制度正义原则以及关于合作性美德的共识。

（2）关于法治认同的机制与路径的研究

梳理相关学者的研究成果，关于法治认同的机制与路径的研究，其主要从法治的宣传教育、制定良好的法律、公正的司法以及严格的执法等角度进行阐述。如李春明、王金祥认为，当代影响法治认同的形成主要有三个方面的因素，一是市场经济，其对法治认同起着决定性影响；二是社会主体对合法利益的承认与保护；三是政治的民主性、合法性等。④ 因此我们可以认为，市场经济的发展、民主政治的完善以及对社会个体合法权利与利益的保护，是促进当代公众法治认同的重要路径。喻名峰在《法治

---

① 周光权：《公众认同、诱导观念与确立忠诚——现代法治国家刑法基础观念的批判性重塑》，《法学研究》1998 年第 3 期。

② 饶世权：《如何提高法治政府建设的公众认同》，《中国党政干部论坛》2014 年第 2 期。

③ 参见李春明、张玉梅《当代中国的法治认同：意义、内容及形成机制》，《山东大学学报》（哲学社会科学版）2007 年第 5 期。

④ 参见李春明、王金祥《以"法治认同"替代"法律信仰"——兼对"法律不能信仰"论题的补充性研究》，《山东大学学报》（哲学社会科学版）2008 年第 6 期。

认同的理论辨析与路径探索》一文中提出了法治认同的三条路径。首先是促进司法和执法活动中公平正义的实现,这是法治认同形成的根本保障。国家的执法和司法活动只有体现了公平正义的法治价值,公众才能从内心真诚地认可和接受法治。其次是相关法治理念和法治精神、价值的教育和宣传。这是法治认同形成的法治文化基础。最后是法治共同体的建设。如法律职业共同体的建设可以促进全社会法治认同的形成。① 孙保全提出了我国边疆治理中促进法治认同形成的路径,一是体现公平正义的良法的制定;二是法治理念的教育和宣传。② 而卢建军教授从法治认同主体客体化和客体主体化两个层面论证了法治认同,同时在阐述主体间理论的基础之上论证了法治认同的形成路径,即社会交往。③ 武晓婕提出当代大学生法治认同形成的具体路径,一是大学生平等自由意识的培养;二是大学生权利与义务观的养成;三是提高大学生对国家政治制度的认同;四是规则观点的形成。④

（3）关于法治认同存在的问题的研究

学者主要从传统法律文化、司法运行等视角研究当前法治认同困境及其重塑的路径。如有学者通过对中国语境的考察研究中国法律认同存在的现实困境以及在中国语境下重塑公众法律认同的路径。再如李春明、张玉梅在对我国历史传统文化中"无讼"现象系统深入分析基础之上,认为"无讼"文化维护了封建统治者的统治权威的同时,促进了公众义务本位的价值观的形成,而这导致公众对法律的狭隘片面的认知和理解,从而形成工具性的法律认同和单一性的法律认同,一定条件下还会导致公众对法律的不认同。⑤ 又如孙青平分析了法律信任缺失的原因主要包括法治文化的缺失、当代司法信任危机以及社会共同体的分割等。⑥

---

① 参见喻名峰《法治认同的理论辨析与路径探索》,《湖南师范大学社会科学学报》2015年第4期。

② 参见孙保全《边疆治理视野中的法治认同问题》,《中国民族报》2015年7月24日。

③ 参见卢建军《法治认同生成的理论逻辑》,法律出版社2014年版,第16页。

④ 参见武晓婕《思想道德修养与法律基础课教学中大学生法治认同观念培养路径探析》,《价值工程》2011年第11期。

⑤ 参见李春明、张玉梅《"无讼"法律文化与中国公众的法律认同》,《法学论坛》2007年第4期。

⑥ 参见孙青平《当前社会信任危机问题与信任重构》,《河南社会科学》2010年第4期。

（4）关于法治认同与法律认同的研究

法治认同与法律认同是一对容易混淆的概念。在我国长期的法学研究中，基本是针对法律认同进行研究，而关于法治认同的研究甚少。我国依法治国战略在党的十五大时才得以确立，而在党的十八届四中全会以前党的文件中基本没有关于法治认同的提法。因此学界长期以来更多地关注法律认同的研究，而鲜少重视法治认同的研究。法治认同往往被边缘化。法治认同与法律认同二者在概念和内涵上有相互重叠和交叉的地方，学者们经常对二者不加以区分而笼统地一并使用。目前我国学界对于二者的关系主要有两种认知。一是认为法治认同属于法律认同的一部分，法律认同的外延大于法治认同。这种观点的提出主要基于法治与法律的关系。法治属于法律中良法。因此将法治认同包含于法律认同之内。二是将法治认同与法律认同放在法治国家和法治社会中予以辨析。这种辨析强调法治认同自身的独立性以及法治认同对当代法治国家和法治社会及法治政府建设的重要意义。但是持此观点的学者们在具体研究阐述中，还是将法治认同与法律认同混淆使用，没有体现出法治认同这一概念的独特价值和意义。

（5）关于法治认同研究的不足

学界对法治认同研究的文献较少，笔者在对法治认同相关研究的文献进行梳理和总结，从而得出目前关于法治认同的研究存在以下几个方面的不足。第一，关于法治认同的研究大多局限于概念自身的分析，主要是对法治认同的特征、意义、产生的方式等内容的研究，缺乏法治认同在实践背景下的研究，没有将研究的内容具体与现实的法治问题很好地结合起来。第二，法治认同与其他概念混淆不清。如将法治认同与法律信仰、法律意识、法治文化、法律观念和法律心理等混为一体。法治认同的研究时间较短。法治认同是在学界关于法律认同、法律意识、法律信仰、法治观念等的研究中逐渐提出并受到重视的。所以学界往往将法治认同与法律认同、法律观念、法律信仰、法律意识等概念混淆。第三，研究的内容缺乏实践性与实效性。相关的研究多数集中于概念与理论自身的内容，并未将法治认同在当下法治时代中存在的现实问题与时代困境中很好地体现出来。

3. 新媒体与当代公众法治认同研究现状

目前学界对于法治认同的研究如前文所述，直接以其为研究内容的较少，多数是以与法治认同相关的主题如法律信仰、法律意识等进行研究和分析。而以新媒体与法治认同为主题进行的研究在中国知网中未曾找出一篇文献。以新媒体与法律信仰或者网络与法律意识等相关内容为主题研究的文献，主要分析了新媒体背景下不同主体的法律意识、法律信仰及法律观点等的培养或是新媒体对公民法律意识、法律信仰等带来的积极和消极影响。这些相关主题的研究间接地为本书的研究提供了素材和思路，拓宽了研究的视角和方法。学界对此主题研究的缺失客观上给本书研究提供了巨大的研究空间，同时带来了极大的挑战。在此，根据本书主题涉及的几个方向，就此研究现状做一个概述。通过梳理相关文献，发现关于新媒体与法治研究内容庞大而复杂。法治本身就是一个庞大而系统的主题，其包含的子主题内容涉及法治的各个方面。鉴于本书研究的主题主要涉及法治内容中的法的运行即立法、执法、司法、守法四个环节，故重点梳理了互联网与立法、执法、司法和守法四个方面。

（1）关于新媒体在法治建设中的作用

通过梳理相关文献，发现关于新媒体与法治研究内容庞大而复杂。有的学者阐述了新媒体作为法治建设的背景及其对法治建设的积极作用和消极影响，主要代表学者如马长山教授，在其多篇论文中分析了互联网背景下法治秩序的重组与建构以及互联网促进了哈贝马斯公共领域的结构转型，并分析了其对法治建设带来的挑战与机遇。① 还有学者分析了传媒在法治建设中的扮演的角色，如陈柏峰在《法治热点案件讨论中的传媒角色——以"药家鑫案"为例》一文中通过药家鑫案的个案分析，反思了传媒在热点法治案件中的作用和扮演的角色，他认为："传媒讨论在公共知识分子和公众间制造了鸿沟，未能担当起社会黏合剂的角色来聚合社会共识，这逼迫司法必须在公共知识分子与社会公众之间作出选择。司法最终选择站在社会公众一边，这是迫不得已的选择，却不是最好的结局。最好的结局应当是传媒塑造良好的民意，从而弥合公共知识分子与社会公众之间的鸿沟。"② 还有学者从网络民意与法治的视角分析了二者的关系，

---

① 参见马长山《"互联网+时代"法治秩序的解组与重建》，《探索与争鸣》2016年第10期。

② 陈柏峰：《法治热点案件讨论中的传媒角色——以"药家鑫案"为例》，《法商研究》2011年第4期。

认为网络民意对于法治建设而言是一把双刃剑，有利也有弊。如王启梁在《网络时代的民意与法律应有之品性——从"躲猫猫"事件切入》一文中指出：网络民意一方面积极地促进当代法治发展与进步，另一方面也给当代法治建设带来消极影响。法律权威的形成需要法律的独立性和人民性。代表公众意见的民意应该通过合法的渠道输入到法律实践之中，否则会消解法律权威。[①] 通过梳理发现，目前学界对于新媒体在法治建设中的作用是一分为二地进行阐述，认为新媒体给法治建设既带来了机遇，也带来了挑战。

（2）关于新媒体与立法

这部分研究涉及文献较多，集中选取了与主题相关的 120 多篇进行阅读。其研究首先涉及互联网立法的原则、存在的问题以及互联网立法完善措施等；其次主要集中于新媒体背景下立法的科学化与民主化。

（3）新媒体与执法和司法

新媒体与执法的研究文献中与本书相关的内容主要集中于新媒体的背景下对执法人员提出新的挑战以及网络舆论对执法的监督和影响。新媒体与司法的研究内容较多，鉴于主题的需要集中阅读了互联网中网络舆论对司法的监督以及网络舆论与司法判决的相互影响；由于网络舆论对司法的影响中网络媒体的宣传和报道发挥着重要功能，故除此之外重点阅读了网络媒体的社会责任相关文献。这一部分研究内容视角是管理学和传媒学；研究的重点是自媒体时代下我国传统媒体和自媒体的社会责任的概念、特征以及其社会责任缺失的多种原因分析，进一步研究了新媒体背景下媒体社会责任提高的措施和建议；同时很多学者论证了新闻自由与社会责任的辩证关系，指出媒体的新闻自由必须是在承担相应的社会责任的前提下享有的新闻自由以及媒体的新闻自由与媒体的商业利益的平衡。

新媒体与法治的研究内容庞大而复杂，研究的视角除了法学之外，还涉及管理学、社会学、传媒学等学科；但是多数研究内容都是宏观层面的分析，缺乏从具体的微观视角深刻挖掘分析互联网与具体领域具体社会问

---

① 参见王启梁《网络时代的民意与法律应有之品性——从"躲猫猫"事件切入》，《法商研究》2009 年第 4 期。

题之间的关系；而且研究的内容人云亦云的现象比较严重，某一问题的研究缺乏理论的突破；研究的具体问题多数停留在问题成因分析上，而对问题解决对策没有一个系统的体系。

（二）国外研究动态综述

1. 关于认同理论的研究

西方关于认同的理论研究较为系统和完善。近代意义上的认同，最早由弗洛伊德提出，在弗洛伊德那里，"认同"意指"个人与他人、群体或模仿人物在感情上、心理上的趋同的过程"①，认同是一个自我反思性的概念，是对一个事物不同于其他事物的尊重和认可。② 弗洛伊德认为认同是这样一种形成过程："首先，认同是与一个客观对象形成情感联系的最初形式；其次，它以回复的方式成为性本能对象联系的替代，就像是将对象注入自我之中；再次，它可能引起除性本能之外的各种新感受，即自我与他人同享某种共同品格的感受，这可能意味着某种新联系的发端。"③ 最后，他认为认同是"个人与他人或群体在感情上、心理上的趋同过程，个人通过投向他人的认同来创造出自我的身份认同"④。弗洛伊德的认同是个人式的，"本能冲动式的"没有关注到社会对认同的影响。吉登斯则认为，认同"是个体依据个人的经历所反思性地理解到的自我"⑤。泰勒从最简化的角度表述了认同，即认同就是"我是谁"的问题，而"如何回答这个问题，意味着一种对我们来说是最为重要的东西的理解"⑥。涂尔干认为，认同是一种称为"集体意识"的东西，是将一个共

---

① 转引自陈国俭《简明文化人类学词典》，浙江人民出版社 1990 年版，第 126 页。

② See James M. Baldwin, *Dictionary of Philosophy and Psychology*：*Volume 1*，New York：The Macmillan Company，1998，p. 504.

③ 转引自［德］汉娜·阿伦特《公共领域和私人领域》，刘峰译，生活·读书·新知三联书店 1998 年版，第 58 页。

④ 转引自［德］汉娜·阿伦特《公共领域和私人领域》，刘峰译，生活·读书·新知三联书店 1998 年版，第 58 页。

⑤ ［英］安东尼·吉登斯：《现代性与自我认同》，赵旭东、方文译，生活·读书·新知三联书店 1998 年版，第 58 页。

⑥ ［英］查尔斯·泰勒：《自我的根源：现代认同的形成》，韩震等译，译林出版社 2001 年版，第 37 页。

同体中不同的个人团结起来的内在凝聚力。①

西方认同理论相对成熟和完善。我国关于认同的原初性的理论基本来自西方的认同理论。西方国家关于认同的研究主要从宏观和微观两个层面予以论述。在宏观层面，认同是一个具有深刻意义的社会个体的符号和象征；认同将社会个体与最一般层面的社会意义连接起来。在微观层面，认同促进了人类的发展和进步，是推动人类认知和行为的力量来源；同时认同还强化和巩固了社会主体自己的意见和观点。认同在社会主体与其他主体的相互关系之中，演化出生命的价值。②

2. 关于法治认同相关问题的研究

西方学界没有关于法治认同的直接研究，但是对法治认同的上位概念及法律接受有较为全面的研究。这种关于法律接受的研究成果对我们研究法治认同有着重要的价值和作用。西方从不同的学科视角对法律接受进行了阐述，主要涉及政治学、法哲学、传播学以及社会心理学等。政治学主要从合法性的问题出发，对法律接受等问题进行形而上的论证。社会心理学主要从社会主体的心理层面探讨法律如何被接受和服从。社会心理学强调社会主体的心理因素对法律接受形成的重要影响。而法哲学则主要从法律的合法性以及有效性两个层面研究法律接受和服从，强调法律获得社会主体的接受和服从需要确保法律具有合法性和有效性。社会学强调在法律社会化的过程中促进法律的接受和服从，其认为对法律接受问题的研究需建立在法律运行的实践考察的基础之上。传播学从信息的发布与舆论的传播的机制和传播效果的视角出发研究舆论对公众认知法律并接受法律的影响。

3. 关于新媒体社会问题的研究

网络技术最早产生于西方国家，并且网络技术在早期发展阶段主要应用于西方社会。而我国的网络技术发展和应用较晚。因此西方国家关于新媒体相关社会问题的研究比较系统和深入，这对于我国当代关于新媒体社会问题的研究有重要的意义。西方关于新媒体或者网络社会问题的研究主要体现在以下几个方面。首先是网络与信息的传播，探讨网络媒体对于信

---

① 参见［法］埃米尔·涂尔干《社会分工论》，渠东译，生活·读书·新知三联书店 2000年版，第 42 页。

② 参见邓治文《论文化认同的机制与取向》，《长沙理工大学学报》2005 年第 5 期。

息的发布和传播、信息的沟通与共享的影响。其次是关于网络媒体与国家政治权力的研究，具体探讨网络媒体对国家政治权力的形成和运作方式的深刻影响以及政府如何积极应对网络媒体带来的挑战。再次是关于网络媒体与公民政治参与的研究，其强调网络媒体对公民政治参与的积极推动。最后是关于网络媒体与社会个体关系的研究，集中强调网络媒体在促进社会个体的解放和发展的同时，一定条件下阻碍了社会主体的社会化发展。新媒体依附于社会现实得以不断发展和进步。新媒体或者网络具有凝聚社会意识并积极促进社会进步和发展的作用。西方关于网络社会问题的研究成果较多。如美国凯斯·桑斯坦的《网络共和国：网络社会中的民主问题》，加拿大马歇尔·麦克卢汉的《理解媒介：论人的延伸》，美国梅尔文·德弗勒、桑德拉·鲍尔—洛基奇的《大众传播学诸论》，美国阿尔温·托夫勒的《权力的转移》，英国安德鲁·查德威克的《互联网政治学：国家、公民与新传播技术》等。这些成果对研究当代新媒体背景下我国公众法治认同问题奠定了深厚的理论基础，同时提供了更多的研究视角和研究方法。

三　研究视角与研究方法

（一）研究视角

本书的研究视角限定于新媒体背景下公众对良法认同存在的困境。制定良好的法律通过媒介的传播之后，不一定产生公众对良法的认可。法治获得公众的认同需要两个基本条件。一是法治自身是制定好的良法，代表和体现了公平正义和公众的根本利益；二是法治需要通过媒介正确内化于公众的心理世界。法治经过媒介进入公众的心理系统后，公众内心呈现的主观的法治状态与客观的良法经常存在错位，导致公众对良法不认同。本书中公众认同的法治是已经制定好的良法。因此本书的研究视角限定于在新媒体背景下，公众对良法的认同存在的困境，重点探讨新媒体对公众法治认同的消极影响及其应对路径。法治自身的合法性和良法等法治品质不是本书讨论的重点。从法学的经典理论来看，良法虽然与法治认同正相关，且存在高度的一致性，但学术研究已十分充分，故本书不将此作为重点研究对象。

（二）研究方法

一是跨学科交叉研究法。本书主题的研究学科主要是法学，除此之外涉及新闻传播学、公共管理学、心理学和伦理学。新媒体的研究涉及新闻传播学以及管理学；网络舆论以及媒体的社会责任的研究也离不开伦理学学科的研究范围；而法治认同是一个心理活动和实践过程，故也是心理学研究的范畴。在充分梳理以上学科论文以及其涉及的研究方法的基础上，综合应用不同学科的研究视角和方法来研究本书涉及的研究内容。

二是实证研究法。本书研究的主题是当下社会非常突出的现实问题，研究的对象即新媒体传播与法治认同都具有很强的实效性和实践性，故本书的研究需要结合大量具体的实践案例，通过典型案例的分析，进一步论证本书的主题。同时需要深入到网络公众以及司法实践和立法实践中调研，获取一手资料，做到理论与实践相结合，充分论证主题观点。

三是概念分析法。概念分析法是法学和社会学研究的一个重要方法。在本书的研究中涉及很多抽象的概念，如法律认同、法治认同、法律信仰、法律评价和法律认知、网络舆论、群体极化及公共领域等概念。故需要通过概念分析法将这些抽象的概念进行具体的阐述，作为整个主题研究的概念基础。

四是比较分析法。本书研究的内容进行了横向比较和纵向比较。新媒体的研究在国外相对比较成熟，将许多研究成果与国内目前研究的成果进行比较，从而借鉴西方国家一些先进的研究方法和研究视角；法治认同是一个民族在长期的社会生活中形成的，不同历史时期公众的法治认同概况有其特点和时代背景，故本书的研究需要纵向比较分析不同历史时期法治认同的共性和差别。

四　研究思路与可能创新点

（一）研究思路

本书以新媒体背景下公众法治认同存在的现实困境为思考的逻辑起点和现实基础，以法治传导和公众法治认同形成的心理过程为研究视角，提出并论证本书的研究对象即新媒体背景下公众法治认同。本书旨在通过系统阐述新媒体对法治传导和法治内化于公众心理系统的过程中造成的公众法治认同困境，提出新媒体背景下公众法治认同重塑路径。具体思路如下：在对法治认同及新媒体基本范畴阐述的基础上，分析了研究主题涉及的理论基础即哈贝马斯的公共领域、交往行为理论以及人本主义和人民主权理论，为后文的问题分析和对策论证奠定了理论基础并提供了方向。然后通过案例分析法和实证研究方法剖析了新媒体背景下公众法治认同的困境，并在此基础上从法律系统、新媒体和公众三个层面系统深入地分析新媒体背景下公众法治认同困境的原因。最后从法律、新媒体、公众以及法律职业共同体四个层面论证了新媒体背景下公众法治认同重塑路径。

（二）可能创新点

1. 本书的选题本身是一个创新点

学界目前关于新媒体的研究庞大而系统，而关于法治认同的研究起步晚，且研究的内容较单一重复。但是将法治认同在新媒体背景下进行研究，学界目前还没有相关的研究内容和研究视角。故本书的选题对笔者而言是机遇也是挑战。

2. 从法治认同的视角审视和研究法治的状态和运作

以往的法学研究重心在于从法律人专业的建构理性视角观察法律的运作，忽视了法治认同的研究视角。从守法、法律信仰、法律意识的概念描述中，可以看出端倪，其侧重法律权威性与强制性，而弱化了法律正当性的源泉——公民共识。而法治认同正是连接公民主观世界与法治客观世界的钥匙。

3. 对新媒体与法治关系的重新审视

如果从法律视角来看，媒体中立性的传播规律并不符合法治的内在规律。以往的学者将法律与媒体不当关系归结为法律的过度开放或者媒体失控，而忽视了二者之间的相互关系。从法律系统的视角来看，媒体与法律之间关系并非某一方的封闭性不够或者规律性尚未彰显，而是双方互动不足，或者说是互动的失序造成的。

4. 对法律复杂化趋势的判断及其应对是观点的创新

复杂化的趋势本是现代法律发展的必然，而其最大负面效应就是阻碍了法律系统与公民心理系统的沟通。中国法治认同与法治发展的非同步症结就在于媒体与法律互动不足进而放大了法律复杂化带来的沟通壁垒。而这一困境的应对最为重要的一点就是法律通俗化系统的建构。国内对此研究甚少。

5. 理论层面对哈贝马斯理论的反思

哈贝马斯的公共领域与交往理性理论充分解释了现代新媒体之于公民法治认同、公民法治认同之于法治之间互动关系。但公共领域与交往理性理论显然忽视了公民之间共识达成的时间成本与认知成本，而过度强调理性共识达成的可能性。法律复杂化所形成的认知壁垒正是阻碍公共领域形成与理性交往达成的最主要原因。在法律信息认知成本过高的情况下，新媒体不仅不能成为理性交往平台，反而会因为过度张扬自身规律而阻碍共识的形成与传导并降低法治认同的程度。

第一章　法治认同及新媒体的基本范畴

在新媒体日益影响社会公众生活方式和思维方式的当今时代，重塑社会公众的法治认同是我国当前法治建设的一个重要内容。本章内容对法治认同以及新媒体的基本范畴进行阐述。首先，阐述了法治认同的内涵与特征，并进一步阐述了法治认同的构成要素以及对法治认同与相关概念进行辨析；在此基础上从理论层面具体分析了法治认同的产生机理和具体标准。其次，从法治认知的获取、法治情感的产生、法治评价的形成以及法治行为的发生四个过程分析公众个体法治认同的形成过程。最后，阐述了新媒体的概念、分类与特征、新媒体网络舆论的生成规律、功能及效应。本章通过对法治认同及新媒体基本范畴的阐述为本书整体研究奠定了基础，有助于后文进一步的论证与写作。

第一节　法治认同的概念界定

法治认同的概念界定为本书整体性研究奠定了基础。本节通过对法治认同的内涵、特征、法治认同的构成要素和法治认同与相关概念的辨析四个方面的具体阐述，对法治认同进行了融会贯通的论证。首先，法治认同的特征具体体现为主体的平等性、利益性、实践性与有限理性。其次，通过对法治认同三个构成要素即主体、客体与内容的具体阐述进一步厘清什么是法治认同。最后，将法治认同与法律认同、法律信仰和法律意识三个学理与实践中容易混淆误用概念进行辨析，从而进一步阐述与厘清法治认同的概念。

一　法治认同的内涵

"认同"一词的最初含义是"相同"或者是"同一"，其来源于拉丁文 idem。英文单词 identity 由拉丁文 idem 演绎而来。中文的认同是从 i-dentity 单词中翻译得来。不同的学科对认同一词给予了不同的阐释。在哲学领域中，认同是同一性的同义词，是人类对"我是谁"这一问题的思考，其本质是自我反思性的自我意识概念；"认同"是对一事物与另外事物之间相互区别的认可，这包括在其自身统一性中的所有内部变化和多样性，该事物被视为保持相同或具有相同性。① 在社会学领域中，认同指的是一种特殊的集体现象，包括群体特性和群体意识两个方面。涂尔干认为认同是"社会成员平均具有的信仰和感情的总和，构成了他们自身明确的生活体系，其称为集体意识或共同意识。严格地说，这种意识是作为一个整体散布在整个社会范围内，但这不妨碍它具有自身的特质"②。从社会学对认同一词含义的阐述中可以看出，认同有效地促进了社会内部的聚合，同时认同蕴含了社会主体共同具备的价值判断和行为取向。在心理学领域中，认同包括两层基本内涵：一是指如奥地利精神分析学家弗洛伊德所言的"个人与他人、群体或模仿人物在感情上、心理上的趋同过程"③；二是指"个体对某一事物在内心深处基于一种感性和理性的了解分析，而形成的一种潜在的认可，接受以至于尊重、服从"④。

通过对以上不同学科关于"认同"一词基本含义阐述的归纳，得出认同包括两层基本含义。首先，认同是人类对自我的反思与认识；其次，认同是整个社会关系的反思与认识。认同具有社会属性，是个体对与自己具有相同性和一致性的社会关系的认知和归类，是社会共同体成员对一定经验、感情、信念和价值的重叠认知与共同归属感。

笔者在遵循以上不同学科领域关于认同的界定和理解的基础上，将认同引入法学领域并结合法学学科的研究规律与视角以及法学关于法治基本共识性认识，认为法治认同是指社会主体通过长期的实践经验和理性逻辑对国家制定的良法的认知和评价，对法治价值的认可和信任以及自愿对法

---

① See James M. Baldwin, *Dictionary of Philosophy and Psychology*: *Volume 1*, New York: The Macmillan Company, 1998, p. 504.

② ［法］埃米尔·涂尔干：《社会分工论》，渠东译，生活·读书·新知三联书店 2009 年版，第 42 页。

③ 车文博：《弗洛伊德主义原理选辑》，辽宁人民出版社 1998 年版，第 67—68 页。

④ 齐聚锋、叶仲耀：《刑法认同漫谈》，《当代法学》2001 年第 11 期。

治规范的遵守和服从，形成对法治价值和规范的重叠共识并自觉将其内化为具体的法治实践行为的心理共识与心理机制。法治认同的内涵包括以下几个方面：

（一）法治认同是社会主体对法治内在价值和精神的认可和接受

法治价值是法治的灵魂和精神。社会主体的法治认同，首先是对法治价值和精神的理解、认可与接受。法治价值和精神指引社会主体的法治情感并影响其法治评价。社会主体在自身长期的法治生活和实践中，逐步认知和了解与感受法治自身蕴含的保护社会主体合法权益、实现社会公平正义、维护秩序与自由、惩罚违法与犯罪等法治价值和内在精神。社会主体只有在认知了解法治的价值与精神基础上才能从根本上奠定法治认同的心理基础，才能进一步地认可和接受法治，并对法治产生信任和共同的归属感，才能在实践中将这种认知和信任进一步转化为实际行动去遵守外在的法治规范与制度，有利于法治良好地运行。所以社会主体的法治认同首先体现在对法治自身蕴含的价值与精神的认可和接受。法治在社会主体对法治价值和精神的高度认同的基础上才能有效实施和运行并取得良好的社会效果。这种对法治价值和精神的认可与接受构成法治建设的共同文化心理机制。

（二）法治认同是社会主体自愿对法治外在规范的遵守和服从的心理活动

法治意味着法律规则是可预期的和公开的，法治内的法律规则必须向社会公众公开，同时法律规则具有可预见性，从而指引社会主体的行为。[①] 法治的性质决定法治必须被遵守。如果社会主体对法治的认同仅仅表现为对法治内在价值与精神的认可和接受，那么法治还是难以在实践中运行并产生社会效果。因此，社会主体的法治认同必然包括对法治外在规范的遵守和服从。而社会主体对法治规范的遵守和践行是建立在社会主体对法治规范的情感与信任的基础之上。社会主体对法治规范所保护的利益予以认可和支持，因此社会主体才从内心深处愿意遵守法治规范，自愿接

---

① See Craig P., *Formal and Substantive Conception of the Rule of Law: An Analytical Framwork*, Public Law: Sweet & Maxwel, 1997, p. 467.

受法治规范的约束。同时社会主体对法治规范的认同与个体自身的法治实践经验和法治的认知有关。因此不同的社会主体对法治规范的认同程度有所不同。社会主体对法治规范的认同也是一种行为层面的实施认同，其在法治实践中通过社会主体的依法行为得以完成。

（三）法治认同是社会主体对法治的重叠性心理共识

法治认同是社会主体对法治价值和规范的普遍性认可和接受，其要求最广泛的社会主体对法治的一种普遍性接纳和赞同。因此在社会主体间须形成对法治一定程度共识性的理解和接受。罗尔斯认为，"重叠共识"是在多数派和少数派之间可以达成松弛的共识，[①] "所以，重叠共识不仅仅是在某种自我利益或群体利益之偶然的或历史的交汇点的基础上关于接受某种权威的共识，或者关于某些制度性安排的共识"[②]，而是"包含了自由信仰的宗教学说、康德或密尔的自由主义以及相当松弛的观点，这种松弛的观点既包括范围广泛的非政治价值，也包括作为公平的正义之政治价值"[③]。法治认同正是社会主体在公平正义、权利保护、程序正义以及权力限制等法治价值以及法治所保护的社会主体的社会利益方面形成的重叠性认知与共识，这种认知与共识构成了法治认同的基础。

二　法治认同的特征

（一）法治认同的主动性

法治认同是社会主体自觉主动的过程。社会主体从认知法治规范和法治制度到评价法治并最终信任法治，始终是自觉和自发的一种心理活动。法治认同主体在自觉主动认可和接受法治价值与规范的同时，积极主动地将法治价值理念内化在具体的法治行为中。只有认同主体自愿地接纳和赞同法治，才能对法治给予积极肯定的评价，并在法治实践中不断更新和完

---

① 转引自龚廷泰《法治文化的认同：概念、意义、机理与路径》，《法制与社会发展》2014 年第 4 期。

② 转引自龚廷泰《法治文化的认同：概念、意义、机理与路径》，《法制与社会发展》2014 年第 4 期。

③ 转引自龚廷泰《法治文化的认同：概念、意义、机理与路径》，《法制与社会发展》2014 年第 4 期。

善自身已有的法治认知与法治情感，进一步强化原有的法治认同并积极指引自身法治行为。如果在外在的国家强制力的推动下，社会主体强迫认可和接受法治，将会产生倒行逆施的法治效果。著名分析实证主义法学家哈特认为："如果一个规则体系是以暴力强加于什么人，那就必须有足够的成员接受它；没有他们的自愿合作，这种创制的权威，法律和政府的强制权力就不能建立起来。"① 社会主体不但没有从内心认知和接受法治，而且将会对法治产生更多的负面的认知与情感，甚至会出现暴力抗法等突发事件。社会主体需要认同法治的同时，积极服从和接受法治中的国家强制力。然而在国家等外在力量的引导和强制下，法治权威在社会主体间得以削弱，法治自身蕴含的价值与精神也得以消解，严重影响法治实施效果。因此，法治认同必须是在主体主动自觉的情势下发生和进行的。法治认同主体的主动性是法治认同产生和提高的必要条件之一。

（二）法治认同的利益性

法治之所以获得社会主体的广泛认同，根本原因在于法治可以保护社会主体的利益并满足社会主体对利益的期待。任何制度之所以能够运行和实施，在于其背后隐含的利益价值。法治一个重要的价值就是满足社会主体的利益需要和利益期待。法治认同注重法对社会公众实际利益与权利的保护，其要求法治必须保护任何一个社会成员与任何一个群体组织的利益与尊严。同时根据现实社会中新的利益与权利的出现，法治需要进一步扩大和加强对权利与利益的保护范围和强度。② 因此，社会主体利益得到保护、利益期待得到满足是法治认同的利益性基础。法治保护的社会主体的利益既有物质利益也包括精神利益。同时这种利益保护与利益期待成为社会主体认同法治最根本和最大的动力与出发点。法治通过两种基本方式来保护社会主体的利益并满足其利益期待。一方面，法治通过规范与制度为社会主体提供一种预期的利益期待，社会主体在具体的法治实践中根据法治提供的预期利益期待而不断地调整和规范自己的行为从而符合法治的要求。社会主体只有在承认和接受法治，才不断地调整自己的社会行为与法

---

① ［英］H. L. A 哈特：《法律的概念》，张文显等译，中国大百科全书出版社 1996 年版，第 196 页。

② 参见李春明、王金祥《以"法治认同"替代"法律信仰"——兼对"法律不能信仰"论题的补充性研究》，《山东大学学报》（哲学社会科学版）2008 年第 6 期。

治保持一致性。所以，社会主体对法治认同是法治提供其预期利益期待的前提和基础。另一方面，法治通过惩罚和制裁各种危害社会主体的合法利益的行为来实现对主体的现实利益的保护。法治对现实利益保护的力度越大，社会主体对法治更加认同并更加信赖法治对其预期利益的保护，从而更加认可和接受法治，遵守和服从法治规范，从而形成良性循环的法治认同模式。

现代社会处于急剧变革和转型中，社会矛盾冲突加剧，利益诉求更加多元复杂。在诸多利益相互冲突甚至排斥的利益格局中，法治该如何保护和协调这些冲突的利益成为一个非常复杂的问题。个人利益、集体利益和国家利益之间的平衡与取舍，生命利益、财产利益以及健康利益之间孰前孰后，这些问题是法治实践中经常遇到和必须解决的问题。因此，必须根据一定的标准来协调和平衡多元利益，对利益的取舍和保护的先后顺序做出一个安排。为此，不同的利益主体需要通过协商和妥协，形成各方利益主体都认可和赞同的利益衡量与调节的共识标准，从而对相互冲突和多元利益做出平衡和取舍。立法者通过这种共识性的利益衡量标准进行立法，规范多元利益诉求。

所以法治认同的产生必须以社会主体之间就利益平衡的标准形成一致的共识性看法为必要基础。综上，社会主体认同法治保护的利益及利益平衡的标准体现了法治认同的利益性特征。法治认同是以保护现实利益和未来可预期的利益为根本目的和出发点，利益性是法治认同的一个重要特征。

（三）法治认同的实践性

法治认同是社会主体形成对法治价值和规范的认知、情感、评价等的心理过程，其在表面上是一种认知范畴，但是从法治认同具体发生过程中看法治认同在根本上是一种实践活动。认知来源于实践，同时认知又指导实践。认识与实践相互作用，最终促进认知不断地发展与丰富。"理论的对立本身的解决，只有通过实践方式，只有借助人的实践力量，才是可能的。"[①] 社会主体在法治实践中，通过具体的法治事件逐步认知法治规范，形成对法治的初步情感如信任和好感，并逐渐形成积极肯定的法治

---

① 《马克思恩格斯文集》第 1 卷，人民出版社 2009 年版，第 192 页。

评价。而这一系列的心理活动的形成都是社会主体在参与到具体的法治实践中通过具体法治事件的刺激和强化而得以形成和巩固。社会主体从实践中初步形成的法治认知和评价，同时社会主体通过理性逻辑将初步形成的法治认知、法治情感和法治评价用来指引其自身的法治行为并要求其行为符合自身已有的法治认知、情感和评价。社会主体从实践中获取并形成初步的法治认同，并进一步指导已有的法治认同，这个过程中法治实践决定了社会主体的法治认同又不断矫正、丰富和强化主体法治认同。因此，社会主体的法治认同统一在具体的法治实践中，二者互生共长。

法治认同的实践性具体体现在立法、执法和司法活动中。首先，社会主体参与立法实践，促进立法共识形成，巩固和提高法治认同。现代立法活动为了更多地体现立法的民主性，积极促进社会主体参与立法。社会主体在参与立法过程中，用自身原有的法治认知、法治情感和法治评价不断了解和认知立法信息，同时参与立法的社会主体之间就各种利益冲突和立法涉及的问题进行平等协商，形成立法共识。在立法参与实践过程中，社会主体不断对立法形成新的判断和评价，进一步强化和丰富了已有的法治认知与评价，从而实现了社会主体的法治认同与立法实践的良性互动。其次，社会主体监督司法，促进法的公平正义等价值认同。司法是对社会主体法治认同最直接、最有影响力的实践活动。公众通过一定的法治程序理性监督司法，从司法过程和司法判决中感受到法治的公平与正义，认知法治的正当程序与实体正义的价值与内涵，从而促进了法治价值和规范的认同。司法实践活动成为社会主体法治认同的来源与路径，促进了法治认同与司法实践活动的相互作用。最后，社会主体积极监督执法活动，塑造法治认同。现代执法活动较多地考量民意，提高执法的社会效果。政府及其他公权力部门在执法中加强执法信息的公开，回应社会主体的执法诉求。社会主体积极主动监督执法，防止公权力滥用。因此在执法实践活动中，社会主体认知和领悟到法治限制公权力并保障公民权利等价值，同时尊重执法且自愿配合执法活动。因此，法治认同的实践性通过立法、司法和执法活动得以体现。

（四）法治认同主体理性的有限性

决策管理学家西蒙从心理学的角度对经济学的"有限理性人"理论

进行了阐述和论证，即认为，作为个体的人其行为理性是在一定环境下、一定限度内的理性；个人行为的具体选择是受到其所处的环境和个人对环境的认知能力的影响，同时这种行为理性是由个人自身的心理机制决定的。① 在具体实践中，需要遵守实践理性，才能更好地促进实践活动的有效开展。② 法治认同是社会主体在长期的法治实践中经过理性逻辑判断而形成的心理活动和机制，所以法治认同是社会主体在实践理性中逐步形成和发展的；作为实践主体其必须具备一定理性思维和理性评判能力。然而，每个社会主体由于自身的文化背景、知识结构、法律素养、法治实践经验等不同，出现信息不完全对称问题，因此法治认同的社会主体的理性是有限的，存在一定的局限性。在现代法律发展过程中，现代法律中"人"的形象随着哲学和经济学知识结构的不断变化以及社会现实的发展而不断发生变化，从而使"理性人"转化为"有限理性人"。③

　　因此，法治认同的主体受认知能力和所处环境的影响，其是有限理性人。理想情境下，社会主体全面而客观地认知法治从而形成正向的法治情感和对法治的积极肯定的评价，从而进一步提高和强化对法治的认同。由于法治认同主体理性的有限性，在法治实践中会出现法治认知偏差，导致认同主体认知的法治信息与客观法治状况不符，进一步导致法治认同社会主体的法治情感的消解和法治评价的偏见，以及阻碍社会主体法治认同的形成。因此法治认同主体理性的有限性，促使认同主体更加理性地审视和看待自身在法治实践中出现的法治认知偏差和法治评价的偏见，从而矫正法治认知偏差、弥补法治情感和匡正法治偏见，进一步重塑和提高法治认同。因此，在法治实践中，需要客观辩证地认识和看待法治认同主体理性的有限性。

---

　　① 参见［美］赫伯特·A. 西蒙《管理行为》（珍藏版），詹正茂译，机械工业出版社2013年版，第26—30页。

　　② See J Dewy, *The Quest for Certainty: A Study of the Relation of Knowledge and Action*, New York: Minton, Balch, 1929, p. 234.

　　③ 参见郭春镇《法律中"人"的形象变迁与"人权条款"之功能》，《学术月刊》2010年第3期。

三 法治认同的构成要素

(一) 法治认同主体

法治认同主体是认可和接受法治的人，是法治认同最终得以形成所依赖的发挥能动性的人。法治认同主体划分为三类，即公民个体、社会群体和国家三种形式。[①] 在法治实践中，三种形式的法治认同主体具有不同的认同特征和表现方式。

1. 公民个体

公民个体法治认同是个体作为自然人对法治的认可和赞同，它是社会群体法治认同与国家法治认同的前提和基础，具有基础性和决定性的地位。公民个体法治认同有效地促进群体法治认同和国家法治认同的形成。因此在法治实践中，首先需要培养和塑造公民个体的法治认同，形成全社会法治认同的最广泛的基础。国家机关工作人员的法治认同属于公民个体法治认同的范畴。国家机关工作人员是整个国家公权力和国家制度实施与运行的核心力量和直接的操作者，国家机关能否依照法定程序与原则依法办事取决于国家机关工作人员是否有法治认同。只有在国家机关工作人员认同法治的基础上才能发挥主观能动性，进行科学立法、严格行政、公平司法和依法监督。同时国家机关工作人员的立法行为、执法行为和司法行为构成了普通公民和社会集体法治认同的重要来源。一个国家的法治精神与价值在具体实践中得以体现和发挥作用在一定程度上取决于国家机关工作人员的法治行为与法治认同；一个国家的法治规范和制度的有效实施依赖于国家机关工作人员的法治认同与法治实践。因此，国家机关工作人员的法治认同直接影响着全社会的法治认同并决定了立法活动、执法活动和司法活动等法治实施和运行的社会效果。

2. 社会群体

社会群体是法治认同最重要的主体之一。公民个体普遍性的法治认同形成的结果便是群体法治认同。社会群体是由有着共同价值追求、观念认知、心理情感和共同利益的社会个人组成的稳定的集体和组织。法治认同

---

① 参见卢建军《法治认同生成的理论逻辑》，法律出版社 2014 年版，第 91 页。

的本质更多地体现了心理的群体性和个体对群体的归属性。公民个体的法治认同最终通过社会群体法治认同的形式得以实现。法律职业共同体是法治认同的社会群体组织,对全社会法治认同的实现有着至关重要的作用和价值,其是经过长期的法律专业培训学习和丰富的法治实践形成的具备法律专业素养、法律职业传统并遵守法律职业共同体规范的法律人组成的社会组织。职业共同体的法治认同对整个社会的法治认同产生深远的影响和作用。一方面,职业共同体是法治正常运行和实施的主要物质力量;法治的实体正义与程序正义的实现需要法治共同体在法治实践中的推动。因此法律职业共同体促进法治的发展、维护法治价值的过程和实践间接促进了社会主体的法治认同。另一方面,法律职业共同体直接促进了其他社会主体的法治认同。现代社会系统功能高度分化的背景下,法治系统自身的专业壁垒使其更加专业化和抽象化。法治自身高度抽象性和不透明性降低了普通社会公众的法治认知和可接受程度。法律职业共同体通过自身的法治思维和法律素养并结合普通社会主体的日常生活逻辑,引导和同化普通社会主体对法治的认知和评价,从而缓释法律专业性与普通社会主体法治接受性之间的张力,提高全社会的法治认同。

3. 国家

国家机关代表国家依法行使国家公权力,应用法治治理社会。法治的核心价值在于限制公权力从而保障公民个体权利。国家是实现法治权威、维护法治秩序的中流砥柱,所以国家法治认同决定了整个社会主体对法治认同的程度和状态。一方面,国家认同法治首先是对依法治国战略的认同和推进。在社会治理模式中国家选择法治与民主,摈弃人治与专政,体现了国家对法治的认同。国家的依法治国方略实施为公民个体和社会群体的法治认同提供了背景和宏观的制度设计。另一方面,国家的法治认同具体表现在国家机关依照法定程序和原则行使职权,限制公权力。"如果政府不认真对待权利,那么它也不能够认真对待法律。"[①] 所以国家机关积极主动地接受法律的约束和规范,保障人权和树立法治权威,从而避免因拥有强大国家公权力而践踏法治的情况出现。公民个人、社会群体与国家三

---

① [美] 德沃金:《认真对待权利》,信春鹰、吴玉章译,中国大百科全书出版社 1998 年版,第 261—262 页。

者相互监督、互相促进法治认同，有力地推进我国法治建设。

（二）法治认同客体

法治认同客体与法治认同主体是对应的一对范畴。法治认同的客体是指法治认同活动指向的客观对象，法治是法治认同的客体。不同历史发展时期，人们对法治有着不同的认知和观点。当代社会中人们对法治的基本内涵形成了以下几个方面的共识。首先，法治是一个国家治国的方略和手段。现代社会治国方略从人治转向法治，摈弃人治与专政。国家把法治作为治理国家最主要的方式与手段。其次，法治是一种民主的法律制度模式。法治是以民主为前提和基础，实现对社会的全面治理。法治与人治不同，人治是以专政和暴力作为其统治的基础和后盾。再次，法治是一种具备形式理性和实质正义的社会治理方式。法治自身具有的形式理性和程序正义品质，使得法治在调整复杂而多变的社会关系和利益时保持更强的稳定性和连续性，有效地治理社会与国家；同时法治在形式理性和程序正义的保障下，法治的公平正义、自由与秩序、人权保障与限制公权力等实质价值得以实现。最后，法治是一种社会理想状态。在这种社会状态下，国家和政府在法律的范围内运作，国家公权力受到限制；同时法治保障人权并保护人民的正当权益；法治保护社会公共利益不受侵犯，确保集体利益和社会公共利益得到合法的保护。以上四个方面是当代关于法治的内涵和特征的基本共识。

本书为了更好地研究法治认同，从三个维度与面向将法治的内容具体化。有学者将法治内容具体化为思想意识、法律制度和社会行动三个层面。[①] 笔者借鉴此观点，认为法治认同的客体包括三个维度：（1）法治精神与价值。社会主体认同法治，首先是对法治蕴含的精神与价值的认可和信奉，这是法治认同基础性和指导性的部分。现代法治的价值与精神体现为保障人权、限制公权、程序正义、法律至上、保障自由等。法治精神与价值属于思想意识范畴，是法治的灵魂与精髓。社会主体只有在良好的现代民主社会背景下才能更好地认知和评价并接受和内化法治价值与精神。现代法治文化和法治思维是社会主体认同法治精神与价值的基础与环境。

---

① 参见陈步雷《法治化变迁的经验与逻辑：目标、路径与变迁模式研究》，法律出版社2009年版，第300—356页。

社会主体只有充分认同了法治价值与精神，才能进一步地认同法治规范与制度，并在法治精神与价值的指引下更好地认同法治行为与实践。（2）法治规范与制度。法治作为一种制度设计，其必须以限制国家权力和保护公民权利作为其主旨；保护公民个体权利和限制国家权力是判断一个国家是法治国家的主要标准。^① 社会主体对法治价值与精神的认同具体落实于法治规范与制度，通过法治规范与制度进一步内化和强化对法治精神与价值的认同。法治精神与价值等思想层面的内容需要规范与制度具体化和现实化，实现法治的可实施性与操作性。因此，法治制度与规范是法治的载体与形式，通过制度的设计与安排、规范的制定与遵守确保法治的实施与运行。（3）法治行为与实践。法治认同本身需要在法治行为与法治实践中产生和发展，因此法治行为与实践既是法治认同的客体，也是法治认同实现的方式与来源。任何法治制度与规范的操作与运行、法治价值与精神的实现都依赖于法治行为与实践。只有通过法治行为与实践，法治作为一个整体才能进行运作和实现法治的功能与价值。而法治行为与实践的核心问题是全社会依法办事；代表政府的公权力、公民个人、社会组织等主体遵守法律规范与制度并按照法律程序做出法治行为并参与法治实践，从而将法治的三个维度统一于法治实践行为之中。

（三）法治认同内容

法治认同的内容体现了社会主体认同法治的目的和动力。法治认同是社会主体在实践中理性判断的过程，所以社会主体理性判断的内容同时构成了法治认同的内容。（1）法治体现社会主体的普遍意志，保护社会主体的根本利益。一国的法治之所以能够得到社会主体的认可与接收、遵守与服从，根本原因是法治是社会主体真实意志的集中体现；法治充分保护社会主体的根本利益，满足其对利益的追求与期待。社会主体认同法治，首先是认同法律保护其根本利益与权利。社会主体的意志与利益通过法律得以体现和保护，其才能积极主动认可接受法治并依法行使合法权利。（2）法治对不同利益冲突的平衡与调节。这是社会主体对法治的基本要求也是法治认同内容。利益主体的多元性与利益诉求的多样化使得同一时期法治调整和保护的利益之间相互冲突，因此需要法治对其进行调节

---

① 参见丁以升主编《法治问题研究》，上海交通大学出版社 2006 年版，第 24—25 页。

与平衡。法治保护利益的先后顺序与位阶需要法治予以规范；法治通过法治程序和公平正义等原则平衡和调节各方利益，从而获得社会利益主体的认可与接受。(3) 国家强制力保障合法利益的正当性。法治保护社会主体利益并平衡和调节利益，成为法治认同的主要内容。国家强制力保障合法利益的实现也必须是法治认同的重要内容，唯此才能真正地实现法治保护社会主体利益的功能。社会主体认可国家强制力的正当性与合法性，才能积极地守法，促进法治的实施。

四　法治认同与相关概念辨析

(一) 法治认同与法律认同

法治认同与法律认同是既有区别又有联系的两个概念，二者在法治实践中容易被混淆。笔者认为法治认同和法律认同的区别主要表现在几个方面。首先，二者的对象不同。法律认同的对象是法律，是公民对法律制度与规则的认可和接受，并积极遵守法律规则和接受法律规则的约束。法律体现的是一种有效的规则和制度，公民个体通过法律指引自己的行为，同时公民的行为受法律的制约。法律认同表现为公民对法律规则内心的接受和行为上的遵守。但是法治认同的对象是法治。法治与法律不同，其是一种治国方略和社会状态，也是公民的一种行为方式。因此法治认同表现为公民对一国治国方略和社会状态的认可和支持。法律认同要求公民遵守法律规则和制度，而法治认同不仅要求公民接受和认可法治规范与制度，同时要求公民在法治实践中践行法治的基本价值和精神，即人权保障、公权限制、法律至上等。其次，二者的价值不同。法律认同在价值上具有中立性。由于法律分为恶法和良法。公民对法律的认同表现为对良法的遵守和服从，也表现为对恶法的认同与遵守。例如第二次世界大战期间，德国纳粹分子对恶法的绝对遵守与服从给人类社会造成了极大的破坏，阻碍了人类文明的进步。因此，法律认同具有中立性。而法治认同是一个具有价值导向的概念。法治的价值集中体现为人权保障、公权力的限制、程序正义以及自由秩序的保护等。因此法治认同必然意味着公民对良法的认同以及对恶法的摒弃。法律认同中对良法的认同与法治认同二者有一定的重合内容。再次，二者的功能不同。法律认同中对恶法的认同必然阻碍人类文明社会的发展与进步，不利于法治社会和法治国家的建设。而法治认同则积极地促进人类社会的发展与进步，同时其作为法治社会和法治国家建设的强大的文化心理支撑，促进法治国家与法治社会的建设和发展。最后，二者产生的社会条件不同。在不同的历史时代中都存在法律认同，其不需要特定的经济和文化基础。而法治认同以市场经济和民主政治为基础，存在于现代文明社会之中。

法治认同与法律认同二者之间联系主要表现在以下三个方面。首先，社会主体对良法的法律认同是法治认同的一个层面。法律认同主要是对规范和制度的认同，而法治认同是对法治规范与制度、法治价值与精神以及法治实践行为的认同，因此法律认同中对良法的认同是法治认同的一个层面。其次，法律认同是法治认同的基础。法治认同是在法律认同不断进步与提高的基础上逐渐形成和发展的，法律认同为法治认同奠定了基础并提供了条件，没有法律认同就没有法治认同。最后，积极的法律认同促进法治认同的实现。社会主体对良法的积极认同构成了法治认同中的规范与制度认同，因此积极的法律认同在规范层面促进法治认同的实现与提高。

（二）法治认同与法律信仰

法律是否可以被信仰，目前存在支持与反对两种完全不同的观点。支持法律信仰的一方认为法律只有被社会主体信仰，才能实现法律的价值和社会效果。如沈瑞英学者认为，法治发展过程中，衡量法治是否成熟的重要标准是法治是否获得公众的普遍的认同与信仰，是社会公众是否自觉遵守法律，是法治是否构成国家重要力量的一部分。[①] 也有学者认为在利益多元与冲突的社会中，利益诉求与利益冲突促成了法律信仰的形成。社会主体自身的有限理性使其认识到社会个体的利益是有限的，其必须通过法律来调整和平衡社会主体之间相互冲突和对抗的利益，消解个人利益与集体利益、个人与个人之间的利益冲突，从而维护整个社会的利益秩序。而法律自身追求的公平与正义、效率与秩序、民主与自由等价值是人类本能的需求，其可以满足社会主体利益最大化的需求。因此复杂多元冲突的社会利益与法律所追求的公平和正义的价值决定了法律可以被信仰。

而反对的一方则认为法律不可以被信仰。"'法律信仰'一词混淆信

---

① 参见沈瑞英《确立"法律信仰"》，《北京日报》2011 年 12 月 5 日。

仰与权威的界限，在中国当前并不适合，是一个伪命题。"① 首先，法律信仰缺乏科学依据。伯尔曼提出的法律必须被信仰的观点是建立在法律与宗教密切的关系之上的，而法律来源于宗教缺乏佐证。同时当代我国社会系统中，法律与宗教是相互分离的两个系统，我国的法律没有宗教色彩与基础，所以当代我国法律信仰缺乏原生基础。其次，信仰的基本特征是对信仰对象的绝对信任与认可，不存在任何的怀疑与批判，而法律自身的特性要求法律被批判与怀疑。所以信仰与法律二者之间自相矛盾。② 最后，法律自身的局限性、强制性和工具性决定了法律不能在实践中被信仰。③ 法律是在实践中不断地完善与发展，不断地矫正自身的制度性缺陷。因此法律不能被信仰，否则会造成消极的社会效果。

学界目前关于法律能否被信仰的问题越来越受到重视与讨论，法治认同代替法律信仰的呼声也越来越高，在此背景下法治认同的概念得以提出。法律信仰并不适合中国当代的社会现实背景，需要用法治认同代替法律信仰。法治认同体现了法对公众利益与权利的保护，其符合当代中国公众的法治素养和法治文化基础。法治认同不仅要求公众认可和支持法律，同时要求当权者对法律的服从和遵守，因此扩大了认同的主体范围。同时法治认同摈弃恶法，积极促进法治的进步和发展。④ 法治认同是社会主体在长期的实践经验和理性指导的基础上形成的对法律理性的认知和判断，符合我国当前法治发展的现实状况和公众的法律素养状况。因此笔者赞同用"法治认同"替代"法律信仰"，法治认同概念的提出与应用对我国当前法治理论研究与法治实践发展有着重要的现实意义。

（三）法治认同与法律意识

法治认同与法律意识是相互联系和作用的一对范畴。公民的法律意识与法治认同二者是法理学研究的两个重要问题，二者对当代我国社会的建

---

① 张永和：《法律不能被信仰的理由》，《政法论坛》（中国政法大学学报）2006 年第 3 期。

② 参见李春明、王金祥《以"法治认同"替代"法律信仰"——兼对"法律不能信仰"论题的补充性研究》，《山东大学学报》（哲学社会科学版）2008 年第 6 期。

③ 参见刘焯《"法律信仰"的提法有违法理》，《法学》2006 年第 6 期。

④ 参见李春明、王金祥《以"法治认同"替代"法律信仰"——兼对"法律不能信仰"论题的补充性研究》，《山东大学学报》（哲学社会科学版）2008 年第 6 期。

设与发展意义重大。① 法律意识与法治认同二者的区别主要体现在以下几个方面。首先，二者内涵不同。法治认同主要通过法治认知、法治情感、法治评价以及法治行为四个层面得以实现；而法律意识则主要包括法律知识、法律理想、法律意志等心理因素。其次，法治认同不仅是一种心理活动，也是一种实践行为。法治认同的内在表现是对法治规范与价值的接受和认可，外在表现是将法治规范与价值内化为具体的法治实践行为；而法律意识仅仅是一种心理活动，是社会主体对法律的认知和态度，仅仅局限于社会主体的心理层面。再次，二者价值取向不同。法治认同具有明显的价值取向与指引功能，体现着社会主体对法治的公平与正义、自由与秩序、保障人权、限制公权、程序正义等价值的认可与追求，可以有效地促进法治建设的发展；而法律意识并无明显的价值取向。法律意识有积极与消极之分，积极的法律意识是对法律的认可与支持的心理活动，消极的法律意识是对法律持有否定和怀疑的心理活动。最后，二者的功能不同。法治认同为法治发展提供积极的心理基础，积极有效地促进法治的发展与建设；而消极的法律意识阻碍了法治的健康运行，特别是传统法律文化中的一些消极负面的法律意识严重阻碍了我国当前法治的发展，只有积极的法律意识才能促进法治良性健康地实施与发展。

法治认同与法律意识二者之间有着密切的联系。首先，法治意识构成了法治认同的基础。法治认同是在法律意识长期发展的基础上形成并不断丰富的结果。法律意识的心理要素也是法治认同的心理要素生成的基础。如果没有社会主体长期的法律意识，其不可能形成对法治的认可与接受。其次，积极的法律意识促进了法治认同的形成与提高。积极的法律意识是对法律制度与规范以及法律蕴含的价值的肯定与支持，促进法律功能的发挥。因此积极的法治意识同时提高了社会主体对法治的认可与接纳。积极的法律意识本身是法治认同的一个重要组成部分，因此积极正向的法律意识有效地促进法治认同的生成与提高；法治认同必然需要积极深刻的法律意识，积极深刻的法律意识才能促使强烈的法治认同感。最后，法治认同反作用于社会主体法律意识的形成和培养。法治认同与法律意识都属于法

---

① 参见李晖《法律、法制、法治——公民的法律意识与法治认同》，《社会心理科学》2015 年第 1 期。

治建设的内生动力，二者在内容与心理要素方面有很大重叠部分。法治认同某种程度上反过来促进社会主体积极的法律意识的形成与培养，二者在实践中共同促进法治的正常运行与发展。

第二节　法治认同产生机理与认同标准

一　法治认同产生机理

（一）多元利益的法律协调与评价标准共识

利益性是法治的一个基本特征，社会主体认同法治的根本原因是法治能够满足其社会利益的需求。人们之所以遵守和服从法律，是因为人们在参与组织生活时能够获得利益。[①] 如果没有利益需求的驱动，社会主体无法从内心真正认可和接受法治。社会经济的快速发展，使得社会主体之间的利益关系更加复杂而多元。社会主体为了实现自身利益的最大化而提出更多的利益诉求。在整个社会资源相对匮乏的背景下，社会主体之间的各种利益诉求不能同时得到满足，利益诉求之间产生冲突与对抗。法律作为整个社会的调整规范系统，需要对相互冲突与对抗的利益进行平衡与协调。法律在平衡与协调多元利益冲突时，需要充分考虑各种利益是否需要得到保护；同时需要对不同利益进行保护的顺序与位阶进行规范和考量。而对多元利益进行平衡与协调的标准需要得到社会主体的认同；冲突利益之间保护的先后顺序也需要社会主体取得共识。

社会主体认同法治首先是对法治保护不同主体间的利益的认可与接受，对法律平衡多元利益的标准取得共识。由于社会主体是具有理性思维的个体，其通过社会实践经验与理性充分认识到只有不同利益主体之间做出一定的牺牲与妥协才能实现其自身利益的最大化。因此不同利益主体选择法律作为平衡与协调各方利益的工具，从而取得共识。然而，法律具体对多元利益保护的顺序与位阶同样需要社会主体取得共识。经过长期的实

---

① See Tom R. Tyler, *Why People Obey the Law*, New Haven and London: Yale University Press, 1990, p. 170.

践与研究，目前对不同利益保护的位阶社会主体基本取得了如下共识：在生命利益、健康利益与财产利益和其他个人利益之间，生命利益高于其他利益，法律优先保护社会主体的生命利益；健康利益高于财产利益；在一定的情况下，国家利益和集体利益优先于个人利益。因此，社会主体只有对多元利益的平衡与协调标准取得共识，才能相互承认不同主体之间的利益诉求；社会主体之间只有对利益保护的位阶标准取得共识，才能在此基础上通过立法手段平衡不同利益并就不同利益保护顺序进行规范。因此，不同社会主体之间利益的平衡与相互承认及利益保护位阶的共识是法治认同产生的前提和基础。

（二）斗争基础之上的理性妥协与契约

社会主体为了实现自身的利益诉求，通过竞争或者斗争达成理性的妥协从而达成共识，并通过选择契约的形式来解决主体之间的利益纷争。法通过斗争的手段达到和平的目的，法的本质要求之一是抵御外界的不法侵害，否则法对社会就无济于事。[①] 但是社会主体之间的竞争或者斗争的目的不是无限制地竞争，而是通过斗争或者竞争来获得自身利益最大化。社会主体在理性判断和理性思维的基础上对斗争进行理性的克制，避免双方因没有克制的竞争或者斗争两败俱伤，否则斗争双方将陷入一种无限循环的矛盾与冲突之中。因此双方之间尽量达成共识并相互承认对方的利益。在共识的基础上双方通过选择契约将共识内容予以规范化，达到解决利益纠纷的目的。这种通过斗争形成的理性妥协与契约的观念在法治发展过程中不断被社会主体强化与巩固；同时这种观念逐步地融入法律文化之中，从而形成法治认同和共识。[②] 弗里德曼认为，法律既不是上帝的意志的结果，也不是理性的产物，而是不同社会主体如农民、商人、银行家等在相互竞争或者斗争基础上形成的彼此间的妥协并达成契约的产物。[③] 因此社会主体为了实现自身的利益彼此之间进行竞争或者斗争时必须进行必要的抑制，同时遵守一定的规则与程序并在斗争中相互理性妥协并达成契约，

---

① 参见［德］耶林《为权利而斗争》，胡海宝译，法律出版社1994年版，第12页。

② 参见［美］弗里德曼《选择的共和国——法律、权威和文化》，高鸿钧等译，清华大学出版社2005年版，第49页。

③ 参见［美］弗里德曼《选择的共和国——法律、权威和文化》，高鸿钧等译，清华大学出版社2005年版，第62页。

双方按照契约的规定履行自己的义务和责任，从而实现自身的正当利益。

当代市场经济条件下的社会主体的法治认同也遵循着这样的机理，即在斗争或者竞争的基础上形成理性妥协并达成契约。市场经济下的社会利益更加多元复杂，法治认同主体在多元利益的冲突中通过竞争或者一定形式的斗争从而形成关于利益平衡与协调的理性妥协与共识，同时就多元冲突的利益保护位阶标准达成共识，最后通过立法这种方式达成契约，社会主体依照立法规定自觉遵守法律的规定并履行相关的责任与义务，从而维护社会主体的正当权益，促进社会主体对法治的认可和接纳并积极将法治规范与价值内化为具体的法治实践行为，最终形成社会主体的法治认同。

（三）社会主体间的理性商谈

主体之间的理性商谈是促成共识最有效的方式。社会主体之间的理性商谈有效地促进民主的发展与进步。商谈理论是民主发展过程中出现的一种新型方式。商谈民主与选举制下的民主二者共同构成了现代社会的两种民主方式，共同促进当代社会民主的发展与进步。协商民主作为一种新型的民主，是指在一定的政治共同体中，不同主体之间依照一定程序、原则和技巧通过对话、交流、沟通、妥协、协商等方式参与国家民主政治生活的一种民主方式。社会主体间通过理性商谈的目的是就某个事项或者问题达成共识，然后社会主体认可和接受并遵守共识达成的事项。哈贝马斯认为，理性商谈重新建构了权利理论，一直以来的人民主权与人权之间的冲突和矛盾通过理性商谈得以化解。商谈理论使得政治权力的合法性建立在主体之间的商谈基础之上。① 因此，国家政治权力的合法性基础来源于主体之间的理性商谈与协商，从而稳固了政治权利的正当性与合法性。

在实践中由于不同主体之间的利益诉求多样化和复杂化，商谈并不会必然产生理想的共识效果，因此商谈欲达成社会主体之间的共识与认同需要具备一定的条件。首先，商谈主体之间地位平等。商谈主体有平等的机会参与事项的讨论和批判，并提出自己的意见和观点。同时商谈主体自由地参与公共事务的决策，不受任何外在的强制与胁迫。机会平等和言论自由是保障商谈达成共识的基本前提条件。其次，商谈需遵守一定的正当程

---

① 参见郑永流主编《商谈的再思——哈贝马斯〈在事实与规范之间〉》，法律出版社 2010年版，第 8—9 页。

序。社会主体通过正当程序自由地讨论相关事项，从而达成共识并形成认同。无论是法律共识的达成还是公共事务决策一致性意见的形成都需要在某种正当程序的规制内进行。在利益多元和意见分歧的情况下，正当程序可以保证商谈主体自由平等地参与讨论与沟通，充分表达自己的真实意见与看法；同时正当程序可以排除主体协商的随意性与情绪性，促使主体理性讨论与沟通并形成代表不同主体意志的一致性决策和共识。只有经过正当程序的商谈形成的共识，才在商谈主体间具有权威性并获得强烈的认同。最后，商谈需要相关艺术与技巧。主体间的讨论与沟通、协商与妥协都需要语言媒介得以进行。哈贝马斯认为主体交往商谈言语活动中，通过命题的真实性、规范的正确性和真诚性有效促进商谈效果和共识的达成。[①] 主体需要通过双方都可以理解接受的沟通语言方式进行商谈与讨论。

　　法治共识的形成同样需要社会主体之间的理性商谈。社会主体就法治涉及的公共利益和个人利益自由平等地讨论与沟通，同时遵守一定的正当程序与原则，确保商谈的平等性和有效性。社会主体采用一定的语言艺术确保商谈通过各方主体都可以接受的理解机制进行沟通与对话。社会主体通过理性商谈形成一致性的法治意见和共识，构成了法治的合法性与正当性来源，消解现代法律的合法性危机，提高法治的权威，最终促成社会主体法治认同。

二　法治认同的标准

　　法治作为法治认同的客体，其必须具备一定的标准才可以被社会主体认可和接受。法治认同的标准包括形式标准和实质标准两个方面。实质标准在一定程度上决定了形式标准，同时形式标准反映和表现了实质标准。二者相辅相成共同促进了法治认同的形成与提高。

（一）形式标准

1. 完备的法律规范体系

社会主义法治体系中，完备的法律规范体系是其中首要和基础性的体系，也是依法治国的首要条件和基础。一国的法治只有具备了完善统一的

---

① 参见［德］哈贝马斯《交往与社会进化》，张博树译，重庆出版社1989年版，第67页。

规范体系，才能进一步落实法治实施体系、法治保障体系、法治监督体系和党内法规体系。

法治认同首先是社会主体对法律规范的认可和接受，因此完备统一的法律规范体系同时也是法治认同的前提和基础。国家立法机关需要根据现实法治实践科学合理地规划立法并充分使用立法技术及时有效地根据现实需要制定新的法律规范。完备的法律规范体系要求杜绝不同效力等级的规范体系之间的相互冲突与抗衡，避免自发适用过程中因为法律规范之间的效力冲突导致无法适用法律的情况出现。同时，需要建立一个科学、严谨和系统的法律规范体系，使得不同的法律部门体系之间形成协调统一、权利义务明确的规范体系，有效地促进法律规范体系的实施。完备统一的法律规范体系是法治的形式要件与标准之一。法治只有满足了基本的形式标准才能得到社会主体的认可并促进法治价值的实现。

2. 普遍有效的法律规则

法治的实施与运行必须具备普遍且有效的法律规则。只有在普遍有效的法律规则下，法治才能良好地调整社会关系，确定法律关系主体的权利与义务。法律规则的普遍性要求法律适用的平等性。法律面前人人平等首先体现在法律适用的平等性，即每个公民都必须遵守法律规则，法律规则普遍地适用于每个公民。在法治实践中，法律关系主体平等地享有法律规定的权利并平等地履行法律规定的义务，任何人不得行使特权，破坏法律的普遍性与平等性，同时杜绝法律规则适用时的随意性和偶然性。同时法律规则必须有效地约束法律关系主体。法律的有效性是法律规范得以调整社会关系的前提和必需条件。有效的法律规则才能促进静态的规范体系得以动态地实施和运行；有效的法律规则才能树立法律权威并得到社会主体的认同。因此，必须保障所有的法律规则平等普遍地适用每个法律关系主体，同时保证每个法律规则的有效性从而在形式上促进法治实质价值和法治社会效果的实现。

3. 严格公正的法律适用制度

行政机关的执法活动与司法机关的司法活动共同实现法律的适用。静态的法律规范体系通过执法与司法活动得以动态地适用并发挥其调整社会关系的功能。执法与司法行为必须遵守严格公正的法律适用制度才能保障国家行政机关依法行政，促进司法机关公平裁判。行政机关必须在法律规定的范围内依照法定程序行使国家权力，避免行政机关滥用国家权力侵害公民的合法权益。行政机关的自由裁量权必须在法律规定的范围内合理地行使。同时行政行为不但要体现合法性还要体现合理性，在合法性与合理性双重原则的规范下，行政机关的具体行政行为与抽象行政行为规范有效地运作。司法机关的司法活动是法律适用的重要体现。司法活动是法律公平正义的最后一道防线，只有司法活动公平公正地进行才能得到社会主体对法治的认同和信任。因此必须通过系统的严格公正的制度保障司法机关公正司法。司法机关依法行使权力不受任何其他行政权力、社会团体和个人的干涉从而保障司法公正。同时司法机关在程序正义制度的前提下才能实现实质正义。所以行政机关与司法机关在严格公正的法律适用制度的保障和约束下才能有效地实现法律的合法适用。

4. 专业化的法律职业共同体

专业化的法律职业共同体是社会主体法治认同的重要标准之一。现代社会系统高度的分化，使得不同专业之间的壁垒更加难以消除。法律自身的专业性和复杂性从客观上要求专业化的主体对法律进行实施和运作。实践性和专业性较强的法律，其在法治实践中具体的实施需要由经过法律专业学习、法律实践培训并掌握一定法律专业技巧的法律人组成的职业共同体来完成。法律职业共同体有着共同的法律知识背景、法律职业道德和法律素养，其在司法实践中有效地保障司法独立，提高法治权威，促成社会主体对法治的认同。同时法律职业共同体积极缓解了现代法律专业性与开放性之间的张力，促进现代法律的亲民性和通俗化，积极促成社会主体对法治的认同和信任。法律职业共同体的形成需要一系列的相关培训制度、选拔制度和保障制度。法律职业共同体成员必须经过严格的法律专业学习且具有丰富的法律实践经验才有资格成为法律人。国家应当通过相关制度保障法律职业的稳定性和职业性，从而促进司法活动的独立性和司法活动的公正性。

（二）实质标准

1. 保护人权与限制公权

法治认同首要的实质标准是法治保护人权并限制公权。现代法治只有通过限制国家公权力从而保护人权，法治才能成为社会主体认同的客体和对象，法治才能得到社会主体的认可和接受。人权是人之所以为人所享有的权利和资格，是人的个体自主能动性的体现。任何一个人不分种族、性别、年龄、学历和社会地位一律平等地享有人权。现代法治区别于人治与专制的最主要的标志是人权得到保护。现代法治的基本精神与主要内容就是对人权的保护和实现。人权在法律规范中表现为具体的公民权利，而公民权利实现的首要要求是对国家公权力的限制和制约。洛克认为，法治的真正含义是任何政体下的权力都得到限制。① 公权力是人权和公民权利实现的最大障碍和危险，必须通过法治严格限制和约束公权力从而保障公民权利的实现。在具体的法治实践中，通过权力分立与权力制衡有效避免权力专断下暴政的发生。同时需要通过具体的法律制度将公权力纳入一定的法治程序和具体规则之下运行，实现权力与责任的统一。因此法治限制和约束公权力的目的是保障人权的实现，从而实现现代法治的首要价值。

2. 保障民主与自由

法治保障民主与自由从根本上为社会主体认同法治提供了动力支持，同时构成了法治认同的标准之一。民主与自由是现代法治追求的重要价值，有效地促进了社会主体对法治的信赖与认可。现代法治只有具备了保障民主与自由的标准，才可成为主体认可和接纳的对象。民主在法治中主要体现为公民享有的政治权利。公民的政治权利是其参与国家事务、社会公共问题的基本资格与条件；民主可以有效地表达公民自己的意见和建议并参与到国家立法之中；民主可以有效地避免暴政和专制的出现，所以法治的重要任务之一就是保护民主，促进公民政治权利的实现。民主与自由是一对范畴，法治保障民主就必须保障公民的自由。自由是现代法治的核心价值与要素，法治保障人权与民主都需要在保障自由的基础之上进行。法不禁止即自由，任何公民的自由只受到法律的规定与限制，其他任何个人或者组织不得以任何形式妨碍公民自由。法治保护的自由主要是通过限制公权力以防其对自由造成干涉和限制，而不是通过具体的方式确定自由的范围。保障民主与自由是法治基本精神与核心价值，成为社会主体法治认同的重要实质标准。

3. 促进效益与维护秩序

人类追求的效益价值目标构成了法治的基本内容与价值。法治制度和

---

① 参见［英］洛克《政府论》（下篇），叶启芳译，商务印书馆 1983 年版，第 92 页。

规范自身的合法性与合理性促使社会主体内心对法治的认同。而社会效益和秩序的维护是合法性与合理性的体现。维护效益是人类不断进行物质生产和发展生产力所要达到的目标，因此法治保护并促进效益的实现满足社会主体的本能需求，构成了社会主体认同法治的标准并成为社会主体法治认同的不竭动力。追求效益的最大化成为市场经济的重要特征和目标，其可以有效地合理配置资源从而不断实现人们对效益的追求。法律作为上层建筑必然服务于经济基础，所以法律需要保护经济基础追求的效益促进法律社会功能的实现。法律通过设定具体的权利与义务来规范主体的行为从而促进主体生产和创造的积极性与主动性，同时避免资源配置不合理带来的浪费，最终提高全社会的效益。法治的基本功能与价值是维护社会秩序，促进社会主体自由的实现。人类社会必须在一个有序的社会环境中存在和发展，法治成为维护社会秩序最有效的手段和方法。法治只有通过规范的制定与实施促进社会秩序的良性健康的维持，才能实现法治保障民主与自由、保障人权与限制公权等价值。所以维护秩序是法的实质内容也是法治认同的标准之一，社会主体只有在有序的社会环境中得以实现其合法权益。

第三节　法治认同形成过程

本节内容通过对社会主体法治认同的形成过程的具体分析，进一步对法治认同的基本问题进行阐述和论证，为后文新媒体对公众法治认同的消解相关内容的分析奠定了基础。此部分内容重点分析和论证了公众个体法治认同的形成过程，具体包括法治认知的获取、法治情感的产生、法治评价的形成以及法治行为的践行四个过程。法治认同形成的四个过程在实践中互相联系、相互影响并且彼此制约，共同作用于个体法治认同的形成过程。

一　法治认知的获取

法治认知是法治认同形成的前提和基础，社会主体只有对法治属性、法治价值以及法治精神等有着深刻全面的理解与认知，才能在此基础上形成对法律至上、法治权威的接受和认同，才能践行法治精神并积极守法，促成法治认同的生成。认知是主体的一种心理活动，具体表现为知觉、记忆、学习、思维、理解问题与解决问题等。人获得知识并应用知识需要认知这一心理活动。① 社会主体法治认知是一个心理过程，是法治信息输入、加工与输出的过程。本书论述法治信息的基础上详细分析了法治认知的获取过程。

（一）法治作为一种信息的存在

信息是一种无声无形但又有意义的客观存在，世间万物通过信息得以观念性地显现，人们也正是借助信息来认识事物、交流思想的。在法治认知过程中，法治是作为一种信息存在的。而且，作为信息的法治不仅是实证法信息，其外延上还包括实证法生成前的应然法信息（社会成员对于法的期待、愿望和希望）和实证法后的实然法信息（在法的现实运行中呈现出来的、以各种情境、行为和物件为载体的信息）。

法治信息从不同的层次和角度体现了法治的存在。法治信息具有如下特征：第一，客观性。法治信息产生以后就成了一种不以人的意志为转移的客观存在。不管人们是否承认，不管它是否被人们感知到，它都是客观存在的。第二，多样性。这一方面表现为涉法信息本身具有丰富多样的内容，比如关于法律本体论的信息、关于法律价值论的信息、关于法律运行论的信息、关于法律发展论的信息等；另一方面也表现为涉法信息载体的多样性，它可以以口头语言的形式、文本的形式、动作的形式、器物的形式以及数据的形式等多种方式存在和显现。同时，法治信息的意义也是多种多样的，这既是由载体的性质决定的，也是受到法治信息传递者和接收者的不同认知影响的。第三，历史性。法治信息作为法治的表现形式，它在内容上具有历史变动的特点，在不同的历史时期，法治信息的内容会有所不同；它在表现形式上也有一个发展的过程。第四，文化性。法治不仅仅是一种制度性、实践性的存在，它也是一种文化性的存在。在不同的文化背景中，法治信息表现出不同的民族精神、价值判断。第五，共享性。法治信息通过不同的载体予以储存、能够借助载体在人们中间传递，因而能够被不特定的多数人所感知、了解、熟悉、占有和享用。

---

① 参见彭聃龄、张必隐《认知心理学》，浙江教育出版社 2004 年版，第 3 页。

（二）法治信息的输入

法治信息是与法治相关的信息，法治信息的输入是法治认知的首要前提和环节。社会主体只有在法治信息输入的基础上，才能加工法治信息和输出法治信息。作为法治信息的接收者，社会主体通过各种媒介了解和掌握法治信息，将外界的法治信息引入主体大脑内部并将法治信息通过大脑储存。一方面，法治信息输入借助不同的媒介形态，如印刷、广播、电视以及网络媒介和口头语言表达等。当代社会中，以网络技术为基础的新媒体快速发展，其深刻影响着人们的生活方式和思维方式。新媒体在当代成为社会主体接收和交流法治信息最重要的平台与空间，这里聚集了大量而丰富的法治信息。通过新媒体社交平台，在相互交往中，法治信息得以输入社会主体大脑。新媒体是法治信息输入和传递的一个重要形式。社会主体通过新媒体社交平台，接触不同法治信息，包括正面的法治信息和负面的法治信息。这些法治信息通过新媒体媒介输入社会主体的大脑并形成记忆。所以新媒体媒介成为当代法治信息输入的最重要的媒介形态，为社会主体获取法治信息提供了平台与空间。

另一方面，法治信息的输入形式有正式输入形式和非正式输入形式。正式输入形式主要是指由法治工作人员按照法律规定传输信息的形式，包括立法、执法、司法、普法等诸多法律运作环节的法治信息传递形式。这种法治信息输入形式一般具有相对正式性、专业性、系统性、权威性、准确性等特点。正式输入形式有助于社会主体准确全面地了解和掌握法治信息，形成正面的法治信息，促进法治认知的形成。非正式输入形式则是除了正式输入形式以外的所有法治的内容和关于法治内容的信息传输形式，包括人们在日常生活中对法治的了解、理解、评论、运用等形式，这一形式的涉法信息输入形式具有非专业性、非系统性、分散性等特点。非正式输入形式扩大了法治信息输入的形式与渠道，有利于社会主体方便快捷地了解法治信息；但是非正式的法治信息的权威性和客观性不足，容易误导社会主体并接收负面的法治信息，不利于社会主体形成正确的法治认知。特别是在网络媒介全方位渗透人们生活中的背景下，非正式法治信息的输入形式一定程度上扰乱了社会主体正常的法治信息的接收过程，误导主体形成错误的法治认知，最终阻碍了法治认同的形成。因此需要在实践中通过国家权力机关的正确引导以及社会主体理性接收法治信息，具体分析将在后文进行呈现。在法治实践中，正式输入形式与非正式输入形式是同时存在的，二者同时作用于法治信息的输入过程。

（三）法治信息的加工与输出

法治信息的加工过程就是个体接收到的法治信息通过诸多环节进行内部加工的心理过程。法治信息加工过程通过法治感觉、法治知觉以及法治印象三个环节得以完成。社会主体在法治感觉的基础上形成法治知觉，并进一步在法治知觉的基础上形成个体的法治印象，从而完成法治信息的加工过程。社会主体在法治信息加工的基础上进行信息输出，从而完成法治认知的获取。

经由外在法治信息的刺激作用于人的感觉器官而在人脑中产生对法治信息的个别属性的反应，被称为法治感觉。例如，执法行为、司法行为在社会现实中给人的刺激等。个体经由这些刺激而对法治会有初步的零散的反应。"人在实践过程中，开始只是看到过程中各个事物的现象方面，看到各个事物的片面，看到各个事物的外部联系"[1]。而对于法治信息的个别的、零散的积累，在个体头脑中逐渐会产生对于法治各个组成部分和属性及其内部联系的综合的、整体的反应，这种心理反应被称为法治知觉。例如，人们多次、多方面了解了法治活动的过程及其内部运作机制后对于法治的认知等。个体的这一认识过程是其在社会实践过程中逐步发展起来的。法治知觉的发生过程是外界法治信息的刺激与个体内部的知识和经验相互作用的结果。一方面，个体调动其内部信息资源对法治信息在理解的基础上获得的整体性认识。不同的学习经历、不同的职业背景、不同的生活经验会使人对于同样的法治信息刺激产生不同的认知结果。另一方面，法治信息的刺激往往呈现出各种组成部分的综合状态，而组成部分的强度往往有所不同，强的成分往往会掩蔽弱的成分，"关键性的强的组成部分决定着知觉的完整性"[2]。比如，在城市管理执法队员的粗暴执法过程中，"粗暴"的成分往往作为强的组成部分发挥作用，而把"执法"的成分掩蔽掉。人们认知法治也是从这样零散的、个别的获取相关信息的基础上开始的。

---

[1] 《毛泽东选集》第 1 卷，人民出版社 1991 年版，第 284—285 页。

[2] 曹日昌主编：《普通心理学》（合订本），人民教育出版社 1987 年版，第 155 页。

在法治知觉的基础上会形成对于法治的印象。法治印象就是人们通过与法治的接触和感知，在头脑中形成并留在记忆里的法治的形象。法治印象和法治知觉、法治感觉相比，具有间接性、综合性和稳定性的特点。间接性是指法治印象是在法治感觉、法治知觉的基础上形成的脱离法治现象而存在的对于法治的形象把握，是一种间接的心理成像。综合性是指法治印象是在综合各种法治知觉基础上形成的，并往往加入了联想和想象的成分。如此形成的法治印象具有稳定性的特点，在一定的时间内很难改变。

社会主体在法治信息输入和加工的基础上，输出法治信息。法治信息的输出是通过社会主体之间的相互交往和参与法治实践得以完成的。社会主体之间通过不同的媒介形态相互交流法治信息，沟通彼此间的法治印象和法治知觉，并进一步形成个体新的法治知觉与法治印象。在当代中国，新媒体网络平台促进了不同的阶层、不同职业背景、不同学历和社会地位的主体之间进行法治信息的输出和交流，加强了社会主体之间法治信息的相互输出，促进了法治认知的获取。同时社会主体通过积极参与法治实践，例如通过参与立法活动和司法活动将已有的法治知觉和法治印象融入法治实践中，从而输出个体已经形成的法治信息。在实践中，法治信息的输入、加工与输出是同时进行的，共同作用于社会主体法治认知的过程。

二 法治情感的产生

法治情感是社会主体法治认同形成的一个重要心理阶段和过程，是社会主体基于一定的法治认知，对现实法治关系和法治行为的一种爱憎或好恶的情绪态度体验，是社会主体根据一定的法治规则在处理相互法治关系时所体验到的心理活动。笔者在辨析情感与情绪的基础之上，通过分析法治情感与法治需要以及法治情感与法治认知的关系来论述法治情感的产生。

（一）情绪与情感

情绪与情感是社会主体对客观事物的体验及相应的行为方式，是个体通过喜怒哀乐、爱憎等方式表达对主体的需要是否得到满足的反应。情绪与情感是社会主体对客观事物的一种主观的心理体验，二者与认知不同。

认知过程强调的是个体对客观事物本身的反应。在实践生活中，情绪更多的是与个体的自然需要相关联，而情感则与个体的社会需要息息相关。情绪与情感二者的特征也不同，前者具有暂时性和多变性，而后者却具有相对的持续性与稳定性，其与社会主体自身的个性品质相关。情感是社会主体主观的心理体验与状态，其可以是积极的情感也可以是消极的情感。积极的情感表现为社会主体对事物的关注、喜爱、依赖与崇敬；消极的情感表现为社会主体对事物的厌恶、质疑、逃避以及鄙视等。情感在社会主体的精神生活与现实行动中发挥着重要作用，其有效促进主体间信息传递和思想的沟通以及调控社会主体的实践行为。情感可以有效促进主体向着预期的目标进行实践行动，推动行为发生与发展。与情绪相比较，情感在法治认同形成中更具有影响力。情绪与情感二者有着密切的联系，二者相互依存，不可分离。在情绪的基础之上形成稳定的情感，而情感是通过情绪体现；二者不可分离，情感的强烈程度取决于情绪的变化程度，在稳定的情感中包含着情绪。①

（二）法治情感与法治需要

人们对于法治的主观体验形式也有情绪与情感两个方面。鉴于情感具有稳定性和持久性的特征以及法治情感在社会主体法治认同形成中的重要地位，本书重点关注和论述法治情感。

法治情感是在社会历史实践中基于法治与个体需要之间的互动联系而逐渐形成的一种比较稳定、持久和深刻的主观体验形式。法治情感在法治认同形成过程中有着重要的价值和作用。社会主体在法治实践中以法治情感为基础积极依法办事并保护其合法权利与利益。"一种不可能唤起民众对法律不可动摇的忠诚的东西，怎么可能又有能力使民众普遍愿意遵守法律？"② 因此只有法治本身符合人性，符合社会主体的心理情感，同时获得社会主体的信任与敬重，法治才有了其自身存在的合法性，法治才能得到社会主体的普遍认同，进而法治才能发挥其社会功能与价值。

---

① 参见俞国良《社会心理学》，北京师范大学出版社 2006 年版，第 365 页。

② ［美］哈罗德·伯尔曼：《法律与宗教》，梁治平译，生活·读书·新知三联书店 1991年版，第 43 页。

需求是决定法治情感的一个重要因素。感情是建立在主体的需求获得满足的基础之上。人们通过愿望、想法和意向等方式体验需求的满足。而需求是人们对处理社会关系和延续生命所需要的反映。生物学领域的需求主要涉及食物、基本安全等；而随着人类社会的进步和文明的发展，需求的形式也发生变化，出现了如人际交往的需求、日常学习进步的需求、工作需求等较高级的需求。人们在复杂多元的交往中需要法治予以规范和调节相互关系的需求。而这种需求就是法治需求。法治需求决定了社会主体的法治情感，而法治需求通过法治情感的方式得以体现。社会主体的法治需要得到满足，形成正向的积极的法治情感，促进社会主体法治认同的形成；反之社会主体的法治需要没能得到满足，将会形成负向的消极的法治情感，阻碍社会主体法治认同的形成。

（三）法治情感与法治认知

法治情感和法治认知是社会主体法治认同形成过程中的两个重要环节，二者相互作用、相互联系。社会主体对法治规范的认知状况影响着其法治情感的发生和变化。社会主体的心理结构包括认知因素和非认知因素。首先，在内容方面，法治认知与情感二者相互融合和重叠。法治认知是社会主体较为理性的看法和体验，是社会主体在长期的法治实践中对不同社会关系的认识和感受，是社会主体对法治理念、法治原则和法治精神、法治规范与制度等的理解和认识，从而形成的比较抽象的法治概念、法治推理和法治判断等。而法治情感则是社会主体在法治认知的基础上形成的一种主观的体验，并以情绪、态度、激情等形式进行表达。因此法治情感是社会主体对法治主观的体验和认识。法治认知与法治情感二者皆源于法治现实和主体的法治实践。其次，法治认知与法治情感相互促进。法治情感以法治认知为前提和基础，法治情感建立在法治认知的基础之上。不同的社会主体由于其法治经验和实践不同，其法治认知的程度也存在差别，而这种差别又决定了不同社会主体的法治情感的内容、法治情感的强烈程度以及法治情感的形式的不同。同时法治情感在某种程度上影响法治认知的形成和发展。积极正向的法治情感会进一步强化原有的法治认知，并促进新的正确的法治认知的形成；而消极负向的法治情感则阻碍社会主体形成客观理性的法治认知。

三　法治评价的形成

法治评价是个体法治认同形成过程中一个重要心理活动，是社会主体中的个体在法治认知获取和法治情感形成的基础上，以一定的视角和标准在一定的视域中对法治有无价值和价值大小所做的价值判断。下文在对法治评价的概念以及特征的论述基础上详细地分析了法治评价形成的具体过程。

（一）法治评价及其特征

评价是一种把握世界价值与意义的人类认识活动，其关注的不是"是什么"的问题，而关注的是世界对于人类的意义与作用的问题；评价是人的主观认识活动。[①] 法治认同是社会主体在其法治认知与法治情感的基础上关于法治对于人的价值与意义的一种心理认识活动。在社会生活实践中，社会主体对法治进行评判。这种评判包括以下几个方面的内容。首先，根据社会主体自己的需要和利益对现存法治及其运作所作的评判。其次，将现存法治及其运作与同时存在的其他类型的法治及其运作进行比较，并根据自己的需要和利益予以评判。最后，对将要形成的法治所作的评判。

根据以上关于法治评价的概念，认为法治评价具有如下特征。首先，法治评价是社会主体从自身利益出发所做的评判。评价主体不可能排除自身进行评判，是在社会主体自身的法治认知和法治情感的基础上以法治是否可以满足自身利益需求为出发点，进行法治评价。法治是否满足自身利益是法治评价的根本出发点。其次，法治评价具有实践性。这种实践性主要是指评价的出发点即评价主体自身的利益是现实的利益，这种利益来源于实践生活。如果法治评价脱离于社会生活和生产实践，法治评价将变得没有现实意义。再次，法治评价具有历时性。任何法治评价活动都是在特定的时空和文化背景下进行和完成的。在人类发展的不同历史时期，不同的文化背景下社会主体自身的利益诉求也不同，因而会形成不同的法治评价。因此法治评价随着社会的不断发展呈现出不同的形态和内容。法治评

[①]　参见冯平《评价论》，东方出版社1995年版，第30页。

价是法治认同形成的一个重要环节和过程，因而也就决定了不同文化背景和社会环境下社会主体形成不同程度的法治认同。最后，法治评价具有主观性。法治评价是社会主体形成法治认同的一个环节和过程，是一种心理和观念活动，因此法治评价具有很强的主观性。法治评价是社会主体在自身的法治认知和法治情感的基础上形成的，具有强烈的个性主观色彩。评价的主观性决定了社会主体对法治有着差异性的评价。

（二）法治评价形成的过程

"从心理学的视角进行分析，法治评价的具体形成过程遵循以下路径：确定法治评价的目的和评价的参照系统→获取法治信息→形成价值判断。"① 这一过程是社会主体在法治认知和法治评价的基础上发生的。通过对这一过程的详细阐述，进一步论证了个体法治认同的发生和形成过程。获取法治信息这一具体环节在前文已有详细的论述，在此不再赘述。

1. 法治评价目的和参照系统的确定

首先，法治评价的目的。法治评价的目的是指社会主体为什么要进行法治评价。社会主体进行法治评价主要是基于两个方面的考虑：其一是法治介入社会生活的方式和程度，特别是法治及其运作对人的现实生活的影响；其二是人的需求与利益能否得到满足。"需要和手段，作为实在的存在，就成为一种为他人的存在，而他人的需要和劳动就是大家彼此满足的条件。"② 社会主体进行法治评价的目的主要是衡量法治是否可以实现自身的现实利益。任何时代的法律都是不同利益个体之间和群体之间利益博弈的结果。法治在对不同的利益、相互冲突的利益进行确认和调整时需要遵守一定的利益平衡价值标准，从而对多元冲突的利益进行平衡与保护。如果法治从根本功能和价值上不是社会主体利益的反映或者说法治并不能调整现实社会中的利益冲突与矛盾，不能发挥社会关系调整器的作用，那么社会主体也无从评价法治，更谈不上认同法治。所以社会主体总是基于自身利益的考量而对法治进行评判的，评价的目的是衡量法治是否可以实现自身的现实利益。不同历史时期和社会文化环境下，主体会对法治做出不同的评价，但是评价的目的基本都是从自身利益出发。尽管每个社会主

---

① 叶立周：《当代中国法律接受研究》，博士学位论文，吉林大学，2008 年，第 62 页。

② ［德］黑格尔：《法哲学原理》，范扬、张企泰译，商务印书馆 1961 年版，第 207 页。

体都是从自身实际利益出发评价法治，但是并不意味着社会主体之间的评价立场完全不同。由于社会主体之间生活实践的共性以及法治是各方利益平衡的结果，所以不同社会主体的评价立场有重叠和共性的地方。正因为如此，法治认同是社会主体共识的结果和体现。

其次，法治评价参照系统的确定。"法治评价就是人们对法治及运作和其他事物相比能够满足主体什么需要和利益，法治评价参照系统主要包括评价的主体、标准、视角和视域。"① 法治评价主体是社会主体，主要包括公民个体、群体、组织、民族和国家等。本书的社会主体主要是公民个体。法治评价主体自身的知识背景和知识体系以及价值观念深刻地影响着主体的法治评价。不同的历史时期与不同时代，主体的评价活动受到这个时代的知识水平与体系的影响和制约。② 每个个体的教育背景和知识体系结构的不同，决定了个体之间的法治评价的不同。具有不同价值观的不同主体，其法治评价的标准也不同。法治评价视角指的是主体在社会实践中基于一定的目的而选取的评价角度，也即主体的需要和利益与法治及其运行的结合点。"评价视角的确立，是评价可能进行的前提。在评价活动中，因评价者所选定的视角不同，价值客体向评价者显现出不同的景致。"③ 法治评价的视域是主体选择的与评价客体（法治及其运作）的比较范围。评价视域选取的不同，评价的结论也会有所不同。比如，把当代中国的法律规定及其运作方式与中国古代的相关法律规定及其运作相比；把当代中国的法律规定方式与西方国家的相关法律规定及其运作相比。法治评价的标准是评价主体自身的利益和需求，此内容在法治评价的特征中已经阐述，在此不再赘述。总之，评价主体、评价视角、评价标准以及评价视域四个要素共同构成了法治评价参照系统，这些要素共同作用于法治评价形成过程。

2. 形成价值判断

价值判断就是主体基于一定的目的按照一定的评价标准对评价客体从一定的视角和视域进行评判从而得出评价客体有无价值、价值大小的结论。从逻辑意义上来说，价值判断的形成是评价主体按照以下的步骤来进

---

① 叶立周：《当代中国法律接受研究》，博士学位论文，吉林大学，2008年，第63页。

② 参见冯平《评价论》，东方出版社1995年版，第55页。

③ 冯平：《评价论》，东方出版社1995年版，第78页。

行的：第一步，确定评价目的，选定评价视角；第二步，确定评价标准，并将其细化、可操作化；第三步，获取评价客体的信息，将评价标准与评价客体的信息相结合；第四步，选择、确定评价参照客体的信息，将评价标准与参照客体的信息相结合；第五步，将第三步和第四步得出的结论相比较得出最终的结论。① 这是一种理想和理性的价值判断形式。在现实评价活动中，评价主体的心理运作过程，并非都是这样理想化的理性过程。人类的生活是丰富多彩的，人们的个体情况又有所不同，因而在做出评价的时候也会有不同的形式。比如，以感觉为基础的评价；以意象为尺度的评价；以观念为基础的评价等。

对于法治的价值评价也是如此。就理想状态来说，人们在对法治作出价值评价之前，需要确定评价的目的；确定评价的标准；获取评价对象的相关信息；选择、确定参照客体的信息，最后得出结论。但这种理想的法治价值评价，往往需要专业的水准。有些评价，由于相关信息的遗失、保密、失真等原因，即使专业人士也无法实现。对于普通人来说，人们对于法治的价值评价往往和自身的特殊性结合起来。比如，自身的利益需求；自身的亲身经历；自身受到的教育程度、方式与内容；自身生活的社会环境；等等。因而，在实际生活中，人们对法治的价值评判是多样化的。

四　法治行为的践行

法治行为是实践性的法治认同，是社会主体在法治认知、法治情感以及法治评价的基础上，通过法治意志的支配和调节将法治内在的信服与认可外化为具体行为的实践过程。法治行为是法治认同形成过程中的实践性的一个环节，其将法治认同从心理状态引向了实践行为，完成了法治认同的形成过程。

（一）法治意志

意志是主体有意识支配、调节行为，通过克服困难，从而实现预定目标的心理活动。② 意志是社会主体在确定自身行动目标的基础上通过不断

---

① 参见冯平《评价论》，东方出版社 1995 年版，第 113—114 页。

② 参见彭聃龄主编《普通心理学》，北京师范大学出版社 2004 年版，第 351 页。

调整和支配自己的行为来排除各种障碍，从而实现自身原定目标的一种心理活动。主体在意志支配下的行动是意志行动，其具有明确的行动目标。社会主体在实践行动中，不仅是摄取外界信息，产生认知与情感，同时也是不断反作用于客观世界，其在原有的认知、情感和评价基础上确定行动的目标，并克服种种障碍和困难采取实际行动达到目的，这一行动过程需要在社会主体意志的支配下完成。意志是人类区别于动物的一个重要特征，是人类主观能动性的集中体现，是人类在长期的生活实践中形成的心理状态。社会主体的意志是在其长期的认知和情感以及评价的基础上形成的，如果没有认知等活动，就不会出现意志。而意志反作用于人的认知、情感和评价，意志也是认知、情感和评价形成的基础。意志同时是行为产生的前提和基础，社会主体的任何有目标的行为都是在自身意志的支配下完成的。因此，意志在主体确定目标、调整目标和通过行为达成目标的实际行为中有着重要的价值和作用。

法治意志是社会主体在法治实践中为了行使自身合法权利与利益，从而排除各种障碍中体现出来的毅力与决心。① 法治意志体现了社会主体自觉维护法治权威并抵制违法犯罪行为的心理品格，反映了社会主体积极维护自身合法权利与利益以及履行法治义务的心理状态。法治意志与法治情感、法治信念息息相关。法治信念是指社会主体在内心深处对法治的坚定和诚服的心态，具有持久性和稳定性。法治信念促成社会主体积极地遵守法律规范，捍卫自己的合法权益。法律情感促进或者阻碍法律意识的产生和变化，其是一种主观的态度或者体验；法律信念则积极促进法律意志的形成和发展；在法律情感与法律信念的转化中，法律意志起到了中介作用。社会主体在法律情感的基础上要形成法律信念，法律意志必须发挥积极的推进作用。同时法律情感是法律信念转化为具体的法律行为的推动器。② 因此，法治意志在法治情感与法治信念的转化以及在具体的法治行为中发挥着重要的作用。

（二）法治行为的发生

法治行为是指社会主体在法治认知获取的基础上，在法治情感影响

---

① 参见王维林《法律意志的心理学分析》，硕士学位论文，吉林大学，2004年，第18页。
② 参见王维林《法律意志的心理学分析》，硕士学位论文，吉林大学，2004年，第18页。

和法治意志的支配下，在法治实践中自觉履行法治规范并积极实现法治价值的行为；是社会主体把对法治内心的认可、接受以及情感和评价等心理状态外化为具体的外在的涉法行动的过程。法治行为是实践性的法治认同。"全部社会生活在本质上是实践的"，"哲学家们只是用不同的方式解释世界，问题在于改变世界"①。如果社会主体的法治认知、法治情感与法治评价的心理活动不去指导和作用于社会主体的法治行为实践，如果社会主体的法治认同仅仅停留在法治认知、法治情感与法治评价的心理状态，那么社会主体的法治认同就没有存在和发生的价值与意义，因此没有法治行为就没有形成真正的法治认同。法治认同不仅是社会主体的认可和接受的心理活动，也是一种实践行为和过程。以往学者研究法治认同时，对法治认同的认识停留在观念和心理层面，没有将法治认同看作社会主体将认知、情感等心理活动转化为涉法的实际行动。没有法治行为的法治认同不是完整的法治认同。法治认同中的法治行为最终将法治认同的实践价值和作用引向法治实践，积极地促进法治社会的发展和进步。

　　法治行为的发生是一个复杂的过程，既有外界文化、环境以及情境的影响，也有社会主体自身的认知、情感和评价的作用。鉴于此部分内容研究的重点是公众个体法治认同形成过程，故在此不再论述外界因素对法治行为发生的影响。法治意志是法治认同发生的一个重要因素，其对法治行为的发生过程中有着重要的作用。社会主体在长期的生活实践中形成自己的法治认知和法治情感以及法治评价，在此基础上需要在法治意志的指导和调节下确定主体行动的目标。主体的行为在法治意志的支配和调解下，积极克服各种困难和障碍，采取各种措施促成法治目标的实现，最终促成法治行为的发生。因此，意志在法治行为发生的过程中发挥着不可替代的作用，没有法治意志的支配和调节，社会主体的法治行为不会发生。法治行为的发生必须是在主体法治认知和法治情感以及法治评价的基础上，将主体内在对法治的信服与认同外化为具体的法治行为，实现心理活动与外在行为的统一。

---

　　① 《马克思恩格斯选集》第 1 卷，人民出版社 1995 年版，第 56—57 页。

第四节　新媒体相关问题概述

新媒体是一个历时性和相对性概念，是科学技术和信息时代的产物。新媒体改变了传统的信息获取和信息传播方式，同时改变了社会主体的思维方式和生活方式。本节通过论述新媒体的基本内涵与分类、新媒体的特征以及新媒体网络舆论的生成规律与功能以及社会效应，来进一步认识和掌握新媒体的运行规律和信息传播特性，从而有助于科学地研究新媒体背景下的公众法治认同。

一　新媒体概念与分类

（一）新媒体的概念

本书在界定"媒介"概念的基础上阐述新媒体的概念。麦克卢汉从信息的角度认为：媒介就是讯息，是人体的延伸。"媒介即万物，万物即媒介"①。从传播符号学的角度来看，"媒介是指承载并传递信息的物理形式，包括物质实体和物理能"。从传播形式的角度来看，"媒介是一个简单方便的术语，通常用来指所有面向广大传播对象的信息传播形式，包括电影、电视、广播、报刊、通俗文学和音乐"②。广义上的媒介是指任何事物或者人与人、人与事物之间发生的关联都是媒介。而狭义的媒介是指在传播者与接受者之间传播一定信息的物质形态，③ 如报纸、书籍、电视和广播等。本书采用狭义的媒介概念。

目前学界和业界对于新媒体的概念没有一个统一的界定。"新媒体"一词最早是美国人高尔德马克（P. Goldmark）在1967年提出，当时新媒体是指电子录像。但是随着科学技术不断地更新和进步，新媒体的内涵和类型也在不断地丰富和扩大。联合国教科文组织将新媒体定义为"网络

---

① ［加］马歇尔·麦克卢汉：《理解媒介：论人的延伸》，何道宽译，商务印书馆2000年版，第5页。

② 吴凡主编：《传播学概论》，浙江工商大学出版社2012年版，第102页。

③ 参见邵培仁《传播学》，高等教育出版社2000年版，第198页。

媒体"。① 我国一些学者认为新媒体是一个历时性的概念，不同的时代背景下新媒体的内涵也不同。蒋宏和徐剑认为新媒体"是在 20 世纪后期的世界科学技术突飞猛进的背景下，出现在社会信息传播领域的、建立在数字技术基础上的、与传统媒体迥然相异的新型媒体"②。匡文波认为新媒体是"数字化互动式新媒体"的缩略后的表达。③

虽然目前各界对于新媒体的概念没有统一的认识，但从各界对新媒体的描述中总结出以下几个共识：首先，新媒体属于历时性的概念，是与旧媒体对照而产生的。新媒体的具体内涵随着科技的进步而不断地变化和丰富。因此新媒体不是一个稳定的事物而是一个动态的事物。其次，从技术层面上看，新媒体是时代进步和信息技术革命的产物。网络技术、通信技术以及卫星技术等科技是新媒体产生和发展的根本性技术保障。最后，从传播特性上看，新媒体在信息的传播过程中有很强的交互性。信息传播者和接收者之间可以进行同步或者不同步地非线性互动，突破了传统媒体点对面的传播方式，以点对点的传播方式对信息进行裂变式的传播。

综述学界和业界关于新媒体概念和内涵的界定及描述，并结合本书研究背景和研究主题，笔者采用如下新媒体的概念，即新媒体是"利用数字技术、网络技术和移动通信技术为依托，通过互联网、宽带局域网、无限通信网和卫星等渠道，以电视、电脑和手机为主要输出端，向用户提供视频、音频和语音数据服务、连线游戏、远程教育等集成信息和娱乐服务的所有传播手段或传播形式的总称"④。

（二）新媒体的分类

通过对新媒体类型的具体阐述，有助于更好地认识和了解新媒体。新媒体主要分为三类，即互联网新媒体、手机新媒体和电视新媒体，其中互联网新媒体与手机新媒体成为目前使用最广泛和社会影响最大的两类新媒体。（1）互联网新媒体。互联网新媒体是目前最广泛使用的一种新媒介，其以互联网和计算机作为载体，能够快速、便捷、低成本地实现信息传播

---

① 参见陶丹、张浩达《新媒体与网络传播》，科学出版社 2001 年版，第 3 页。
② 蒋宏、徐剑：《新媒体导论》，上海交通大学出版社 2006 年版，第 14 页。
③ 参见匡文波《到底什么是新媒体》，《新闻与写作》2012 年第 7 期。
④ 宫承波：《新媒体概论》，中国广播电视出版社 2012 年版，第 4 页。

和共享。用户可以通过互联网新媒体及时表达自己思想并进行情感交流。目前我国互联网新媒体基本得以普及。互联网新媒体主要包括博客、微博、BBS 以及虚拟社区。互联网新媒体通过文字、图片、声音等可以发表文章并及时与其他用户进行沟通和交流，弥补了传统媒体平台交流的缺陷，实现了信息的交叉传播。互联网新媒体促进了用户更多的话语权的实现，并扩大了信息的传播社会效果。（2）手机新媒体。随着互联网技术和人工智能技术的不断更新与突破，智能手机便捷性大大地促进了手机新媒体的普及和广泛应用。截至 2017 年 6 月，中国手机网民用户数量达 7.24 亿；使用手机新媒体的网民占据了整个网民数量的 96.3%。（3）电视新媒体。电视新媒体主要包括交互网络电视和移动网络电视。交互网络电视随着电视机自身技术的不断发展和互联网的普及，越来越受到更多用户的支持和喜爱。交互网络电视改变了电视观众的被动地位，积极地促进公众主动选择电视节目等。而移动电视突破了电视使用的空间限制，被广泛地使用于公共交通工具等公共场合。

二　新媒体的特征

通过对新媒体特征的论述，有助于更好地理解和认知新媒体，为后文的论证奠定基础。新媒体的特征主要表现在主体的自由性与平等性、内容的海量性与共享性、形式的非线性与交互性以及语境的碎片化和虚拟化四个方面。

（一）主体的自由性与平等性

新媒体是与旧媒体相对的事物，其最明显的特征之一是新媒体信息的传播主体的自由性与平等性。传统媒体如报纸、电视等信息的发布首先需要相关部分的层层把关和审核，部分信息被过滤。公之于众的信息是被筛选后的信息。因此传统媒体下传播者自由性受到一定的限制。同时传统媒体信息的传播者和接收者之间地位不对等。多数信息发布者和传播者是具有一定专业知识背景的精英，其垄断了一定的话语权；而信息的接收者多数只是在被动地接收信息，无法进行信息的选择。但是新媒体的主体是自由而平等的。新媒体信息的传播者也可以是信息的接收者。任何社会主体在新媒体匿名技术的保护下，其可以自由地发表自己的观点和看法，不受其他部门和个人的干涉和审查，当然传播者发布的信息必须在法律法规允许的范围内。新媒体信息的传播者和发布者在虚拟的新媒体环境下，二者的地位平等。每个主体既是信息发布者也是信息接收者。新媒体的传播环境下，普通公众的话语权被解放并得以实现，打破了社会精英对信息和话语权的垄断。人人是记者的时代已经到来。因此，主体的自由性和平等性是新媒体的一个显著特征。

（二）内容的海量性与共享性

新媒体平台中内容的海量性与共享性是其又一突出特征。互联网技术的不断更新与进步使得信息的传播不受时间和地域的限制，实现了信息跨时空的共享。信息的传播渠道和方式发生了革命性的变化。信息的储存不再是传统的书籍、报刊等实物，而是电子存盘。信息存储形态的变化为海量信息的产生提供了基础。新媒体平台中信息内容丰富多样，信息量超过了以往任何媒介平台中信息的总量。从理论上讲，只要满足计算条件，一个新媒体中心即可满足全世界的信息存储需要。[1] 新媒体用户可以通过互联网查找到其需要的大量信息。同时新媒体信息实现了跨时空的共享。全球的信息通过互联网可以及时地共享。新媒体用户可以通过各种社交软件及时进行信息沟通和交流。

（三）形式的非线性与交互性

新媒体技术下，信息的传播不再是传统媒体下的单线性的传播形式，而是"点对点"或者"点对面"以及"面对面"等多种非线性的传播形式。新媒体非线性的传播方式颠覆了传统媒体下信息发布的方式，出现"所有人"对"所有人"的传播形态，从而进一步促进了信息的互动与交流。网民可以通过微博、博客、微信、QQ 电子邮箱等及时分享和互动信息。随着互联网技术一次又一次地更新和进步，信息的传播更加简单而便利。同时新媒体信息在庞大的用户中是不断地互动和共享的。传统媒体技术下，普通受众由于对信息资源和其他资源占有的不对等，在信息传播中往往只是被动的接收者，其难以与信息发布者和其他信息接收者进行互动。而新媒体技术下，普通公众是信息传播者的同时也是信息的接收者；信息的传播者与接收者可以及时有效地进行互动。新媒体是一种"受众

---

[1]　参见王诚《新"比特"时代：通信文化浪潮》，电子工业出版社 2005 年版，第 276 页。

主导型"的媒体，而传统媒体是"主导受众型"的媒体。因此新媒体信息具有形式非线性和交互性。

（四）语境的碎片化和虚拟化

新媒体技术下，信息传播过程中出现语境的碎片化。用户在海量的信息中搜索自己需求的信息，而这些信息由于来源广泛且缺乏系统性和完整性，导致用户对信息的理解和把握呈现碎片化，甚至出现虚假信息而误导用户。新媒体平台中，存在大量的冗余信息，这些冗余信息进一步促进新媒体语境的碎片化。同时新媒体具有虚拟性，主要体现在三个方面。首先，传播空间的虚拟化。传统媒体是现实存在的具有物理形态的空间，其表现为报刊、电视等物理空间；而新媒体是电子虚拟的空间形态，其具体表现为虚拟的各大论坛、电子空间以及网上社区等。这种空间的虚拟性极大地拓宽了人类的交往空间。其次，传播关系的虚拟化。传统媒体空间中，信息的传播者和信息的接收者是具体而特定的，二者之间可以相互认知和了解。而新媒体传播空间中，用户的真实身份得以掩藏，而是以匿名的形式活动于网络空间。每个用户对于对方或者其他用户的信息或者情况并不清楚。用户以一种符号或者其他虚拟的形式存在。最后，信息的虚拟化。新媒体技术下，信息可以通过互联网软件进行修改和编辑。如对文本、影像以及图片进行处理，信息本身呈现虚拟化。总之，新媒体空间中语境呈现碎片化和虚拟化是新媒体与传统媒体得以区分的一个重要特征。

三　新媒体网络舆论的生成规律

新媒体网络舆论是网络公众通过新媒体形成的关于社会现象与社会问题的看法、认识和评价的舆论形式。新媒体网络舆论是社会公众意见和建议的集中体现，其发挥着重要的监督作用。新媒体网络舆论的生成既具有传统媒体下舆论的生成规律特点，同时也有自身独特的规律。新媒体网络舆论的生成遵循生成、发展和消解的规律。

（一）新媒体网络舆论的形成

舆论是由多个个人的看法、意见和观点相互沟通和交流之后汇集而成的具有整体性和代表性的意见的集合体。任何舆论形成的基础都是个人的意见和建议。"任何舆论都发端于个人意见。"① 新媒体网络舆论的形成也是起始于网民个体的意见和看法。新媒体空间下，网民借助便捷的新媒体如微博、博客以及微信等就社会某一问题和现象自由地发表自己的观点和意见，同时不同网民就自己的意见和观点进行沟通和交流，从而初步形成代表不同网民看法和意见的观点。由此新媒体网络舆论初步形成，其范围限定于一个讨论圈或者一个较小的论坛之内。目前手机新媒体和互联网新媒体成为网络舆论形成最重要的两种载体。

（二）新媒体网络舆论的发展

新媒体网络舆论在其初步形成的基础上进一步发展。随着网络事件进一步的发展，不同的网络平台与空间中的具有代表性的意见和观点进一步相互交流和碰撞后，在更大的讨论圈或者讨论空间形成代表性更广泛的看法和观点。这种具有共识性的意见流经过网络意见领袖或者网络水军的推动和刺激，其在更大的空间和平台中得以扩大。至此这种共识性的意见和看法形成一个更加公开的公共议题，其在多种公共新媒体论坛和公共空间中进一步地聚合，从而形成网民们共同讨论和交流的话题。根据感知事物比例的思维推理，就某一问题的关注者中，如果有 1/4 的关注者形成共同的看法和意见，那么这种共同的意见和看法容易引起人们感官的注意。反之，如果对某一问题的共同讨论少于 1/4 的关注者，那么这种讨论获得人们进一步的关注的概率大大减低，从而这种讨论后形成的意见难以产生较大的影响。② 因此共识性的意见和观点在获得更多的网民的关注之后，网络舆论进一步的发展，形成舆论高潮。

（三）新媒体网络舆论的消解

新媒体网络舆论经过具有一定网络影响力的意见领袖或者其他网络水军的推动，会形成网络舆论风暴和网络舆论高潮。由于网络舆论是对现实问题的反映和关注，其产生的影响力可以促进现实问题解决。由于网络舆论引发了更多的人对现实问题的关注，从而引起政府或者现实问题相关部门的重视。政府和相关部门以及相关权威专家出面澄清事实，

---

① 刘建明：《舆论传播学》，清华大学出版社 2001 年版，第 75 页。

② 参见刘建明、纪忠慧、王莉丽《舆论学概论》，中国传媒大学出版社 2009 年版，第 57 页。

干涉现实问题，积极引导新媒体网络舆论合理健康地发展，防止新媒体网络舆论形成舆论暴力，对现实问题直接形成制约和影响。因此在网络舆论形成高潮后，政府和相关权威专家的介入产生巨大的影响力，促使现实问题得以合理解决，至此关于现实问题的新媒体网络舆论逐渐降温，最终得以消解。

四　新媒体网络舆论的功能与效应

新媒体网络舆论的功能是其对社会所发挥的作用，本书中的新媒体网络舆论的功能具有中立性和客观性，不具备价值判断；而新媒体网络舆论的效应则具有明显的价值判断，本书从正面和负面两个面向论述新媒体的社会效应。

（一）新媒体网络舆论的功能

新媒体网络舆论的功能主要体现在以下三个方面。首先是监督功能。舆论的本质属性体现在对社会现实的监督，而新媒体网络舆论的首要功能自然也是监督功能。由于新媒体自身的自由性和平等性以及用户的匿名性，新媒体网络舆论的监督效果更具有影响力。网民通过新媒体平台形成关于社会现实中实际问题的强大舆论，对国家公权力部门进行监督。新媒体网络舆论强大的监督功能对社会问题解决产生了很大的影响。其次是导向功能。网络舆论是众多网民的意见和看法汇集而成后形成的系统性的共识性观点，而这种共识性的观点反过来影响网民个体的观点和看法，从而对网民具有价值判断的导向功能。特别是当网络舆论形成高度同质化的观点之后，网民在群体内部就形成归属感和认同感，从而网络舆论群体内部成员就会排斥其他不同的意见和看法。此时网络舆论对同质化舆论内部的网民形成价值导向作用和功能。这种导向功能促使群体内部的意见和看法更加同质化。最后是交流功能。网络舆论形成是建立在网民对某一现象和问题的交流和沟通之上。在网络舆论形成和发展过程中，网民真实自由平等地表达自己的意见和看法，积极与其他网民进行沟通和交流，从而达成共识。网民进行信息交流过程中表达了自身利益诉求，实现了信息的共享。新媒体平台是网民之间、网民与政府之间进行信息交流和互动的公共领域。

（二）新媒体网络舆论的效应

新媒体网络舆论的效应具有价值判断，其可以分为正面的社会效应和负面的社会效应。新媒体网络舆论的正面社会效应积极促进了社会的发展。首先，网络舆论可以及时反映社会现实问题，表达公众的实际利益诉求，从而为党和政府决策的制定输入民意，提高了决策的科学性和民主性。其次，网络舆论积极监督公权力的违法运行，促进公权力运行的公开和透明，防止公权力侵犯公民合法权利和利益。最后，网络舆论有益于公众积极参与国家政治生活，提高自身的公民性品格。新媒体网络舆论的正面社会效应不止以上三个方面，其对当代社会的民主与法治的发展具有重大意义。因此必须保障网络舆论不受国家公权力的非正常干涉和压制。

新媒体网络舆论发挥积极作用的同时，也带了负面效应。首先，网络信息的海量性和信息发布的便捷性，使得网络舆论形成过程中容易滋生大量的网络谣言，从而误导公众。传统媒体技术下，信息的发布经过层层的把关而确保了信息的真实和准确。但是新媒体平台中，人人都可以是信息的发布者，从而在舆论形成和发展过程中容易出现信息失真甚至是网络谣言。其次，网络舆论容易形成群体极化，引发网络舆论暴力，进而给社会安全和稳定造成隐患。最后，由于新媒体虚拟性以及用户的匿名性，网络舆论容易被别有用心的个人或者组织利用和操控，从而形成网络话语的垄断。①

---

① 参见王天意《网络舆论的功能及社会效应》，《海南广播电视大学学报》2006 年第 3 期。

第二章　新媒体背景下法治
认同的理论基础

本章内容通过对新媒体背景下法治认同理论基础的阐述和论证，对进一步认识法治认同和全面深入地揭示法治认同的形成逻辑和机制有着重要的意义。同时也为后文论证法治认同存在的问题及法治认同的重塑奠定了深刻的理论基础。本章以哈贝马斯公共领域理论和交往行为理论作为新媒体背景下法治认同的理论基础进行论证；同时论证了人本主义理论和人民主权理论与公众法治认同的关系。公共领域为新媒体背景下公众法治认同提供了场域和空间，有效地促进了法治认同的形成。交往行为构成了法治认同形成的具体路径，法治认同在主体间的交往行为中得以形成。而人本主义构成了公众法治认同的主体性来源，其突出了法治实践中人的主体性地位。最后人民主权是公众法治认同的正当性基础，国家立法权、司法权和执法权来自人民通过社会契约的授权。

第一节　公共领域：法治认同形成的场域

哈贝马斯的公共领域理论对当代法治认同有着重要的价值和意义。公共领域是社会主体形成法治认同的重要场域。在商业化的冲击下，传统媒体背景下的公共领域不断衰落并最终瓦解。以网络技术为核心内容的新媒体为公共领域的兴起和重构带来了重要契机；新媒体公共领域得以兴起并重构。新媒体公共领域为我国当代公众法治认同的形成提供了场域并促进了法治认同的形成。

一　公共领域理论概述

公共领域理论是一个系统复杂的理论，笔者在对公共领域的概念和特征进行梳理和分析的基础之上，进一步阐述了公共领域的构成要素、公共领域的功能以及公共领域的运作机制，从而对公共领域理论做一概述，并有助于后文更好地论证新媒体公共领域兴起以及新媒体公共领域之于法治认同的价值。

（一）公共领域的概念与特征

1. 公共领域的概念

当代西方学者在对哲学政治等问题进行研究时提出了公共领域这一概念。美国学者汉娜·阿伦特最早对公共领域进行研究，其认为作为个体的人既有社会属性，同时具有政治属性。公共领域随着社会的发展和兴起而产生。汉娜·阿伦特认为公共领域首先是"公共性"的；其次是公共领域依赖于众多他人的在场；最后，在多样性中凸显同一性。① 德国著名哲学界哈贝马斯在其《公共领域的结构转型》一书中系统而深入地论证了公共领域。哈贝马斯系统地阐述了资产阶级公共领域的兴起与衰落，认为公共领域是介于私人领域与国家公共权力领域之间的中间地带。② "所谓'公共领域'，我们首先意指我们的社会生活的一个领域，在这个领域中，像公共意见这样的事物能够形成。公共领域原则上向所有公民开放。公共领域一部分由各种对话构成，在这些对话中，作为私人的人们来到一起，形成了公众。"③ 因此可以看出哈贝马斯将公共领域理解为公民可以平等自由地讨论和协商公共事务并积极参与国家政治活动的一个不同于私人领域的公共空间，这个公共空间介于市民社会与国家公共权力之间。资产阶级公共领域与文艺复兴时期的公共领域的前身有一定的类似之处，其首先在英格兰和法国出现，随后普及于美国和欧洲其他国家。公众在阅读报刊过程中形成一个开放自由的社交网络。④ 公共领域是形成公共舆论的领域。公众在这个领域通过自由讨论并表达自己对公共事务的意见和看法，

---

① 参见［美］汉娜·阿伦特《人的条件》，竺乾威等译，上海人民出版社1999年版，第40页。

② 参见［德］哈贝马斯《公共领域的结构转型》，曹卫东等译，学林出版社1999年版，第35页。

③ ［德］哈贝马斯：《公共领域》，转引自汪晖、陈燕谷《文化与公共性》，生活·读书·新知三联书店2005年版，第125页。

④ 参见［德］哈贝马斯《关于公共领域问题的答问》，《社会学研究》1999年第3期。

从而形成关于公共事物的公共舆论，并且将形成的公共舆论导入国家公共权力的执行中，影响国家公共政策的制定。公共领域中形成与国家权力可以对抗的公共舆论。

在以上关于公共领域阐述的基础上，笔者认为"公共领域"是在一定的历史条件下形成的由私人集合而成的公众在自由平等的环境下就社会公共事物和普遍利益进行讨论并形成合力意见的一个公共空间；这个公共空间居于私人社会和国家公共权力之间，不受国家公共权力的制约和影响，公众通过这个公共空间参与国家政治生活，并且监督和制约公权力。

2. 公共领域的特征

通过论述公共领域的特征，有助于更好地理解公共领域的概念，同时可以为新媒体公共领域的兴起的论述奠定理论基础。尽管学界对公共领域的特征表述不一，但学者们都是从公共领域核心概念出发阐述公共领域的特征。笔者以公共领域的概念和内涵为基础，通过哲学的视角分析了公共领域的基本特征。

首先，公共领域是介于私人领域与国家公共权力领域之间的中间地带。公共领域是由私人集合形成的市民社会基础之上形成的公共空间。私人领域是公众领域形成的前提和基础。私人集合形成的公众就与自身个体密切相关的事务和利益进行讨论。没有私人领域和市民社会就没有公共领域，私人个体和私人领域是构成公众领域的前提性条件。然而公共领域又不同于私人领域。公共领域下私人讨论的事务和利益不仅是私人个体自身的利益问题，同时也体现出公共性和普遍性。"它一方面明确划定一片私人领域不受国家公共权力管辖；另一方面在生活过程中又跨越个人家庭的局限，关注公共事务部分。"① 同时公共领域是社会生活的一部分，其不受国家公共权力的管辖和制约，独立于国家公共权力领域。因此公共领域是私人领域与国家公共权力领域之间的中间地带，其既不是私人领域也不是国家权力领域。

其次，公共领域是私人个体与公共权力两者对抗和冲突的缓冲空间。哈贝马斯认为，建立在市民社会基础上的公共领域受到国家公共权力的保护，而私人领域形成对国家公共权力的有效监督和制约。实践中，国家出

---

① 陈学明：《哈贝马斯的"晚期资本主义论"述评》，重庆出版社 1993 年版，第 199 页。

于多种原因使得国家权力不断地扩大并侵犯私人领域，严重影响私人领域功能的发挥和行使，并且阻碍了私人领域对国家公共权力的有效监督。所以在私人个体领域与国家公共权力二者发生冲突和对抗的情况下，由私人组成的公众就社会公共问题进行理性批判从而对抗国家权力，阻止国家权力侵犯私人领域，从而形成介于私人领域与国家权力之间的公共领域，有效地缓解国家权力与私人领域之间的冲突与对抗。

最后，公共领域是具有理性批判精神的公众通过话语交往和协商对话形成批判性的公共舆论的空间。在公共领域之中，有私人组成的公众就公共利益或者公共事务展开讨论和对话，并且这种对话和讨论是在公众理性精神的前提下进行。公众通过话语交往就具体的社会事务和公共利益问题对话协商，在平等开放的环境下形成代表公众意见和建议的公共舆论，并且对国家公共权力进行批判监督和制约。具有理性精神的公众在公共领域空间内独立于国家权力。

（二）公共领域的构成要素

通过对公共领域构成要素的阐述，有利于系统全面地理解和认知公共领域理论，为后文新媒体公共领域兴起和重构的论证奠定基础。目前不同学者关于公共领域构成要素提出了不同的观点。以罗贵榕为代表的学者认为，公共领域的构成要素包括公共空间、参加者和自由交往三要素。[①]以许英为代表的学者认为，参与者、媒介和共识是公共领域三大构成要素。[②]在阐述公共领域的概念和特征的基础上，并结合学界目前关于公共领域构成要素的主流观点，笔者从以下三个方面论述公共领域构成要素。

第一，具有批判意识的理性公众。具有批判意识的理性公众是构成公共领域的主体要素。理性的公众具有独立的人格，其就公共利益问题和公共事物进行理性的思考与辩论；在具体的对话和辩论中不受国家权力和其他社会力量的干涉和影响。具有独立理性批判意识的公众自由参与或者退出公共领域。同时公众可以就自由讨论的公共事务议题自由的选择和更换；公众也可以就公共事物和公共利益问题积极进行讨论和发表意见与看

---

① 参见罗贵榕《公共领域的构成及其在中国的发生与发展》，《学术界》2007 年第 3 期。

② 参见许英《论信息时代与公共领域的重构》，《南京师范大学学报》（社会科学版）2002 年第 3 期。

法，也可以选择对所论议题保持沉默。因此具有理性批判的公众监督和限制国家公共权力。

第二，具备自由交流和充分沟通的媒介。公共领域的形成依赖于理性公众的对话和协商，而对话和协商需要借助媒介。在现实生活中媒介具体表现为报纸、杂志、广播以及电视等。公众讨论的话题和意见只有通过媒介才能广泛传播，才能被更多的公众获知，进而才能形成公共舆论。公众通过媒介，充分自由地讨论公共事务和公共利益，在不同的公众之间交流和沟通信息，而不受其他外在因素的干涉。如果没有媒介发挥其交流和沟通作用，公共领域空间就无法形成，所以媒介是公共领域形成的一个重要构成要素。

第三，公众共识与公共舆论的形成。公众就所讨论的公共事务和公共利益达成共识并形成舆论需要两个前提条件。一是公众具有独立理性批判精神和能力；二是公众享有平等开放和自由的话语交往权利。公共领域中，具有独立批判精神和能力的公众在公共理性的指引下，借助不同媒介自由平等地进行讨论并传播和沟通意见和看法，形成代表公众观点的公共舆论，从而公共舆论和公众共识在公共空间中得以形成和传播。同时公众借助公共领域自由平等地参与国家政治生活，监督和制约非法公共权力，影响国家决策的制定和形成。公众共识的达成和公共舆论的形成是公共领域的必要构成要素之一。

（三）公共领域的功能

哈贝马斯认为公共领域的功能主要体现为政治功能，即批判功能、解放功能、合法性功能。批判功能和解放功能是公众领域基本功能。公共领域因其批判性才有其存在的意义，公众在理性批判基础上就普遍利益问题达成共识，并对国家公共权力形成制约和监督，从而使个人获得真正的自由和解放。公共领域的解放功能还体现在文学公共领域向政治公共领域的解放。

公共领域在发展过程中还有另一种功能，即合法性功能。哈贝马斯认为，公共领域中具有批判意识和精神的公众通过形成公共舆论监督和制约国家公共权力，使统治阶级的统治和国家公共权力正常运作成为可能，从而为国家公共权力提供了合法性基础。对哈贝马斯而言，国家公共权力和国家统治阶级所维持的社会秩序只有得到市民社会的认可和接受，才能得以持续运行和存在。市民社会的认可和支持就是合法性的体现。而自由平等的沟通和交流机制是合法性形成的前提和基础。在公共领域中，社会公众在平等、自由、民主的前提下公开进行讨论，形成代表公众共识的舆论监督和限制国家公共权力，为国家公共权力的合法性提供基础和来源。

（四）公共领域的运作机制

公共领域的运作机制直接影响着其功能的实现。哈贝马斯从三个方面论述了公共领域的运作机制，即平等交往、公共讨论和关注世俗。公共领域中，由私人集合而成的公众在自由开放和环境中平等交往，就与公众个体密切相关的公共事物和公共利益等世俗问题进行自由充分的公开讨论，从而形成代表共识的公共舆论监督和限制国家公共权力的滥用和扩张。

首先，平等交往。哈贝马斯认为，平等交往是公共领域运作的首要机制。"所谓平等，在当时人们的自我理解中即是指'单纯作为人'的平等，惟有在此基础上论证权威才能要求和最终做到压倒社会等级制度的权威。"① 社会公众只有在平等身份的基础上就各种普遍关心的公共事物和公共利益进行平等的对话和交往，形成代表理性和共识的公共舆论，对国家统治力量进行有效的监督和制约。因此平等交往是公共领域运作的首要机制。

其次，公共讨论。哈贝马斯认为，社会公众只有在开放自由的环境和空间中就公共问题和公共利益进行公开的讨论和发表意见，才能形成代表公众民意的公众共识和具有批判性的公共舆论。而这种公共讨论是从文学公共领域发展到政治领域。而且哈贝马斯强调，公共讨论需在不同范围内进行扩散，以形成更加公开和开放的共识和舆论，实现对公共权力的批判功能。

最后，关注世俗。哈贝马斯认为，人们是在平等交往的公共讨论中关注"一般问题"即公众普遍关注的世俗社会问题。这些问题失去了其神圣性，不再由国家和教会所垄断，从而表现出更多的世俗性。② 文化不再是特权贵族和宫廷领域专有的物品，而变成市民社会公众普遍关注的世俗

---

① ［德］哈贝马斯：《公共领域的结构转型》，曹卫东等译，学林出版社 1999 年版，第 41 页。

② 参见 ［德］哈贝马斯《公共领域的结构转型》，曹卫东等译，学林出版社 1999 年版，第 41 页。

问题。

二　新媒体公共领域的兴起与形成

传统媒体下的公共领域随着大众媒体不断地发展和商业化，会逐渐地衰落并最终瓦解。而以网络技术为核心的我国新媒体为公共领域的兴起和重建带来了契机和条件。新媒体空间完全具备公共领域形成的要素，更加符合公共领域的特征并更加具有批判性。因此我国新媒体公共领域已经兴起和形成。

（一）传统媒体公共领域的衰落与瓦解

哈贝马斯认为资产阶级公共领域在一个多世纪发展过程中随着大众媒体不断发展和商业化，会逐渐地衰落并最终土崩瓦解。大众媒体包括传统媒体与网络媒体。传统媒体是资产阶级公共领域形成的重要媒介，主要包括杂志、广播、电视等；20 世纪 90 年代以网络技术为基础发展起来的媒体被定位于新媒体。18 世纪末和 19 世纪初，巴黎和伦敦的沙龙与咖啡馆里的一些讨论是由报纸业的发展所促成的。杂志与咖啡馆生活密切相关，人们通过翻阅杂志就可以了解当时咖啡馆的日常生活。杂志报纸一方面是咖啡馆成员讨论的对象，同时也是他们的一个重要组成部分。[①] 因此早期的报刊在公共领域中有着重要的功能，报刊由发布信息的功能转化为传播思想的功能。然而，在资本主义民主法治发展和公共领域不断获得法治认同的背景下，报刊逐渐从意识形态中独立出来并且不断地商业化。这样，广告业就随着报刊的商业化而出现了，报刊业又具有了最初手抄新闻阶段的以追求经济利益为主的性质。报刊的版面成为商品，编辑对其进行润色加工，来吸引更多的受众，然后将版面卖给广告商，来获取经济利益。这种背景下，报刊越来越表现出强大的商业性质从而更加容易被商业绑架，逐渐失去公共领域的性质和功能。同时具有批判精神的社会公众变为文化消费的公众，公共领域从而逐渐开始衰落并瓦解。

到 19 世纪后半期，大型报业集团的出现更是加速了公共领域的衰落

---

① 参见［德］哈贝马斯《公共领域的结构转型》，曹卫东等译，学林出版社 1999 年版，第 47 页。

和瓦解。报刊日渐被意识形态所控制，被有特权的私人特别是资产阶级利益所控制，即使是 20 世纪出现的广播、电视等媒体也是如此。在这个阶段，媒介公共领域的参与主体是具有一定教育背景的记者和编辑，他们设置着媒体的议程，吸引公众关注，具有趣味化、故事化以及人情化等性质的内容充斥着媒体，新闻娱乐化趋势不断加强。在这些媒体中，多数人看到和听到的内容是经过少数人选择、加工、审查、编排后产生的。公众参与公共辩论的时间和机会越来越少，观众的批判以及讨论空间受到限制，而媒介的批判性逐渐得以消解。哈贝马斯认为，在媒介不断商业化的过程中，公共领域开始不断地衰落。公共领域因媒介的发展和商业化而衰落，传统媒介塑造出的仅仅是公共领域的假象。如果说过去报刊业只是传播和扩散私人公众的批判的媒介，那么现在这种批判反过来从一开始就是传统传媒的产物。[①] 由于传统媒体不断发展和商业化，公共领域逐渐衰落，最终瓦解。

（二）我国新媒体公共领域的兴起与重构

随着传统媒体公共领域的独立性不断遭到侵蚀与破坏，公共领域这一空间也不断消失与瓦解，公共领域面临着重建的任务。互联网技术和移动通信技术以及数字技术不断进步和发展，并在我国得到了广泛的应用，极大地扩宽和延伸了人们的交往空间，为社会公众进行平等交往和自由讨论提供了前所未有的新的环境与领域，从而为新媒体公共领域的兴起和重构提供了重要契机和条件。如前文所述，公共领域的构成要素包括三个方面，即具有批判精神的理性公众、具备自由交流和充分沟通的媒介以及公共舆论和公众共识的形成。而当代我国新媒体空间具备了公共领域的三个构成要素，所以在一定程度上新媒体公共领域已经形成并且得以重构。

首先，当代我国新媒体空间中形成具有独立理性批判精神和能力的社会公众。由于新媒体具有虚拟性和匿名性，社会公众在新媒体平台中不受身份、财产以及公权力的制约从而就社会公共事务和公共利益进行畅所欲言的讨论和协商，并且形成独立理性的判断和意见，最终形成具有批判性和理性的共识。公众在新媒体的虚拟而自由的环境下，批判精神和理性精

---

① 参见［德］哈贝马斯《公共领域的结构转型》，曹卫东等译，学林出版社 1999 年版，第 225 页。

神得以形成和释放。而当代我国新媒体中，大量的公共事务和公共利益问题受到社会公众的高度关注，具有批判精神和理性精神的公众在自由平等的讨论中形成更加广泛的社会民意与共识，形成一股强大的监督和制约力量，对国家公共权力的运行进行批判，对国家公共政策的制定进行参与，从而消解传统媒体背景下的精英话语权，实现人人都是麦克风的公众话语时代。自由平等开放的新媒体公共空间塑造了公众批判和理性精神，形成了新媒体公共领域重构的首要的构成要素。

其次，我国新媒体公共空间中，具备自由交流和充分沟通的媒介。新媒体网络技术的高速发展与更新，产生了大量的新媒体网络媒介，如博客、微博、社会网络以及微信等社交平台。这些新媒体社交平台为普通社会公众进行自由而广泛的交流和充分沟通提供了广阔的空间。新媒体空间中具有最广泛最庞大的舆论主体。社会公众借助成本低廉、方便快捷的新媒体媒介对社会公众问题和涉及公众普遍利益的问题进行自由平等的沟通，极易达成共识与公共舆论，从而形成强大的民意表达公众的利益诉求，制约和监督公共权力的非法扩张，保护公众的合法权益。不受地域与身份限制的新媒体媒介为新媒体公共领域的形成和重构提供了重要条件。

最后，我国新媒体空间中，公众共识与舆论得以形成。哈贝马斯认为："有些时候，公共领域说到底就是公众舆论领域，它和公共权力机关直接相抗衡。"① 具有及时性、互动性和便捷性的新媒体为具有批判精神和理性精神的社会公众就社会公共问题和公共利益的讨论达成共识与舆论提供了前所未有的平台与空间。在新媒体空间下，公众共识与公共舆论往往发挥批判和监督功能，其与现实世界形成良性互动，促进公共问题的解决。我国新媒体网络热点案件中公共舆论极大地促成代表民意的公共决策的形成和公共问题的解决。在典型的网络热点案件如药家鑫案、唐慧女儿案、杭州飙车案、华南虎事件以及微笑表哥案等案件中，公众共识与公共舆论对案件的推进和公共问题的解决发挥了不可替代的强大作用。新媒体空间中，代表民意的公众共识和公共舆论的形成促进了新媒体公共领域的形成和重构。

---

① ［德］哈贝马斯：《公共领域的结构转型》，曹卫东等译，学林出版社 1999 年版，第 2 页。

在公共领域主体和讨论的话题以及主体参与方式方面，新媒体公共领域比传统媒体公共领域更加平等、普遍、自由和多样化；公共舆论更加具有公共性；公众之间形成的共识更加多元而普遍。通过以上分析，笔者认为我国新媒体公共领域已经兴起和形成。新媒体公共领域在具体的实践中发挥着公共领域的重要功能，对我国政治发展、法治建设和社会治理起着积极的促进作用。

三　新媒体公共领域之于法治认同的价值

新媒体公共领域构成了当代公众法治认同的一个重要场域，其对法治认同的形成有着重要的价值和意义。这一公共领域为法治认同提供了一个超越时空的空间和平台；在此空间和平台中，通过公共舆论形成的民意共识为法治认同提供了根本性来源，即合法性；同时新媒体公共领域中的公众权利的实现和公众民主监督行为两种具体实践途径，有效地促进公众法治认同的形成。

（一）提供法治认同的空间与平台

法治认同是社会主体基于实践基础之上的心理活动，这种心理活动依赖于法治实践。而法治实践在一定的空间和平台中得以进行。新媒体公共领域是一个虚拟的网络空间，不受时间和地域的限制，为法治实践活动和公众法治认同提供了无限大的空间与平台。新媒体公共领域空间塑造和促进了公众法治认同。

首先，新媒体公共领域空间具有空前的开放性和独立性，为法治认同主体提供了海量法治信息以及交流法治信息的空间。新媒体网络公共领域突破时间与地域的限制，实现了不同国家与地域之间法治信息的沟通与交流；同时新媒体公共领域打破了法律知识精英等阶层对信息的垄断，实现了不同阶层对法治信息的共享，社会公众自由便捷地接近法治新闻源，从而促成当代最广泛的法治认同群体的产生。新媒体公共领域为社会公众就法治信息的交流与沟通提供了无比广阔的空间和平台，同时营造了一个理想的法治辩论环境，促进公众法治认同的形成。

其次，新媒体公共领域空间中主体的自主性和真诚性促进法治认同主体之间的自由交流和法治共识的达成。自主性和互动性使法治认同主体不再是被动的受众，使任何社会主体都可以积极主动地参与讨论法治热点案件，发表自己的个人法治观点，就法治问题有效地进行沟通，从而形成关于法治的公共舆论和法治共识，促进不同群体和组织的法治认同。另外，新媒体公共领域的主体在网络上接收信息、表达意见都是自发与自愿的，不受国家公权力和其他社会组织和团体的干涉和影响，自主地做出关于法治的认知和评价，从而形成自己理性的判断。这种真诚性有效地促进法治认同主体之间关于利益冲突的协调和平衡，同时主体之间在真诚性的交流与沟通中相互包容和理解，在妥协的基础上形成法治共识，促进法治认同的形成和塑造。

最后，新媒体公共空间中主体的平等性、普遍性和公共性促进法治获得最广泛的认同。新媒体网络平台中，人人都可以表达自己的心声和诉求，任何组织和个人不受社会地位、财产状况和知识背景等因素的制约，可以平等地在新媒体公共空间中获得法治信息、交流法治内容、表达法治诉求和讨论法治价值等。这种参与主体的普遍性在历史中任何一个时代和领域中是不可比拟的，所以新媒体公共领域空间为法治认同获得最广泛主体的认同提供了主体性条件。另外，新媒体公共领域空间中的公共性使得法治认同主体主要就涉及公共利益和公共事务的问题展开辩论和交流，避免私人利益和问题影响主体之间讨论和沟通的有效性，从而促进法治共识形成的有效性和普遍性。

（二）形成法治认同的根本来源：合法性

公共领域的一个重要功能是提供合法性，而新媒体公共领域对于法治认同而言，其中一个重要价值就是提供法治的合法性来源，从而促进公众对法治的普遍承认和同意并自觉遵守法律规范和制度，以促进公众法治认同的形成。

"合法性"最初在政治学领域中是指"国王有权即位是由于他们的'合法'出生"[①]。在其他学科领域又被赋予不同的含义。但是"合法性"一词的核心含义是指社会统治者或者社会制度是否具有合理性和正当性，是否获得公众的承认和服从。法治具有正当性和合理性是公众普遍接受和认可的根本来源，是法治获得公众认同的前提和基础。法治只有具备了合

---

① ［美］迈克尔·罗斯金等：《政治科学》，林震等译，华夏出版社 2001 年版，第 5 页。

法性，自身才能在实践中有序运行，才能得到公众的认同。"当合法性遭
到侵蚀时，政府的麻烦事就来了。人们感到没有太多的必要去交税和遵守
法律"①，而整个社会的秩序也将难以维持。

　　公共领域的合法性是指市民社会对政治国家所维持的统治秩序的认可
或同意，这种认可或同意是以自由沟通和相互交涉机制为前提的。这种合
法性扎根于公共领域之中。社会主体服从权力的根本原因是其在心理层面
认同权力具有合法性。② 在新媒体公共领域中，合法性的功能则更加凸
显。在新媒体公共领域中，社会公众在平等、自由、民主的网络平台中就
关乎公众自身的公共利益问题和公共事务展开公开讨论，而这种讨论的主
体来自最广泛的社会主体。在网络公共空间中，不同的社会地位、学历背
景和实践经验的公众通过自身的实践经验和理性进行对话和沟通，形成网
络公共舆论。具有批判性的网络公共舆论包含了包容性的妥协共识和民主
决策。这种强大的公共舆论对国家法律和政策的制定形成一定的压力，监
督和制约国家立法权力，从而将公众的意见和共识输入到国家的立法和政
策之中，为国家法律和政策的合法性提供基础与依据。建立在公众意志和
民主协商基础之上的法律因此具有正当性和合理性而获得公众的普遍承认
和接受。因此，新媒体公共领域提供了法治的合法性，构成法治认同的根
本来源，促进法治认同的形成。

（三）促进法治认同的形成：民主监督和权利实现

　　法治认同的形成需要一定的实践途径，社会主体只有在具体的法治实
践中通过各种形式参与法治中才能形成对法治的认可和接受。而公众对民
主监督和公众权利的实现则是其形成法治认同两种最主要的实践途径。民
主监督是公众一项重要的宪法权利。新媒体公共领域空间中形成的公共舆
论对国家公权力的民主监督和控制，即通过各种新媒体如微博、微信以及
各种网络论坛形成公共开放的公共意见，对国家公共权力和司法活动进行
批判，防止国家权力侵犯公民个体权利，有效监督国家权力机关。如我国
有些网站开辟了专门的舆论监督专栏，揭露和曝光了很多违法乱纪的行

---

① ［美］迈克尔·罗斯金等:《政治科学》，林震等译，华夏出版社 2001 年版，第 5 页。

② See Max Weber, *Economy and Society*, Calif: University of California Press, 1978, pp. 212-
246.

为，有效地监督了国家公共权力，促进了行政公开化、民主化和法治化，同时提高了公众对法治的信任并促进公众遵守法治规则和制度，促进公众的法治认同。

在新媒体公共领域空间下，公众权利的实现有效地促进了公众的法治认同。一方面，新媒体公共领域汇集广大公众权利诉求和利益主张，并通过新媒体网络技术而放大呼声和压力，转化成公众关注的热点问题和讨论事项，引起国家公共权力机关的关注，进而通过国家立法和政策的制定将公众的利益主张与诉求输入到立法之中，从而从根本上确保了公众多元利益和多元权利的实现，促使公众从内心深处认可和接纳法治。例如在我国近几年医疗改革过程中，公众通过新媒体网络空间，不断地就国家医改方向和医改政策的制定提供多方位、多层次的意见和建议，将"看病难、看病贵"、医疗纠风解决机制以及政府责任缺失等实际诉求和利益主张反映给国家医疗改革部门，从而使医疗改革政策的制定中体现普通公众的权利诉求。在这个医疗改革政策的制定中，从媒体到政府、从智囊到公众、从体制内到体制外形成了"全民大讨论"，充分体现了公众多样化的权利诉求，并形成妥协性的理性共识，促进了医疗改革制度和具体政策的落实，赢得了公众对法治的认同。另一方面，在法治实践中公众具体的正当权利主张和利益诉求得不到保障的情况下，公众就会借助新媒体公共领域空间形成公共舆论，给国家公权力机关造成一定的舆论压力，从而促使国家公权力机关积极面对公众的实际诉求，有效地保障了公众合法权利和利益的实现，从而促使公众信任法治、认可法治。

第二节　交往行为：法治认同形成的路径

哈贝马斯的交往行为理论是法治认同重要的理论基础。交往行为是法治认同形成的具体路径，社会主体的法治认同在交往行为中形成。法治认同形成的过程表现为一种交往行为。交往行为中交往理性构成了法治认同的逻辑前提，法治认同的形成以交往理性为前提；同时交往行为中共识的达成是法治认同形成的基础，法治只有在主体间共识的基础上才能得到认同。而交往行为在交往理性和共识达成的基础上，促成了法治认同的形成。笔者在对哈贝马斯交往行为理论概述的基础上，通过交往理性、交往共识的达成以及交往行为三个面向系统地论证了交往行为理论之于法治认同的意义和作用。

一　交往行为理论的概述

德国著名的社会学家、思想家和哲学家哈贝马斯发表了交往行为理论之后，交往行为真正得到了人们的深度关注。面对西方资本主义工具理性过度扩张造成的一系列社会危机，哈贝马斯提出用交往行为理论来解决西方资本主义存在的社会危机，其在对交往理性系统的研究基础之上提出了交往行为理论。他认为交往行为是具有理性的社会主体在相互交往的过程中在相互理解与信任的基础上并通过语言媒介而形成的交互行为；而且这种交往行为是社会主体在实践中彼此相互坚守和遵守的有效规范。最终目的是在主体之间形成相互理解与共识，并维持社会的有序性和合作化。工具理性强调的是人与自然之间的征服与顺从的关系，而交往理性强调的是人与人之间相互的理解与信任。

（一）交往行为理论的提出

哈贝马斯交往行为理论是在一定的社会背景和理论背景下提出的。资本主义后期的社会危机以及当时社会批判理论困境，促使哈贝马斯进一步反思与批判，并在此基础上提出交往行为理论。

第一，晚期资本主义社会危机。资本主义发展到后期，出现了资本主义经济危机、政治危机以及文化危机。晚期资本主义社会，出现唯科学技术论断，认为科学技术决定了政治、经济和文化等其他领域的发展状况，这种论断成为衡量一切社会发展的标准，甚至将其看作一种"意识形态"。这种经济环境中经济危机进一步凸显，工具理性肆虐。同时晚期资本主义经济危机不断向政治和文化领域渗透。政府为了避免出现严重的财政负担，导致社会公众的需要得不到满足，引发公众与政府之间的紧张对立关系，出现政治合法性危机。而政治危机进一步刺激了整个晚期资本主义社会危机，从而异化和扭曲了社会主体的人际交往。在此社会背景下，哈贝马斯以期建构一种社会批判性理论，即交往行为理论。

第二，社会批判理论的困境。哈贝马斯在法兰克福派的批判理论框架之上对资本主义社会进行反思与批判，其发现传统的批判理论并没有结合现代科学方法论。传统的批判理论无法解决时代问题和矛盾，陷入了时代困境。哈贝马斯在此背景下认知和反思传统批判理论与社会现实问题，构思交往理论。哈贝马斯在反思法兰克福传统学派理论的局限性和时代困境的基础上提出交往行为理论，认为法兰克福理论固守抽象的理论理性概念并排斥经验分析方法。而这种理论理性已然不能解决现实困境问题。哈贝马斯期望用哲学分析方法和经验分析方法分析晚期资本主义社会现实困境，同时以此为基础建构新的批判理论。法兰克福批判理论不能客观地分析资本主义政治法律制度。一些学者对资本主义政治法律制度完全批判和否定，认为资本主义政治法律制度没有任何存在的合理性，这种非客观的认识扭曲了资本主义政治法律制度的客观性。而哈贝马斯全面客观地分析了资本主义政治法律制度，认为民主思想以及法律制度有时代价值，需要继承和发扬，并且分析了资本主义社会应用规范制度取代社会道德来维持社会秩序，具有进步性和时代性，应予以肯定和继承。哈贝马斯在反思与批判传统学派理论的基础上建构交往行为理论。

（二）交往行为理论的基本内容

交往行为理论作为一个系统复杂的理论体系，有着丰富的内容。此部分在交往行为概念论述的基础上，对交往行为理论的三个主要内容即普遍语用学、交往合理性以及商谈伦理学进行阐述。鉴于后文将对交往合理性的内容作详细的论述，故在此不对交往合理性进行赘述。

首先，交往行为的概念。哈贝马斯从规范性的视角对行为予以阐释，"行为就某种意义而言，是通过身体的运动体现出来的，但是只有当行为者遵循一种技术的行为规则，或者一种社会行为规则而同时来进行这种运动时，这种行为才能体现出来。这种同时进行意味着，行为者是有意完成一种行为计划的，而不是有意进行借以体现他的行为的身体运动。"① 因此在哈贝马斯看来，交往行为不是简单或者单纯的身体运动或者是物理运动，而是具有规范意义和社会意义的运动。这种规范意义和社会意义将单

---

① ［德］哈贝马斯：《交往行为理论》第 2 卷，洪郁佩、蔺青译，重庆出版社 1996 年版，第 138 页。

纯的物理或者身体运动与交往行为区别开来。哈贝马斯认为交往行为是指不同社会主体之间在交往过程中相互理解和认可，从而就某个问题达成共识并且不同社会主体都主动支持和遵守此共识的一种准则；交往行为中不同社会主体需具备一定的行为能力和语言能力。交往行为某种意义上是一种语言行为；交往主体通过主体之间都熟悉和认可的语言作为媒介，彼此进行交流和沟通，从而实现主体预期的目的和计划。因此语言在交往行为中发挥着重要作用。

其次，普遍语用学。语言学中话语是一种沟通方式，表现为交谈、论证、叙事以及沟通等形式。① 哈贝马斯认为交往行为必须在理想的语言环境中才能得以实现，语言是交往行为得以实现的重要媒介；同时语言促进主体间的理解和沟通。语言是在社会发展过程中得以形成，语言无法摆脱社会发展对其的影响。② 哈贝马斯将交往行为中的这种语用学称作"普遍语用学"。交往行为的实现依赖于语言行为的有效性，而这种有效性体现在三个方面。一是命题的真实性，即语言行为所指向的命题是客观真实存在；二是规范的正当性，即体现于语言行为中的规范与现实存在的规范是一致的；三是语言行为者的真诚性，即语言行为主体所要表达和传递的意愿与实际语言行为中发表的观点和意思是一致的。真实性、真诚性与正确性共同影响着通过语言媒介进行交流和沟通而形成的社会主体间共识的达成。③ 所以语言行为只有符合以上真实性、正当性和真诚性三个条件，才能有效地得以完成和实现。同时交往行为只有建立在有效的语言行为基础之上才能产生和完成。

最后，商谈伦理学。哈贝马斯以"主体间性"和"交往合理性"两个面向为基础阐述商谈伦理学，以期构建具有普遍意义的道德规范。商谈伦理学通过商谈论证的方式得以进行，商谈的主体通过平等自由的协商和沟通建立规范，从而达成共识。任何主体间的交往行为需要在共识基础上

---

① See Nicholas Bunnin and Jiyuan Yu, *The Blackwell Dictionary of Western Philosophy*, Oxford: Blackwell Publishing, 2004, p. 185.

② See Sapir. E. Language, *An Introduction to the Study of Speech*, Harcourt: Brace & Co, 1921, p. 221.

③ 参见章国锋《关于一个公正世界的"乌托邦"构想》，山东人民出版社 2001 年版，第 151 页。

的规范进行调整和约束，而共识基础之上的规范必须通过相关主体进行谈论协商和沟通才能真正建立。同时建立起来的规范必须是得到每个商谈主体的认可和接受。交往行为中主体间的互相理解和认可是其核心内容，而商谈论证则是交往行为中主体间的理解和认可的延伸，是实践性的交往行为的体现，更是实现交往行为的重要方式和途径。

（三）交往行为理论的现实意义

交往行为理论是在晚期资本主义社会背景下提出的，但其对当代社会仍然具有重要的现实指导与启发意义。当代社会中，交往行为理论有助于解决政治制度和法律制度的合法性问题，同时积极促进人际交往中主体权利与自由的实现；最后交往行为理论对不同国家和地区间的多样文化的并存与发展有着重要的意义。

首先，交往行为理论有助于解决当代政治法律合法性危机，促进社会主体对政治和法律制度的认同。交往行为的构建是为了解决工具理性下人们之间交往的异化和扭曲，避免以金钱和权力作为媒介进行的社会交往。交往行为是平等主体自愿参与到一定的谈话交流和沟通的环境中，通过语言的媒介进行平等协商，从而关于某个问题和事项达成一致看法与共识的理性行为。在当代社会，政治法律制度的合法性问题一直是需要不断论证的问题。而交往行为理论提供了当代政治法律制度合法性形成的来源与路径。人们在平等自由的氛围中对话和沟通，同时这种对话和沟通是在遵守当代社会中沟通主体生活世界中的共同规范和准则，从而就政治制度和法律制度所涉及的公共问题和事物进行沟通和协商。在这个过程中，主体之间是通过双方或者多方主体都可以理解和接受的语言进行协商对话，从而就法律与政治问题进行有效的沟通和相互理解与包容，最终就法律制度和政治制度相关的社会问题形成一致的意见和共识，进而将这种意见和共识输入到法律制度和政治制度之中，而民意在法律制度和政治制度中得以充分体现。社会主体从而深刻地认知法律和政治制度，并且从内心深处积极认可和接受法律与政治制度，进一步促进法律与政治制度的实施和功能的发挥。

其次，促进现实人际交往中交往主体之间的权利自由的实现。哈贝马斯认为，合理的社会交往一方面需要建立体现多数主体意志的共同规范，大家在遵守共同规范的前提下进行合理化的交往；另一方面需要交往主体彼此间的权利和自由得以实现。如果交往行为中交往主体的权利和自由没有实现，交往行为的合理化就失去了根基和保障。交往行为理论体现了交往主体之间的地位平等，主体不受财产状况、教育背景以及身份高低等限制。交往主体的权利和自由获得其他主体的尊重。交往行为只有建立在不同主体之间平等互动、自由讨论的基础上才能产生。而哈贝马斯提出了构建良好交往关系的原则。第一是尊重原则，即不同的交往主体在交往行为中不因对方的身份地位、财产状况等因素而歧视或者忽略对方，而是在任何场景中充分尊重对方的人格。第二是理解原则。不同主体需要在交往行为中相互理解和宽容对方，积极支持对方的观点和意见，最终形成妥协性共识。第三是真诚原则，即交往主体在交往行为中真实地表达自己的意愿和想法，坦诚对待对方。第四是平等原则，即交往主体之间平等对待，没有任何歧视行为。交往行为只有符合以上四个原则，才能实现合理而良好的交往关系。因此，哈贝马斯的交往行为在遵守以上四个原则的前提下，交往主体的权利与自由得到充分地行使和实现，有助于交往行为主体人际关系的良好建立。

最后，有利于促进当代社会文化多样性的并存与发展。由于历史发展、地理环境等诸多因素的影响，不同国家和地区之间的文化存在差异。哈贝马斯认为每个地区和国家的文化都有长处和优势，并且都有其历史根据和合理性；不同的文化之间并不是不能相互共存和融合；正是这种文化之间的差异性才使得世界的文化保持多样性和丰富性。促进多样性文化的并存与发展关键在于话语权力的平等。交往行为理论要求不同的对话主体之间平等地参与沟通和交流。平等的话语权和平等的表达沟通可以形成平等的话语权力。当代社会中，不同的文化之间通过平等对话和交流，相互促进和理解，同时不断地包容对方文化从而通过这种平等对话沟通的交往行为促进不同文化之间的交往和融合。文化交往中，避免文化霸权和强制灌输一种思想文化。哈贝马斯提倡不同文化之间进行充分平等的沟通和交流，同时保持自己的文化特征，在求同存异的基础上通过文化交往共同促进多样文化的繁荣与发展。因此交往行为理论在现实社会中促进了当代社会文化多样性的并存和发展。

二　交往行为中的交往理性——法治认同形成的逻辑前提

交往理性是交往行为理论的核心内容，其构成了法治认同形成的逻辑前提。法治认同是社会主体在实践基础上形成的心理活动，是认同主体在相互交流和沟通基础上形成法治共识的行为。所以法治认同也是一种交往行为，其在交往理性指导的前提下，通过法治认知、法治情感和法治评价，最终导向法治共识，形成法治认同。笔者在对交往理性的内涵和构成要件的分析基础之上，结合交往理性的构成要件论证了交往理性如何构成法治认同形成的逻辑前提。

（一）交往理性的内涵与构成条件

交往理性也被称为交往合理性，是交往行为理论的核心内容。通过对交往理性概念和内涵以及交往理性的构成要件阐述，为法治认同生成与交往理性之间的逻辑关系奠定论述基础。

1. 交往理性的内涵

哈贝马斯在批判目的合理性基础上论述交往合理性，其将合理性分为目的合理性和交往合理性。目的合理性是指交往主体为了实现或者达到自己个人的利益而去与其他主体进行交往，交往完全是为了达到一定的目的。而交往合理性是交往行为的合理根据，是交往主体在交往行为中通过平等自由的沟通协商和论证，在充分尊重和理解对方的基础上达成一致性的意见和观点的过程中遵守的规范。交往理性建立在交往主体生活世界的基础之上。如果脱离了生活世界，交往理性失去了现实基础。在强调效率的现代社会，目的理性一定程度上确实对促进社会效率的提高发挥了重要作用，然而目的理性同时扭曲和异化了交往主体的价值，导致交往主体奴役状态的产生。而交往理性下，交往主体以语言为媒介，充分尊重对方的权利与自由，主体之间相互理解和认可，从而真正实现主体的价值。

从哈贝马斯关于交往理性的阐述中可以得出交往理性具有三个特征。第一，交往理性以语言媒介为基础，其在语言行为中得以体现。如果没有语言行为作为载体，交往理性难以实现。第二，交往理性具有交互性。交往主体在平等自由的相互交往中达成共识，独立的主体无法形成交往理性。第三，交往理性具有暂时性。由于交往理性发生的背景是交往主体生活世界，而生活世界又处在不断地变化和发展之中，同时交往主体自身的理性和认识也是有限的，所以交往理性下形成的主体间的一致意见和共识是暂时的，这种共识会随着时间的推移和生活世界的变化而发生变化。

2. 交往理性的构成要件

哈贝马斯在论述了交往理性的内涵的基础上，进一步论述了交往理性的构成要件。

首先，交往主体之间通过共同的语言进行交流。这是交往理性首要构成要件。交往理性的实现依赖于交往主体的语言，语言在交往理性中发挥着媒介的传递和调节作用。哈贝马斯认为交往行为是发生于主体之间且以语言作为媒介的相互沟通和交流的行为，这种行为以期实现以言行事的目标。① 交往行为主体采用的语言直接关系着交往行为是否能在实践中有效进行。如果交往主体之间没有选择双方或者多方共同理解和接受的语言，交往行为就会中断或者达不成预期的交往目的。因此交往主体必须选择各方交往主体都可以理解和接受的共同语言进行沟通和交流，以期不同交往主体之间相互理解和认可对方的真实表达意图，从而就讨论的问题达成共识。

其次，交往主体在平等自由的对话和交流中达成共识。这是交往理性的核心构成要件。哈贝马斯在其交往行为理论中阐述了交往主体必须在平等自由的基础上进行真诚有效的沟通，最终达成代表各方交往主体意见的共识。交往行为中，交往主体之间的身份地位、财产状况和教育背景等并不影响交往主体之间的平等地位。交往主体自由而平等地讨论公共事物和公共利益，不受任何外在因素的影响和制约。国家公共权力不得干涉交往主体之间自由平等的交流。同时在主体之间交流和对话中，每个主体充分尊重对方的话语权，积极配合对方进行意愿和观点的阐述与表达，最终形成主体间的共识。因此，平等自由、相互尊重是主体间达成共识的前提性条件，而共识的达成则是交往理性的核心要件。

最后，交往主体认可和遵守共同规范。这是交往理性的关键构成要件。哈贝马斯的交往理性的实现需要共同规范作为保障。任何社会关系和社会秩序的正常维护都需要共同规范的调节。交往行为是社会主体通过对话和讨论发生关系，需要在交往主体共同认可和接受的规范的调节下进行。只有交往主体遵守共同规范，交往行为才能有序进行，从而有效地达

---

① 参见［德］哈贝马斯《交往行为理论》，洪郁佩、蔺青译，重庆出版社 1996 年版，第124 页。

成共识。而这个共同规范是能代表大多数人的意志，能为大家普遍接受和遵循的行为规范，而且这个共同规范具有普遍性，需要得到最普遍主体的认可和接受；如果一个规范只是在部分交往主体之间获得认同，那这个规范不具有共同性和普遍性，主体之间的交往行为就无法进行下去。同时这种共同规范如何获得交往主体的认同和遵守呢？哈贝马斯通过商谈伦理论证了共同规范的正当性和合理性。鉴于前文交往理论内容中已经论述了商谈伦理，在此不再赘述。

（二）法治认同形成的前提：交往理性

法治认同是社会主体在长期的实践经验和理性基础上形成的对法治价值的认可和对规范的遵守。它虽然表现为主体的一种心理活动，但是法治认同也是一种实践行为。这种实践行为是通过社会主体之间的沟通和交流形成法治共识完成的。因此法治认同形成是建立在法治认同主体之间的交往理性之上。法治认同主体即社会主体在交往理性的指导下形成法治共识。这种交往理性最终导向交往主体的法治认同。法治认同形成的过程也是交往理性实现的过程。所以交往理性既是法治认同形成的前提条件，也是法治认同形成的实践过程。法治认同形成的前提需要交往理性，而法治认同的形成过程更是交往理性实现的过程。以下的论述中笔者结合交往理性的内涵、特征和构成要件来具体地论证交往理性与法治认同的逻辑关系。

首先，法治认同的形成需要以认同主体之间共同的语言交流为前提，而共同语言的使用是交往理性的首要条件。社会主体在法治实践中，需要通过语言的沟通和交流获知法治信息，了解法治案件，学习和掌握具体的法律法规。因此语言是法治主体认同法治的媒介，通过语言的表达和使用，才能在法治价值、法治规范和法治制度与认同主体之间建立联系。如果没有语言作为媒介，国家机关制定的法律只能停留在文字层面，社会主体不能认知和了解法律法规具体的内容和表达的社会价值；没有语言作为媒介，法治的实施和运行将是空谈，法治将会成为社会的一个摆设。但是仅仅有语言作为法治与认同主体之间的媒介还不能实现社会主体与法治的互动，还需要语言的共同性。法治认同的主体只有在共同语言沟通的前提下才能认知法治规范与制度，了解法治价值；认同主体之间在共同语言的基础上才能相互理解和互相交流，才能形成对法治共同的看法和一致的意见与共识。如果法治认同主体之间没有共同的语言作为交流的媒介，法治认同这一行为就会中断，法治认同最终的形成也将是无本之木。因此，法治认同的形成需要认同主体都可以理解和使用的语言，这种语言能在认同主体间形成共同的认知和理解，从而促进不同社会主体对法治的理解、接受和认可，最终导向不同主体对法治的认同。

其次，法治认同的形成需要不同的认同主体认可和遵守一定的共同规范。共同规范的认可和遵守是交往理性的核心要件。法治认同是一种实践活动，而实践活动就必须在实践主体共同认可和遵守的共同规范的指导下进行。法治认同必须是在一定的共同规范被遵守的前提下发生和形成。社会主体在共同规范的约束和指导下，才能有序地形成对话和交流，才能就法治的价值或者法治的运行等问题展开质疑、讨论和辩论，有效解决法治问题，从而形成关于法治的一致意见与共识。如果没有共同规范的指导作为法治认同前提，社会主体之间的沟通将会变得混乱而无序。比如在新媒体社交平台上，如果网民不认可和遵守互联网相关规范条例与法规，制造和传播有关司法审判的虚假谣言，从而造成法治认同主体对司法的不信任，也就无法形成公众对法治的认同。而认同主体共同认可和遵守的共同规范本身也是主体间通过协商讨论最终形成的一致性看法和共识，其是认同主体共同意志的体现。当然这种共同规范具有普遍性，其需要得到普遍的法治认同主体的认可和遵守。只有在认同主体普遍认可和遵守共同规范的前提下，具有普遍性的法治共识才能达成，法治才能获得社会主体的普遍认同。

最后，法治认同的形成需要认同主体间通过平等对话与交流形成法治共识。同时平等对话之上达成共识也是交往理性的核心内容与要件。法治认同一定程度上就是法治共识，而法治共识则体现了不同主体对法治的认同。在具体的法治实践中，认同主体在平等自由的前提下进行真诚的沟通和交流；认同主体之间不受身份、财产以及社会地位等的影响，同时这种交流和沟通不受外界其他势力和因素的干涉与影响。只有在自由平等的环境下对法治问题进行沟通和交流，法治认同主体才能真实地表达自己对法治问题的看法和意见，才能将自己的法治认知和法治情感以及法治评价与其他认同主体进行交流和沟通，在此基础上才能在不同主体间形成法治共识，最终促成法治认同的形成。如果法治认同主体是在国家公权力的干涉下被迫做出关于法治问题的意见和看法，认同主体就不会从内心深处真正认可和接受法治，甚至会对法治产生对抗行为和憎恶情感，更谈不上对法治的认同。因此，在交往理性中，平等自由基础上达成共识这一条件，同样构成了法治认同形成的前提条件。

综上，法治认同需要在以下的前提下才能形成，即认同主体以共同语言为媒介，同时在主体间认可和遵守的共同规范的指导下，通过自由平等的沟通与交流形成法治共识。而这一前提也是交往理性形成的构成要件，因此交往理性构成了法治认同的逻辑前提，对法治认同的形成有着重要的价值和意义。

三　交往行为中的共识——法治认同形成的基础

法治认同是在法治共识的基础上得以形成，而这种法治共识是认同主体在法治实践行为中，主体之间通过平等自由的交流和沟通形成的一致意见和看法。交往行为中的共识是主体间通过语言媒介形成的相互理解和一致看法，所以法治认同中共识的形成也是主体在交往中形成的共识，这种交往行为中的共识构成了法治认同形成的基础。笔者在论述交往行为中共识及如何保障其有效达成的基础上，进一步论证了法治认同中的交往共识以及这种共识与法治认同的逻辑关系。

（一）交往行为中的共识

哈贝马斯认为交往行为是一种语言交谈行为，其以交往主体之间的相互理解和共识的达成为根本目的，而其他形式的社会行为是共识达成行为的附带物。[①]"理解"一词的最基本含义是具有语言和行为能力的两个以上的主体就语言表达形成相同的看法和认识。语言行为的最终目的是形成理解基础之上的共识，而语言行为的具体过程就是理解和共识达成的过程。理解与共识不仅是语言的表达和交往主体之间共识的达成，更重要的是表现为一种主体之间的实践活动；这种实践活动是交往主体之间的默契与合作。因此"理解"就是交往主体为了达成相互理解、彼此信任、形成一致和达成共识的相互作用过程。理解和共识是交往行为的核心要素，

---

① 参见［德］哈贝马斯《交往与社会进化》，张博树译，重庆出版社1989年版，第1页。

言语行为是交往行为主要的表现行为。哈贝马斯把社会行为分成两种：一种是以成就为取向的行为，另一种是以共识和理解为取向的行为。前者"就是通过利益状况表现的一种行动的合作化"①，是建立在工具理性基础之上的行为；后者是"通过规范的意见一致表现的一种行动合作化"② 行为。以成就为取向的行为是一种建立在工具理性之上、以达到一定目标的行为。以共识和理解为取向的行为是交往主体能够在共同状况规定的基础上相互决定他们的行动计划。总之，交往行为中的理解和共识实质上是指交往主体在相互信任的基础上，通过对事物形成一致意见和看法并最终达成共识的默契与合作过程，是交往主体之间内心相互理解和认可的过程。交往行为中始终体现着共识与理解。

言语行为既然是一种理解和共识形成的过程，那么如何才能保证言语行为的有效性或者说是如何保障共识的形成呢？哈贝马斯提出了保障语言行为三个有效性要求。前文对此三个有效性要求已做阐述，不再赘述。因此言语行为必须具备以上三个有效性要求，才能在交往主体间形成相互理解和达成共识，进一步确保交往行为的完成。

（二）法治认同形成的基础：交往共识的达成

法治认同是社会主体之间在实践行为中通过沟通和交流而形成的一种心理活动和过程，表现为对法治精神、价值的认可和接受，对法治规范和制度的遵守与践行。这种实践行为是认同主体间通过语言媒介进行平等对话和交流而完成。法治认同是一种语言媒介下的沟通行为，也是一种言语行为。言语行为是主体间理解和共识形成的过程，因此法治认同也是认同主体就法治问题经过讨论和协商，形成的关于法治相关问题和决策一致意见和达成共识的过程。法治实践中，认同主体之间的法治共识在立法和司法活动中体现得最为明显。现代社会是一个利益多元、价值冲突的社会。社会主体为了实现自身的利益诉求，必须与其他利益主体就利益分配与保护、利益保护先后顺序等问题通过言语进行沟通和交流，最后形成妥协性一致意见和共识。这种共识不是绝对的一致，而是在差异中达成的妥协性

---

① ［德］哈贝马斯：《交往行动理论》第 1 卷，洪郁佩、蔺青译，重庆出版社 1994 年版，第 361 页。

② ［德］哈贝马斯：《交往行动理论》第 1 卷，洪郁佩、蔺青译，重庆出版社 1994 年版，第 361 页。

共识。在立法过程中，社会主体通过语言将交流达成的共识输入到立法之中，立法过程和法律规范与制度就体现了社会主体的共识和意志，从而法律制度与规范得到社会主体的认可和接受。在司法活动中，社会主体间在互联网或者其他媒体平台中，通过语言行为对国家司法审判活动进行交流和沟通，对司法审判活动是否体现公平正义、是否符合正当程序等形成一致的看法和达成共识，从而形成对司法活动的监督，从而感受到司法的公平正义，进而形成对司法的信任和认同。因此立法过程就是通过言语交流和沟通达成共识的过程，司法活动在一定程度上也体现了认同主体的共识。总之，法治认同是认同主体之间通过言语表达进行沟通和交流从而形成法治共识的过程，没有理解和沟通之上的共识，就不可能形成社会主体的法治认同。

言语表达的三个有效性的要求可以保障交往行为中法治共识有效地达成。首先，"真实性"要求法治认同主体沟通和交流的法治问题必须是客观真实存在的，不是主体间想象和猜测的不符合法治实践的问题。社会主体只有就真实存在的法治问题进行交流和辩论，才能形成一致的看法。其次，"正确性"是法治共识形成的必需条件。社会主体之间的语言交流必须符合言语表达的规范，而且对话中必须选择符合规范的语句进行沟通，同时社会主体在法治问题进行交流和辩论中建立的关系必须是正当的。最后，"真诚性"要求社会主体表达的法治意见和看法必须符合自身内心的想法，主体表达的言语意思与内心意图是一致的，否则真正的共识无法达成，法治认同也无从谈起。总之，法治共识的形成过程就是交往行为中主体间共识达成的过程，这种交往行为中的共识构成了法治认同形成的基础；法治认同正是在交往行为中共识达成的基础上生成和发展。在交往行为中达成的法治共识需要在言语行为有效性即"真实性、正确性和真诚性"的保障中有效地达成。

四　交往行为——法治认同形成的实践途径

法治认同形成的过程是一种交往行为，社会主体通过共同的语言就法治相关问题进行平等自由的讨论和协商，从而在社会主体间形成法治共识并导向法治认同。法治认同是在社会主体的交往行为中形成，而这种交往行为构成了法治认同形成的具体实践途径。笔者通过对交往行为含义与特征的论述，并结合法治认同的内涵与形成机理，具体阐述了交往行为如何构成法治认同形成的实践途径。

（一）交往行为的含义与特征

交往行为是指不同的交往主体以语言为媒介进行自由平等的交流和沟通，从而在相互理解和宽容的基础上达成共识的一种行为。而交往主体必须具备语言能力和行为能力，这是交往主体进行交流和沟通的基础保障。同时主体间在达成共识的基础上通过协商论证形成大家自愿认可、接受和遵守的一种准则。交往行为是一种言语交谈行为，其必须以主体共同认可和理解的语言进行交流和协商。交往行为的完成依赖于交往语言的有效性。因此言语表达需具备三个有效性条件，即真诚性、真实性和正确性，从而保障交往行为的顺利进行和完成。

通过交往行为理论和交往行为的含义，总结出交往行为具有几个基本特征。首先，交往行为是发生于至少两个主体间的交互行为。单独个体无法完成交往行为。而两个或者多个主体间的交往行为是一种双向或者多向的互动行为。其次，交往行为的完成必须以语言为媒介。没有语言作为媒介，交往行为就不会产生。语言促进和保障了交往行为的完成，其发挥了媒介的沟通和交流作用。"交往行为模式并没有把行为与交往等同起来，语言是作为一种交往媒体，是为理解服务的，而行为通过相互理解，使自己的行为得到合作，以实现一定的目的。"[①] 再次，交往主体必须遵守共同的规范。共同规范得到不同主体的认可和遵守，其调整主体间的交互行为，从而保障交往行为的完成。最后，交往行为主要通过主体间对话的形式进行。交往主体在自由平等的前提下采用对话的方式进行交流和协商，最终达成共识。这里，"在交往行为中，参与者不是首先以自己的成就为方向；他是在一定条件下遵循他们个人的目的，就是说，他们能够在共同状况规定的基础上，相互决定他们的行动计划"[②]。

---

① ［德］哈贝马斯：《交往行动理论》第 1 卷，洪郁佩、蔺青译，重庆出版社 1994 年版，第 142 页。

② 章国锋：《哈贝马斯同西德〈美学与交往〉杂志编辑的谈话》，《哲学译丛》1992 年第 2 期。

（二）法治认同形成途径：交往行为

如前文所述，法治认同的形成是以交往理性为逻辑前提，以共识的达成为基础。然而法治认同最终形成需要交往行为这一实践行为来完成。交往理性与交往行为中的共识都只是法治认同形成的前提基础和条件，交往行为是贯穿于法治认同形成过程，是法治认同形成的具体路径。在交往行为这一具体途径中，既包含了法治认同的逻辑前提即交往理性，也涉及了法治认同形成的基础即共识的达成。因此法治认同就是一种交往行为，法治认同在认同主体间平等自由的对话交流中达成法治共识，最后导向法治认同。

首先，交往行为是法治认同的形成途径体现在主体方面。交往行为中的主体是两个或者两个以上具有语言能力和行为能力的主体，主体之间形成的是一种互动关系；而这种互动关系不受任何外界的干扰，是主体完全出于自愿进行的交流和对话形成的互动关系。法治认同的主体也必须是具有一定语言能力和行为能力的社会主体，而且认同主体之间就法治问题进行沟通和交流而形成互动关系。同时认同主体不受国家权力和制度的约束和制约，完全出于自愿与其他认同主体进行沟通和对话；外在强迫和干扰下的主体不会真正认可和接受法治。其次，交往行为是法治认同形成路径表现在语言媒介的使用方面。交往行为是通过语言媒介得以完成的。交往行为就是一种语言表达行为，通过语言的使用形成对话。而法治认同是社会主体通过主体间都可以理解和接受的共同语言，就涉及的公共利益和法治问题进行协商和讨论。在公共语言的沟通和交流中，形成法治共识。如果没有语言作为认同主体交流和沟通的媒介，每个社会主体对法治的理解和认知只能局限于自身的认知范围内，主体之间不可能形成对法治一致的看法和意见，自然就不能形成对法治的认同和接受。最后，交往行为是法治认同的途径体现在对话与沟通的交往形式方面。交往行为就是对话行为，其通过对话和沟通这种交往形式得以完成。主体之间通过对话和沟通，相互之间理解和包容，从而形成一致的看法和共识。法治认同的形成正是遵循了这样一个交往形式，即社会主体通过充分平等的沟通和交流，就法治相关问题进行自由的辩论和论证，达成共识性的看法和意见，从而认可和接受法治精神与价值，遵守法治规范与制度。沟通和对话使得法治认同得以具体化为一种交往行为。综上所述，法治认同的形成过程就是一种交往行为，法治认同通过交往行为得以形成和实现；交往行为构成了法治认同形成的具体路径，法治认同在主体间的对话和交流的交往行为中形成。

第三节　人本主义：法治认同的主体性来源

人本主义是法治认同的重要理论基础，其凸显人的价值与尊严，同时其强调人的主体性地位与价值。在法哲学领域，人本主义主张人是一切法治实践活动的主体；法治应充分尊重人的自由与尊严。人本主义与公众法治认同二者相互促进，互相保障。人本主义积极地促进公众法治认同的形成；而法治认同则是蕴含人本主义的法治应具备的品质和必然要求。人本主义是法治认同的主体性来源。

一　人本主义：人是法治实践的主体

人本主义是体现人的自身价值和尊严的西方哲学理论与哲学思潮，其核心思想突出人的主体性在人类所有实践活动中的地位和价值，从而在全面提升人的价值和推动人的自由的基础上实现人的全面发展。在法哲学领域，人本主义的价值更加凸显。人是一切法治实践活动的主体，只有全面尊重和发展人的主体性，法治才能获得正当性的来源。法的主体性强调人是法治实践活动的主体，人是法治认识、法治评价和法治变革的主体。人本主义理论下的法治充分尊重和体现人在法治实践中的主体性的作用和价值。

人本主义在西方思想发展过程源远流长，其发源于古希腊民主制度。古希腊的陪审法庭制充分体现了人的中心地位和主体价值在处理矛盾和纠纷中的突出作用，通过公众参与陪审活动体现人的主体意愿和价值。在黑暗的欧洲中世纪时期，人的中心地位被神的主体价值所代替。人的主体性价值和人的尊严与自由完全被淹没。在西方文艺复兴时期，人文主义精神得以复兴。人的价值、尊严与自由再一次得到重视和发展，并为西方社会法治思想的进步和发展奠定了理论基础。在后来的西方启蒙运动中，人的自由、尊严等思想得到了蓬勃的发展。同时期的哲学家康德提出在一切活动中人都是目的而非手段和工具，而不能将他人人性和人作为手段。① 黑格尔强调，人的主体性的建构是人类真正实现自由的前提条件和首要基础；主体是自由实现的载体，自由的实现蕴含于主体之中。② 在轰轰烈烈的启蒙运动中，自由、平等、价值与尊严等人本主义精神在思想家的推动下获得了广泛的传播和应用；在不同的学科领域中，人本主义得以发扬和应用，理性的启蒙思想促进了近现代西方法治文明的发展和繁荣。人本主义在现代西方思想中则得以完全体现。哲学、法学和政治学等不同学科领域都充分体现了人本主义精神。而现代西方法治思想中，人本主义更是得以凸显和体现。在法律领域，法律理念是人本主义的具体体现和反映，主要通过人作为自主的本性、人作为其世界中的目的以及人作为他律性的本性这三种形式在法律中反映出来。③

在我国长期的奴隶制度和封建制度的发展过程中，民本主义得以产生和发展。民本主义维护了封建统治阶级的统治。我国古代民本主义最早的表述体现在商周时期，从一定程度上体现了民生、民权和民主思想火花和统治者对民众生存问题的重视。民生问题是民众一切问题的前提和基础。只有解决了民众的生存问题，民权才能得以实现。统治者只有从民众那里听到真实的民意，才能真正为民做主。中国古代民本主义强调统治者广开言路，获取民众的真实意见和看法，积极鼓励听取民议。而儒家思想也主张统治者积极广泛听取民众的心声，反对塞民之口。我国古代的民本思想的出发点是维护统治阶级的利益，但客观上推动了民本主义的产生和发展，体现了对人的主体性地位的认可和尊重，从而促进人的价值与自由的实现。在中国近代社会，随着马克思列宁主义思想在中国的广泛而深入地传播和发扬，人本主义思想也在中国得以落脚和扎根。马克思在其著作中强烈地批判了专制社会对人的主体性的无视和践踏，对自由和尊严的蔑视；专制政体无视和践踏人的尊严和价值，使人不能成为人。④ 同时这种

---

① 参见［德］康德《道德形而上学原理》，苗力田译，上海人民出版社 1986 年版，第 81 页。

② 参见［德］黑格尔《法哲学原理》，范扬、张企泰译，商务印书馆 1961 年版，第 111 页。

③ 参见［德］考夫曼《法律哲学》，刘幸义等译，法律出版社 2004 年版，第 227 页。

④ 参见《马克思恩格斯全集》第 1 卷，人民出版社 1965 年版，第 410 页。

专制制度下的世界不是人的世界，而是政治动物的世界。① 在改革开放新的历史时期下，中国共产党的以人为本的科学发展观以及习近平新时代中国特色社会主义理论都彰显了对人的主体性的积极认可和赞成，同时积极创造条件推动人自由、平等地全面发展，从根本制度上保障人的主体性的实现，从而促进了人本主义在新的历史时期的发展。

人本主义是当代人类社会发展重要的理论思想，其成为哲学、法学以及政治学等不同学科的理论基础。而在法学意识形态中，人本主义发挥着重要的思想武器的作用，成为重要的现代法治思想，促进现代法治不断发展与进步。在法治领域，人本主义彰显人的主体性在法治实践中的价值与作用，主张人是一切法治实践活动的主体。而这种主体性从四个方面得以体现。首先，人是法律的制定者。法律的制定需要人的操作才能完成；法律代表了公众的意愿和意志，充分体现和保障人的权利与自由，摒弃专制与暴力。其次，人是法律的执行者和适用者。法律的执行与适用充分以保护人的尊严和权利为导向，促进人的权利与自由的实现。再次，人是法律的评价者。人是对法律是否体现民意、是否体现公平正义、是否促进人的全面发展的唯一的评价主体。最后，人是法律的服从者。法律最终通过人对其遵守得以实现其社会效果；人只有服从法律，人的尊严和自由才能得以实现。

二 人本主义与法治认同

人本主义与法治认同二者相互促进，相互保障。一方面，法治中的人本主义促进了法治认同的形成。法治中的人本主义充分尊重人的主体性地位并促进人的自由而全面地发展，因此其构成了法治的正当性基础，从而促进公众对法治的认可和接受。另一方面，法治认同是蕴含人本主义的法治应具备的必然品质。法治只有获得公众对其所保护的普遍利益和人性的认同，法治中蕴含的人本主义才具有价值和意义。

（一）法治中的人本主义促进法治认同的形成

法治要获得公众对其认可和接受，首先以法治尊重人的自由和尊严

---

① 参见《马克思恩格斯全集》第 1 卷，人民出版社 1965 年版，第 419 页。

为前提与首要条件。现代法治中的自由、平等、秩序等价值充分体现了人本主义精神。而现代法治中的人本主义精神促进了公众对法治规范和法治精神的认可和支持。现代法治以保护公众的权利、限制国家公权力为核心精神，其具有权利主导的性质。现代法治的价值体系中，权利保护处于核心与优先地位。公众对自身利益的追求是人之本性的体现。一国法律只有以权利为主导，积极推进公众自由平等的实现，才能获得公众主体心理层面的认可和赞成，才能确立对法律的忠诚和信仰。所以，只有以公众权利为本位的法律体系和制度才能实现公众对利益深层次的要求和满足，才能满足人性趋利避害的本质需求。① 因此，法治只有体现了人本主义，才能获得公众的认同；法治中的人本主义从人性的深度促进了公众法治认同的形成。

以我国刑法为例，进一步论证法治之中的人本主义对公众法治认同形成的重要意义。罪刑法定原则和刑罚是我国刑法的主要原则和功能，其通过处罚犯罪、保护公众的合法权利与利益，从而实现刑法的权利保护功能。刑法权利保护机能一方面促进了公众权利与利益的实现，另一方面很好地协调了公民权利与国家公权力之间的冲突，从而阻止了国家公权力对公民个体权利的侵犯。因此，刑法以权利保护为主导，避免公民合法权利与利益受到犯罪分子的非法侵害。而以权利保护为主导的刑法充分体现了人本主义，而这种人本主义积极地促进了公众对刑法的认同。当然，我国刑法的权利保护不仅指向普通公众和受害人，同时指向犯罪嫌疑人和被告。犯罪嫌疑人和被告的合法权利和利益同样需要刑法给予保护。犯罪嫌疑人和被告的合法权益的保护更是体现了对人本主义下人的尊严、价值与自由的保护和尊重。刑法在保护社会公众和被害人权利与利益的同时，积极保护犯罪嫌疑人和被告人的合法权益，这种刑法功能充分体现人的主体性，刑法中这种人本主义必将促进刑法获得最广泛的公众认同。

（二）法治认同是体现人本主义的法治应具有的品质

如前文所述，现代法治的共同特征之一就是人本主义理论的体现。现代法治精神和价值中，自由和平等充分体现了人本主义。而蕴含人本主义的现代法治必然要求获得公众的认同。公众对法治的认同是现代法

---

① 参见许道敏《民权刑法论》，中国法制出版社 2003 年版，第 266 页。

治的本身要求和应具备的品质。体现人本主义的现代法治只有得到公众对其的认可和接受，才能实现法治的自由平等精神与价值。现代法治的社会效果的实现依赖于公众对法治的认同，从而使得公众自觉遵守和践行法治，最终促进现代法治保障人权、限制公权并体现人的主体性价值和地位。因此人本主义与公众法治认同二者相互促进，相互保障。人本主义促进公众法治认同的形成，而公众法治认同是蕴含人本主义法治的应有状态和必然要求。

一方面，人本主义尊重人的价值与尊严，将人的自由与价值作为衡量一切人类实践行为的标准。而法治作为人的实践行为，评价与衡量法治的标准之一自然是人本主义。因此法治是否以权利为主导积极保护人的利益与尊严，是否积极推进人的自由全面的发展成为评价法治的重要标准。现代法治必然体现人本主义，同时现代法治必然充分尊重人的主体性地位。而现代法治的这种人本主义必然要求公众对法治的认同。获得公众认同的法治才能更好地体现人的主体性价值。所以法治认同是现代法治应有的品质和状态。

另一方面，人本主义以保护人性和人的利益为根本属性。人本主义对人的价值与尊严的保护还是对人的自由及人的全面发展的推进，其本质都在于保护人性和人的利益。而现代法治的根本目的和价值在于通过对权利的保护促进人对利益的普遍需要的满足。对自身利益的追求是人性的体现。所以现代法治与人本主义二者本质共同点在于对人性的保护与人对利益的普遍需要的满足。蕴含人本主义的法治只有获得公众对其的认可和接受，或者说人本主义与法治中对人性的保护和普遍利益的满足只有获得公众心理层面的赞成和支持，才具有价值和意义，也才具有存在的正当性基础。如果公众反对和不支持法治与人本主义所保护的人的主体性和利益，那么法治与人本主义就成为无源之水、无本之木。因此，法治认同是蕴含人本主义的法治的必然要求与品质。

第四节　人民主权：法治认同的正当性基础

人民主权构成了公众法治认同的正当性基础。人民通过社会契约的形式授权国家机关，从而形成国家立法权、司法权和执法权。国家立法权、司法权和执法权是人民主权在法治领域的具体体现。在人民主权理论的指导下，国家法治获得公众的认同，属于法治的一种应然状态。

一　人民主权：法治的正当性来源

法治作为国家公权力的产物，只有具备正当性才能得以运行和发挥价值。法治的正当性回答了公众为何要遵守法律、服从规则和制度。对物质利益的追求和满足是人的自然本性，而对制度与规则的服从和认可是人区别于动物的一个根本标准。人之所以认同和支持国家权力与规则，其中一个重要因素是权力和规则具有正当性。[①] 韦伯在对政治权威的论证中分析了三种形式的支配及其正当性。首先是历史中形成的传统型支配，其正当性来源于历史发展中形成的权威性及人们对基于这种权威而掌握权力的支配者的接受和认可；其次是具有感召力的支配，其正当性来源于对个人的仰慕、崇拜和忠诚；最后是理性与法律的支配，其正当性来源于确信法律自身具有正当性以及支配者在法律规范的指引下具有发布命令的权力。[②] 以上三种形式的支配在历史发展过程中同时存在。现代法治充分体现了理性精神和法律支配的属性，因此现代法治作为一种国家公权力运作的产物，属于以上第三种支配形式。而人民主权充分体现了理性与法律的支配。人民主权构成了国家公权力的正当性来源，而国家公权力的产物即法治的正当性也来源于人民主权。

人民主权是在欧洲启蒙运动中产生和形成的理论，其主要代表者有霍布斯、洛克和卢梭等人。人民主权主要是指国家的权力来源于人民，人民将自己手中的权利通过契约的形式让渡于国家；国家代表人民行使权力。人民通过某种形式参与国家政治生活、经济生活和文化生活，同时人民监督国家公权力的行使和运作。人民有权罢免权力行使者的资格。洛克认为，国家主权来自人民，人民通过契约的行使将权利交付于国家，而国家接受人民的监督。国家权力的根本目的是促进公民个体权利的实现。如果

---

① See Max Weber, *Economy and Society*, Calif: University of California Press, 1978, pp. 212-246.

② 参见康乐《韦伯选集 III：支配的类型》，台湾远东出版事业股份有限公司 1989 年版，第1页。

国家公权力没有实现这一目的，人民就有权罢免和消除国家公权力。① 卢梭认为，人民通过社会契约的形式赋予国家权力，而社会契约是一种体现正当与公平的稳定约定。②

国家公权力来源于人民通过社会契约对权利的让渡，国家权力的根本来源是人民自身的权利。因此人民的权利或者说人民主权是国家公权力的正当性来源。而作为国家权力运行的产物即法治的正当性自然来源于人民主权。人民通过社会契约将权利授予国家立法机关、执法机关和司法机关，从而形成国家立法权、行政权和司法权。而这些法治领域的国家权力接受人民的监督，人民有权替代立法权、行政权和司法权。社会契约要求国家权力或者是政治权威必须建立在人民对其认同的基础之上。法治的正当性来源于人民主权，而人民主权是人民意愿和意志的体现，所以法治的正当性根本上来自人民对国家权力的认同和支持。如果人民不赞成和不支持国家权力，那么国家权力就失去了运行的正当性来源，其必然无法有效地运作，并且会出现国家公权力侵犯人民权利的现象。

二　人民主权与法治认同

人民主权构成了公众法治认同的正当性来源。公众认同法治，其正当性在于人民通过社会契约的授权形成国家立法权、司法权和执法权。人民主权是公众法治认同的正当性基础，具体体现在立法、司法和执法三个方面。

（一）人民主权是公众对立法认同的正当性基础

如前文所述，法治是国家公权力的产物，其正当性来源于人民通过社会契约的授权。在立法领域，国家立法权来自人民权利的让渡。人民将自己的权利通过社会契约的形式授予国家立法机关之后，国家立法机关按照人民的意愿和意志进行立法，从而保护人民的合法权利和利益。如果立法机关违背了保护人民权利和利益的初衷，人民有权通过一定程序撤销国家立法机关的立法权。人民监督国家立法活动；任何违反法定程序和背离立

---

① 参见［英］洛克《政府论》（下篇），叶启芳等译，商务印书馆1964年版，第140页。
② 参见［法］卢梭《社会契约论》，何兆武译，商务印书馆1980年版，第44页。

法遵旨的立法行为都将接受人民的监督。因此，公众认可和接受立法的根本原因和正当性的基础是人民主权。人民主权构成一切国家立法活动的正当性依据。公众之所以认同立法并积极遵守立法机关制定的法律法规，其本质原因在于国家立法权来自人民的授予和立法活动保护公众的权利与利益。因此，在立法实践中，立法目的必须以保护公众的合法权利与利益为根本遵旨，积极地促进公众权利行使。同时立法实践中立法机关积极鼓励和支持公众积极参与立法，彰显人民主权。公众通过各种形式积极参与立法，将公众的意愿和利益诉求输入到立法之中，从而促使立法体现民意和表达民意。公众平等参与立法也是人民主权在立法活动中的体现。国家立法机关须通过制度和程序积极保障公众平等地参与国家立法。

（二）人民主权是公众对司法认同的正当性基础

司法权作为国家权力，其同样是人民通过社会契约对权利进行让渡产生的结果。人民将自己手中的权利让渡给国家司法机关；国家司法机关根据人民的授权行使司法权，从而解决纠纷和惩罚犯罪，保护人民的正当权益。国家司法机关时刻接受人民的监督和制约，不得做出任何违背司法程序和司法为民宗旨的行为。由于国家司法权力来自人民的授权并保护人民的财产和生命，公众自然认同国家司法权。因此，人民主权是公众司法认同的正当性基础。司法权力在其正当性的支撑下才能得到公众的认同并且合理地运行。司法实践中为了更好地体现人民主权，需积极促进公众参与司法。公众通过司法参与可以有效地监督和制约司法，防止司法腐败和司法权力异化，确保司法保护公众利益和权利宗旨的实现。同时公众参与司法可以消解司法专业化下公众对司法的认知壁垒，促进公众对司法的认知和了解，从而促进公众认同司法。总之，人民主权是公众认同司法的正当性基础；国家司法权力是人民主权在司法领域中的具体表现。

（三）人民主权是公众对执法认同的正当性基础

执法权是国家重要的公权力之一，其只有得到公众的认同才能有序地运行。执法机关的执法权力同样来自人民；人民通过反映和代表人民共同意愿的社会契约授权国家执法机关，从而产生国家执法权力。国家执法权力是人民主权在执法领域的具体体现。任何形式的国家执法权都接受人民的监督和制约，从而确保执法权依法运行和执法为民遵旨的实现。而人民主权是执法权的来源决定了执法必须获得公众的认同；公众只有认同执法权，才能将人民主权具体为执法权，从而促进执法权自身价值的实现。因此，公众认同执法的正当性基础是人民主权，而人民主权同时积极地促进公众对执法的认同。执法机关在执法活动中，必须有效地确保公众参与执法，从而监督和制约国家执法权力，防止国家执法转化为暴力执法和权力专制的出现。同时执法机关在执法过程中应充分考量民意，形成有效的民意与执法互动机制，确保人民主权在国家执法活动中的充分体现。执法机关只有依法行政并且始终以执法为民为根本宗旨，才能体现人民主权并获得公众的认同。

第三章 新媒体背景下公众法治认同的困境

新媒体不仅改变了传统信息的生产方式和传播规律，同时也改变了社会主体的思维方式和生活方式。在当代法治实践中，新媒体积极地促进公众的法治认同形成，同时新媒体带给公众法治认同消极影响，造成公众法治认同困境。本章首先探讨了新媒体对公众法治认同的作用。其次，从公众个体法治认同和公众群体法治认同两个视角剖析了新媒体对公众法治认同造成的消极影响。一方面，新媒体使公众个体法治认同形成困境，导致公众个体法治认知的偏差、法治情感的消解、法治评价的偏见以及法治行为的背离；另一方面，新媒体使公众群体法治认同形成困境，导致公众群体法治共识的破裂。

第一节 新媒体对公众法治认同的作用

新媒体在改变公众生活方式和思维方式的同时，对公众的法治认同产生了作用。新媒体为公众的法治认同提供了平台，扩大和丰富了公众法治认同的途径；同时新媒体提高了公众法治认同的深度以及增强了公众的法治认同实效，促进了公众法治认同的形成。

一 提供公众法治认同平台

新媒体为公众法治认同提供了一个跨越时间与地域的平台，这个平台为公众提供了丰富的法治信息资源。在这个平台之中，公众获得了丰富的法治信息，为公众法治认同的形成奠定了信息基础。新媒体是以互联网等高科技技术为支撑形成的一个相互交互的系统性网络平台。新媒体网络平台突破了时间和地域的限制，为公众可以提供海量丰富的信息资源；同时新媒体平台中的海量信息实现了即时便捷的互动和交流。① 这就为公众获取大量的法治信息提供了以往传统媒体没法提供的法治信息资源。这些法治信息资源不仅涉及立法、执法与司法，而且涉及法治规范、法治价值和法治文化；不仅包括国内法治文化资源，还包括国外法治文化资源；不仅为公众提供了传统的法律文化信息，更是提供了现代法治发展状况的信息资源。公众在新媒体平台中，方便快捷且成本较低地获得了这些法治信息。这些丰富的法治信息扩大了公众法治知识量的同时，积极促进了公众对法治信息的输入和加工，形成公众自己的法治知觉和法治印象，从而完成了公众法治认同的第一步，即法治认知的获取。新媒体平台首先为公众的法治认同的形成提供了大量丰富的法治信息，奠定了公众法治认同的信息基础。

新媒体平台的交互性和平等性积极地促进了公众法治信息的交流与沟通，有利于公众群体法治共识的达成。传统媒体平台中，信息的发布和传播受到严格的审查和把关，并且必须遵循一定的程序和方式，而且公众只是作为信息的被动接收者。信息的发布者、传播者与信息的接收者之间几乎难以实现充分的沟通和交流。但是在新媒体平台中，信息的发布者同时也可以是信息的接收者。公众可以积极自由地选择信息并且与其他信息发布者和传播者以及接收者进行及时便捷的沟通和交流。新媒体平台的这些技术信息优势，使得公众不再是被动的法治信息的接收者，而是不受时间和地域的制约，彼此之间进行平等自由交流的法治主体。公众在匿名性技术的保护下，可以自由地发表自己对热点法治案件的认识与看法，同时积极主张自己的法治诉求并表达自己的法治评价。不同公众个体之间和不同的公众群体之间，积极地借助新媒体平台在对彼此间法治认知与法治评价进行真诚沟通和充分交流基础之上，就法治规范的合理性、法治价值的应然性以及法治运行的制度化和合法化等法治问题进行交流和沟通并形成法治公共舆论，达成一致性的看法和意见，形成法治共识，促进公众群体间法治认同的形成。因此新媒体为公众获取法治信息并进行平等自由的沟通

---

① 参见张弛《新媒体背景下公民政治参与问题研究》，博士学位论文，吉林大学，2015年，第18页。

和交流形成法治共识与法治认同提供了平台。

二　丰富公众法治认同途径

新媒体的快速发展与普及扩大了我国公众法治认同的途径和具体方式，使公众能够更加便捷地获取法治信息和交流与沟通法治认知与评价，形成法治认同。在传统媒体背景下，官方媒体信息是公众获取法治信息的主要渠道，公众法治认同的途径与方式相对单一。公众主要通过官方垄断下的报刊、广播、电视等传统媒介接收法治信息和法治案件，而且是单向地被动地认知法治和接受法治，公众之间难以进行及时、自由的沟通与交流。同时国家公权力部门完全掌握信息是否公开及信息的公开程度，公众只能间接地获取法治信息，而且法治信息都是在经过官方媒体把关人的层层审核和压缩之后通过媒体公布于社会。这种单一被动的认知法治的途径和方式容易形成政府和国家公权力对法治信息的垄断，公众容易形成片面法治认知与评价，制约公众对法治认同的形成和国家公权力对公众法治认同的型塑。

随着新媒体的快速发展，我国互联网普及率不断上升，网民数量每年递进式地上升。新媒体特别是互联网新媒体与手机新媒体在普通公众生活中得以普及，并且成为公众日常生活必不可少的一部分。新媒体对公众的日常生活方式和思维方式产生了重大影响。新媒体扩大了公众认知法治、交流法治信息和情感以及评价的途径。新媒体中的网络媒体，如各种搜索引擎、网络报刊、各类网站以及网络电视成为公众获取法治信息的重要途径，同时随着智能手机技术的不断进步和智能手机的普及，手机新媒体如微信朋友圈、手机期刊与图书、手机电视等也成为公众了解和认知法治并进行自由交流和沟通的重要途径与方式。[1] 与传统媒体相较，新媒体提供的多样化的法治认同途径与方式更具有实效性，微博、微信以及各种社交网站不但为公众获取法治信息提供了新的途径，而且公众可以随时随地进行双向和多向的交流和辩论，改变了传统媒体背景下那种单一的接受法治

---

[1]　参见张弛《新媒体背景下公民政治参与问题研究》，博士学位论文，吉林大学，2015年，第14页。

信息模式，使得法治信息的传播和获取呈现几何式的增长。新媒体信息的海量性和平台的开放性，使越来越多的公众通过新媒体了解和认知法治，将法治精神和规范内化于公众内心，形成对法治的认可和接受。因此新媒体为公众法治认同的形成提供了更多更便捷的途径，有效地促进了公众法治认同的形成和提高。

三　提高公众法治认同深度

公众的法治认同是一个对法治认知和理解不断加深的过程；是公众对法治规范认知和接受再到对法治蕴含的价值与精神领悟和认同的过程；是公众逐步将规范制度与价值精神内化于心的过程。公众对法治规范与制度的认同是对法治表现形式的认同，是对法治表层的认同；而公众对法治精神与价值的认同是对法治本质与内涵的认同，因此法治认同的深度是一个不断提高的过程。

传统媒体是一种"主导受众型"的媒体，公众只是单向地接受传统媒体发布的法治信息和案件，公众与媒体以及公众与公众之间的法治信息难以及时有效地共享和交流。[①] 法治信息的传播者与接收者对信息资源的占有和把握存在严重的失衡现象。传统媒体垄断了信息的传播权，公众基本没有选择法治信息内容的权利。我国传统媒体多数是官方媒体，其代表公权力进行发音。一方面，在以往传统媒体背景下，我国法治理念比较落后，公众是法治的客体和法治管理的对象，公众接受法治规范与制度较多，关于法治价值和法治文化内容的传播较少，同时传统媒体强调的是公众遵守法律规范制度的义务，而对于公众享有的合法权益强调较少，这样不利于公众从内心深处形成对法治精神与价值的认可和接受。另一方面，在传统"主导受众型"媒体背景下，公众与国家权力机关以及公众之间关于法治信息与法治问题交流和沟通较少，普通公众对法治的认知和评价多数停留在法治规范和制度层面，对法治蕴含的精神与价值的关注则较少。

---

① 参见仰义方《新媒体时代党的社会领导力研究》，博士学位论文，中共中央党校，2015年，第31页。

较之传统媒体而言，新媒体提高了公众法治认同的深度，公众不仅认同法治的表象，更认同法治的本质即法治价值和精神。在新媒体传播背景下，公众具有充分的自主性和主导性。人人都可以扮演信息的发布者与信息的接收者双重角色，从而实现信息主体的平等性并打破传统媒体对信息的垄断。公众在法治发展中更多地扮演法治主体的角色，新媒体主体之间的平等与自由特征更是强化了公众在法治实践中的主体性和自主性。公众通过新媒体表达自己的法治诉求并维护合法权益，同时通过新媒体网络舆论监督国家公权力，从而积极参与到法治实践中，切身体会法治的价值与精神，从内心深处真正地理解和接受法治精神与价值，提高了公众对法治的认同深度。另外，在新媒体信息传播过程中，公众与国家权力部门如立法机关和司法机关可以通过新媒体平台进行有效的沟通和交流，就立法过程和立法内容提出公众自己的建议和意见，积极地参与到立法实践中，推动立法的民主性；同时公众还可以通过新媒体对国家司法过程和司法结果进行监督，从而感受司法的公平与正义。所以公众通过新媒体平台深入到法治精神与价值的认可和信服之中，而不是较多地停留在法治表象即法治规范与制度的认同之中，从而提高了公众法治认同的深度，有助于法治社会的实现。

四　增强公众法治认同实效

公众对法治的认可和赞许如果仅仅停留观念和心理层面，那么法治认同的实际效果在实践中并没有凸显出来；公众对法治的心理认同只有外化为具体的法治行为与实践，才能实现法治认同的实效，公众的法治认同才具有实践价值和意义。公众法治认同的实效主要体现在公众的实践法治行为之中。公众通过新媒体平台，表达自身的利益诉求，维护合法权益，同时进行法治监督，因而践行了法治价值与规范，增强了法治认同的实效，促进法治建设的良性运行。

由于传统媒体是党和政府的喉舌，为公众提供单向法治信息，公众通过传统媒体只是获取法治信息，缺乏平台进行及时互动和践行法治行为。传统媒体的报道内容是经过严格筛选和把关，公众和政府之间不易形成互动，从而公众的利益表达诉求与权利维护以及法治监督等法治行为难以通过传统媒体得到很好的实施。而新媒体的及时性与互动性以及主体的平等性和自由性，打破了传统媒体信息的单向输入，实现了信息的充分沟通与交流，为公众提供了可以畅所欲言的公共领域。公众可以借助新媒体公共领域将对法治规范与价值的认同转化为具体的法治行为。首先，公众通过新媒体表达利益诉求，维护合法权益。公众在新媒体公共领域中充分自由表达言论，充分行使言论自由权；同时通过各类社会网站等表达自己的利益诉求，引起更多公众的关注和认可，从而形成网络舆论。这种代表一定民意的网络舆论在短时间内形成强大的舆论压力，从而引起国家公权力的关注并进一步解决公众的法治诉求和维护公众的合法权益。其次，公众通过新媒体进行法治监督，充分监督国家公权力的运行。新媒体促进政治信息的直线传播，从而促使政府在舆论压力下积极回应舆论。新媒体信息传播过程中的主体的匿名性和平等性，促使公众真实地表达对国家权力机关的不满和意见，同时积极地曝光违法乱纪的国家工作人员和违法行为，从而在网络公共领域中引起社会共鸣，形成强大的网络舆论，对国家公权力进行监督。公众的这种法治监督行为正是公众心理的法治认同在法治实践中取得的实际法治效果。最后，公众通过新媒体积极参与国家立法，将对法治规范和价值的心理认同转化为具体的法治行为，取得法治认同的社会实际效果。新媒体加强了国家立法机关和司法机关与公众之间的交流和互动。立法机关通过新媒体广泛征求公众的立法建议，公众利用新媒体积极便捷地参与立法，提高了立法的民主性。同时公众利用新媒体，在保证国家司法独立的情况下监督国家司法行为，增强司法活动与公众之间的良性互动，提高司法的民主性。

第二节　新媒体背景下公众个体法治认同的困境

公众个体法治认同的形成主要是一个心理过程。新媒体通过对公众个体法治认同四个环节的消极影响，造成公众个体法治认同的困境，具体表现为公众个体法治认知的偏差、法治情感的消解、法治评价的偏见以及法治行为的背离。

一　法治认知的偏差——冗余信息

新媒体在涉法信息的传播过程中产生的大量冗余信息，阻碍了公众获取专业化、权威化和客观化的涉法信息，误导了公众对涉法信息的认知，造成公众法治认知的偏差。此部分内容在论证新媒体如何造成公众法治认知偏差的基础上，通过于欢案件进一步对此问题进行了分析和论证。

（一）冗余信息与法治认知偏差

法治认知是公众形成法治认同的首要前提和基础，公众法治认知的过程主要是涉法信息的输入、加工与输出。这一过程中涉法信息本身的客观性、全面性以及法治信息质量的高低直接影响着公众法治认知的正确性和客观性。片面的、零散的、主观的、低质化的冗余信息就会导致公众法治认知的偏差，阻碍公众法治认同的形成。

新媒体在信息产生和传播过程中产生了大量的冗余信息。较之传统媒体，新媒体最大的特征就是脱域性与交互性，每个人既是信息接收者又是信息产生者。公众积极发布信息的过程同时也是信息接收的过程。而且这种信息只要不违反法律规定，都可以通过新媒体自由地交流和传播。不同于传统媒体信息的专业化、精英化和权威化，新媒体信息更为零散与多元，必然导致信息量的几何级增长，同质化、低质化信息过多且难以过滤，如此信息冗余便形成。① 传统法学理论关于法治认知研究基本都以完全理性为潜在预设，并假定一系列标准的现代法律制度的合理性与实效性必然能够为公众所直接认知。② 然而事实并非如此，绝大多数公众从未直接参与过诉讼与法治实践体验，往往需要通过他人的描述来捕获涉法信息。这意味着在新媒体背景下公众的法治认知基本需要建立在源于新媒体冗余信息中的二手信息上。

一方面，新媒体的冗余信息导致专业、高质量的优质涉法信息难以凸显；专业化、权威化的涉法信息被淹没在海量的冗余信息之中，公众无法从如此庞大的信息源中找到客观、权威和专业化的法治信息，同时冗余信

---

① 参见林渊渊《互联网的信息冗余现象》，《网络时代》2004 年第 5 期。

② 参见伍德志《谣言、法律信任危机与认知逻辑》，《法学评论》2015 年第 5 期。

息使得公民获得优质涉法信息的时间成本大大提高，公众不愿投入更多时间成本而更倾向凭借自身的想象去还原法治信息全貌。这就导致大量低质化、碎片化和片面化的冗余信息充斥在公众法治认知的过程中，导致公众认知发生偏差。另一方面，在有限的时间下，公众所获得的涉法信息多为同质化、模糊化的、片段化的信息，为想象提供了更多的空间。公众在获取的片面化、同质化的法治信息的基础上往往加入自身的想象，使原本片面化、模糊化的涉法信息更加失真，更加远离涉法信息的客观性，从而进一步误导了公众的法治认知，造成法治认知的偏差。而新媒体的交互性形成的公众之间的基础信任关系则更加强化了公众对所捕获涉法信息质量及体系化程度的坚信不疑，使其即便陷入法治认知的偏差却仍不自知，这就更加促使了公众法治认知偏差的发生。

（二）个案分析：于欢案

2017 年 3 月 23 日《南方周末》报道，山东聊城青年于欢的母亲因欠高利贷未还，对方催债不成后对其进行侮辱，于欢用一把水果刀当场刺伤四名男子，其中一名最终死亡。案件经聊城中院审判后，以故意伤害罪判处于欢无期徒刑。其后事件迅速吸引各方关注。各类新媒体迅速报道此案，引起大量网民围观议论，司法、公安、银监等部门被推至舆论的风口浪尖，法治体制备受质疑。新媒体网络平台中案件的相关信息涉及法治、伦理、经济、治安等多项因素。下文通过对于欢案网络传播相关数据的分析，论述新媒体冗余信息对公众法治认知造成的偏差。

首先，于欢案在 2017 年 3 月 23 日经《南方周末》报道后，在新媒体平台中经过短短三天的酝酿和发酵，有关于欢案的相关报道达到 143746 条，多家新媒体舆论平台积极报道此案件。其中：微博 113070 条，微信 25563 篇（公众号数据），新闻网站 2695 篇，纸媒 156 篇，手机客户端 371 篇，论坛 501 篇，其他平台 1390 篇（元搜索、贴吧等）。[①]

其次，各大新媒体持续关注和报道此案件，其中新闻网站、微博、微信信息最多。各平台的数据统计结果显示，微博的信息在总量中占有率最

---

① 《大数据："辱母杀人案"大家都怎么看？》，http://mp.weixin.qq.com/s/ST1_Kildg9Z-BAqCGc5n10Q，2017 年 11 月 10 日。

高，达 78.66%；微信达 17.78%、新闻网站达 1.87%。①

最后，经系统统计并进行人工甄别，事件中舆论一边倒呈负面，谴责之声压倒性占比 79.7%，中性信息占比 20.3%。②

数据显示，于欢案经过媒体报道后，各类新媒体对此案件给予了高度的关注。短短三天内新媒体网络平台中关于此案的信息达 14 万多条，微博和微信成为信息承载量最大的两类新媒体。同时关于于欢案舆论中，正面的百分比为零，而负面舆论高达 79.7%，中性舆论只占 20.3%。在此案件的网络传播中，从 14 万多条案件信息中分辨出与事实相符的信息，对于公众个体而言如大海捞针。尽管相关数据没法推出专业化、权威化的信息与片面化、低质化信息的比例，但是根据互联网信息和舆论传播的规律可知，这 14 万多条的信息中，绝大多数信息是一些网民片面化、模糊化并加以想象和猜测的信息。在此案件的传播中，新媒体网络平台中冗余信息大量存在。此案一审判决后数十位刑法学专家在新媒体上发声，观点也趋于一致。然而，专业性的评论却被大量 "辱母" "权力腐败" "警察不作为" 等标签化、低质化话题评论所淹没，公众几乎无法获得专业的案件解读，而越发倾向于道德化的想象，影响公众获取权威化和专业化的法治案件信息，冗余信息误导公众的认知，造成公众法治认知的偏差。

二 法治情感的消解——"抽象的愤怒"

法治情感是公众在原有法治认知的基础上形成的对现实法治关系和法治行为的一种爱憎或好恶的情绪态度体验。公众的法治认知是否全面与深刻影响着公众是否形成正向的法治情感。新媒体信息传播过程中形成的公众的 "抽象的愤怒" 绑架了公众的法治情感，消解了公众正向的法治情感，阻碍了公众法治认同的形成。

(一) "抽象的愤怒" 对法治情感的绑架

新媒体时代下精英化、代表制的权威议事形式逐渐被广场杂言化、开

---

① 《大数据："辱母杀人案"大家都怎么看?》，http：//mp.weixin.qq.com/s/ST1_ Kildg9Z-BAqCGc5n10Q，2017 年 11 月 10 日。

② 《大数据："辱母杀人案"大家都怎么看?》，http：//mp.weixin.qq.com/s/ST1_ Kildg9Z-BAqCGc5n10Q，2017 年 11 月 10 日。

放化的普通公众参与形式所瓦解。人人通过新媒体"麦克风"围观和点评法治热点案件，并提出鱼龙混杂的意见、质疑、法治诉求与主张。在信息冗余的信息场域里，加之法律专业化带来的信息理解壁垒，普通公众对法治的价值与精神以及法治的运行了解甚少。因此公众对法治的基本态度就来自公众对法治的先验情感。而公众的这种先验的法治情感是在特定的抽象背景下经过长期的实践形成的。这种抽象背景形成于新媒体长期以来关于立法、执法、司法问题的报道中；形成于民众之间基于报道的"分享"与评论中。但是受限于媒体的传播规律，新媒体对于法治信息的呈现必然以热点、关注、流量为第一考量因素，对于涉法信息内容的筛选有着负面化、标签化与通俗化的倾向。因此这种抽象背景下充斥的是司法体制中各种制度问题、口耳相传的群体性事件、冤假错案。这其中暗含着公众的集体想象、敏感情绪、偏执心理和暴戾情绪，经过个案负面报道的冲击和激化，形成一种"抽象的愤怒"。① 这种"抽象的愤怒"的情绪不再考虑法治案件个案的经验与事实的差距，形成自己稳定的法治情感形成机制，以消除信息匮乏带来的认知恐慌。在"抽象的愤怒"支配下，公众不再以法治认知为基础形成新的法治情感，而是在这种既有的经验泛化逻辑之下，选择性地接受符合"愤怒"描述的信息内容，对法治进行非理性的评价并无限放大法治过程中的不足。以于欢案为例，"辱母"本是行为动机与权利指向客观描述，新闻报道中立性本无可厚非。但将"辱母"置于"抽象愤怒"的情景之中时，司法裁判论证错误就被转化为对司法不公的质问，甚至对法治中"良法"的质问，而二审的纠错功能则转化为舆论压力、权力运作等非正向评价。"抽象的愤怒"不仅阻碍了公众新的法治认知的产生，同时也阻碍了公众正向法治情感的形成，从而消解了公众的正向法治情感，给公众法治认同的形成造成消极影响。

（二）案例分析：药家鑫案

药家鑫案是一起在新媒体上引起重大舆论关注的案件。2010 年 10 月 20 日晚上，大学生药家鑫驾驶一辆雪弗莱轿车在返回市区途中，将前方同向骑着电动车行驶的被害人张妙撞倒。药家鑫下车查看后，因恐张妙记住其车牌号给自己带来后患，于是用一把尖刀刺死张妙。10 月 23 日，药

---

① 参见于建嵘《有一种"抽象愤怒"》，《南风窗》2009 年第 18 期。

家鑫在父母陪同下到公安机关自首。2011 年 4 月 22 日,西安市中级人民法院以故意杀人罪判处药家鑫死刑。药家鑫随后提起上诉,2011 年 5 月 20 日,陕西省高级人民法院裁定驳回药家鑫上诉,维持原判;6 月 7 日,药家鑫被执行死刑。① 本书并不讨论法院最终的判决正当与否,而是从案件发展过程中公众网络舆论角度分析公众法治情感的消解。

药家鑫案发生后,公众在网络上形成了巨大的民愤。被害人张妙的代理律师张显通过微博发表"官二代""富二代"的虚假信息,故意引起广大不知情的网民对药家鑫的仇恨和愤怒。广大网民平时对"官二代""富二代"有着天然的对立情绪,同时结合其在日常司法实践中对司法机关存在着一些负面的印象和情感,在内心形成对国家司法机关的"抽象的愤怒"。在药家鑫案中,张显和部分网民通过新媒体形成富有激情和煽动力的舆论,同时社会公众将自己假想成受害者而进行集体想象,从而更进一步激发了公众对"官二代""富二代"的普遍反感和抱怨。最终,网络民意汇集成两股强大的舆论力量:对药家鑫家庭的极度反感和对受害人张妙家庭的极度同情;同时网络舆论高呼杀死药家鑫并对张妙家庭捐款。公众"抽象的愤怒"促使药家鑫这起普通的刑事案件被涂上了浓厚的对抗色彩。而张显在微博中表示:"要将药家鑫的肉体和灵魂一起消灭。"② 上百万的公众通过网络积极发表言论,要求判处药家鑫死刑。在"抽象的愤怒"的支配下,最终演化为公众非理性情绪的发泄以及戾气的喷发。这种舆论暴力背后隐藏的是公众对司法的严重质疑和不信任。在药家鑫案中,公众对司法机关以及法治的情感不再以原有的客观的法治认知为基础,而是在"抽象的愤怒"的支配下,进一步形成了对司法机关的质疑和不信任,远离客观法治事实,消解了公众对司法机关的正向情感,从而造成公众对司法机关和法治的认同危机。

三　法治评价的偏见——公众的非理性

公众肯定性的法治评价和否定性的法治评价直接影响着法治认同的形

① 参见马长山《公共领域兴起与法治变革》,人民出版社 2016 年版,第 154 页。
② 陈虹伟:《药家鑫案的"钱事"今生》,《法制与新闻》2012 年第 3 期。

成。新媒体平台中，公众的非理性容易促使公众形成否定性的法治评价与偏见，阻碍公众法治认同的形成。

（一）公众非理性下的法治评价的偏见

如前文所述，法治评价是指社会主体中的个体在法治认知获取和法治情感形成的基础上以一定的视角和标准在一定的视域中对法治有无价值和价值大小所做的价值判断；法治评价是社会主体中的个体从自身的需求利益出发根据一定的标准，在法治认知的基础上对法治制度、法治精神和法治运行等法治现象所做的法治能否满足其需要和实现其利益的价值判断的心理活动。法治评价是法治认同的一个价值判断的心理要素和活动，是法治对于其适用主体的作用和价值的观念体现。法治评价是公众以法治能否实现和维护自身的现实需要和利益作为评判的标准，形成对法治的积极评价和消极评价或是肯定评价和否定评价两种评价结果。公众法治评价结果直接影响着公众法治认同的程度，积极肯定的法治评价促进公众法治认同的提高；消极否定的法治评价阻碍公众法治认同的提高。

新媒体网络舆论在对国家公权力特别是司法活动的监督过程中，情绪宣泄、偏激傲慢、传言蛊惑等非理性因素到处可见。公众这种非理性情绪会瞬间放大公众的偏激怨气，引发舆论暴力和舆论专制。有媒体指出："从失控的质疑、无底线的人身攻击到网上'约架'，网络暴力猛于虎。"[1] 在我国当前网络公众对司法活动进行监督的过程中，非理性因素放大和加剧了对司法过程和司法判决结果的怀疑和不信任。公众对药家鑫案中"官二代"和"富二代"的天然仇视、于欢案中儿子英雄救母的道德演绎以及邓玉娇案中对警方庇护权贵的担忧最终演变为对司法独立审判和司法判决过程与结果的严重不信任；在非理性情绪的支配下，网络公众对法治案件的关注远远超出了对案件本身的探讨和思考，形成网民集体舆论狂欢，给司法公正和司法权威造成极大的危害与挑战。公众对法治个案不公的担忧演绎成对整体法治的质疑；公众对司法过程和结果的不信任折射出对当下法治制度和法治精神以及法治运行的质疑和担忧，同时公众在非理性情绪的感染下，将这种对法治的质疑和不信任投射到公众自身对法治保护其利益和权利的期待中。至此，公众对法治可以保护其合法需要与

---

[1] 王梦婕、徐宵桐：《谁在为网络戾气"添油加醋"》，《中国青年报》2012年7月24日。

利益表现出质疑与不信任。而公众对法治评价是以法治是否可以满足其利益需要和保护合法权益为标准的，一旦公众的法治评价的标准被质疑和否定，并对法治的价值和功能给予否定性的评判，那么公众对法治的评价就会出现偏差，公众就会形成对法治的消极否定的评价偏见，进而引发公众对法治的不接受与不认可，最终阻碍公众法治认同的形成与提高。

（二）个案分析：唐慧女儿案

唐慧女儿案件是一个历时较长、案情相对复杂的案件，其主要包括三个案件。一是唐慧的女儿乐乐被强迫卖淫、强奸的刑事案件，二是唐慧被劳动教养行政复议案，三是唐慧被劳动教养国家赔偿案。[①] 三个案子的进展过程中，网络公众通过新媒体对该案给予了高度的关注。笔者在此不讨论案件的判决经过与结果，仅通过网络公众借助新媒体参与此案件过程的论述来分析该案件中公众的非理性如何影响案件司法过程和公众的法治评价。

唐慧的女儿被迫卖淫案在两度发回重审和四次裁判的过程中，唐慧认为地方民警和政府包庇色情场所和渎职人员，多次向永州市政府和司法机关上访。上访过程中唐慧被劳动教养。随后唐慧控诉永州劳教委行政赔偿案获胜。此案通过新媒体报道之后，迅速引发网络公众的强烈关注。在非理性情绪化的指引下，网络公众与新媒体共同将唐慧塑造成一个"英雄母亲"的形象并对整个案情进行悲情演绎，引发强大的舆论浪潮，给国家权力机关和司法机关造成巨大的舆论压力。我们暂且不对此案中公众舆论对司法机关是监督还是干涉进行分析，而是通过此案件引发的现实问题进行理论分析。唐慧诉永州劳教委行政赔偿案的司法审判过程中，网络公众不再对司法案件审判过程本身给予理性关注，而是质疑长期存在的劳教制度。公众对案件关注焦点的转移远离了司法本身，最后形成对劳教制度予以变革的急切诉求。公众的道德思维与非理性情怀将司法问题转化成了制度改革与废除的问题，超出了司法本身的价值追求与社会功能，给司法过程带来了难以承受的巨大压力。司法机关只能解决司法个案，而无力解决制度问题。一旦司法判决没有解决公众的制度问题，公众对司法的价值期待就会落空，就会出现公众对司法的价值和功能的失望与质疑，因此

---

① 参见马长山《公共领域兴起与法治变革》，人民出版社2016年版，第206页。

进一步会导致公众对法治的否定性评价，从而消解公众对法治的认同。

四　法治行为的背离

如前文所述，法治行为是公众法治认同从心理层面转化为实践层面的一个重要环节。如果法治认同仅停留在公众内在心理世界，那么法治认知、法治情感和法治评价将毫无意义，法治本身也无从建构。法治行为是实践性的法治认同，是社会主体在法治认知、法治情感以及法治评价的基础上，通过法治意志的支配和调节将认同主体对法治内在的信服与认可外化为具体行为的实践过程。法治行为是法治认同形成过程中实践性的一个环节，其将法治认同从心理状态引向了实践行为，完成了法治认同的形成过程。在法治认知、法治情感和法治评价支配下而产生的外在行为就是法治行为，是主体在内心深处接受法治的外在规范与内在价值并依照其行动。其不仅包含了那些影响法律关系生成的法律行为，还包括了那些非正式的、体现了主体潜在法治情感的生活行为与评价；不仅包括了对法律的遵守与期待，还包括了对法律正当性前提的认识与评价。一国全体公众的法治行为即构成了国家范围内法治的外在实施状态。公众法治行为是在法治认知、法治情感和法治评价的基础上形成的实践行为，是法治认知、法治情感与法治评价综合作用下的实践行为。如前文所述，新媒体中的信息冗余造成公众法治认知的偏差、抽象的愤怒消解了公众法治认同正向情感，同时公众的非理性造成法治评价的偏见。那么建立在法治认知、法治情感和法治评价基础之上的法治行为必然背离法治规范与价值，出现公众违法甚至暴力抗法等严重后果，阻碍了公众法治认同的形成。因此，新媒体对公众法治认同的消极影响最终通过公众法治行为的背离得以彻底体现，而公众法治行为背离法治规范与价值的直接后果就是公众对法治的不认可和不接受，消解公众法治认同。

第三节　新媒体背景下公众群体法治认同的困境

公众群体法治认同之于个体法治认同的主要特征在于公众之间法治共识的达成。法治共识的达成是群体法治认同形成的前提和基础。本节内容在网络群体极化概述的基础上具体分析了网络群体极化如何造成公众法治共识的破裂，从而造成公众群体法治认同困境，阻碍群体法治认同的形成。

一　网络群体极化

网络群体极化是群体极化在新媒体环境下的具体体现。此部分内容在对群体极化概念和特征论述的基础上分析了网络群体极化的内涵与特征，并在此论证基础上阐述了网络群体极化的负面效应，为后文网络群体极化对群体法治认同造成的消极影响的论述奠定了基础。

（一）　群体极化的概念和特征

群体极化一词最初是心理学领域中的一个用语。美国学者凯斯·桑斯坦最早对群体极化（Group Polarization）的概念进行界定，他认为群体极化是指群体成员最早具有的某种态度倾向，在经过互动、交流、共振后，这种态度倾向得到强化，最后形成比较极端的态度和观点。[①] 群体极化具有以下三个方面的特征。

首先，极端意见和观点的形成。这是群体极化最基本特征。在一定数量成员范围内的群体内部，成员之间经过沟通和交流之后形成对某一问题或者现象的认知和看法，而这种认知和看法比前一次群体内部形成的观点更加极端；同时群体内部经过讨论后形成的共识性看法和观点比群体内部个体成员的观点也更加激进。群体内部成员的共识性观点每经过一次的讨论和交流之后，都会变得更加极端，从而不断趋向于极端主义。美国学者凯斯·桑斯坦通过实证调查，发现群体内部成员经过对有关同性恋婚姻、全球变暖的国际条约等话题的交流和讨论之后，在群体内部形成对以上话题更加激进和极端的共识性观点。[②]

其次，群体内部意见的高度统一。在群体内部，不同的成员就某一问题或者社会现象进行沟通和交流。群体成员在民族主义、社会伦理道德以

---

① 参见［美］凯斯·桑斯坦《网络共和国：网络社会中的民主问题》，黄维明译，上海人民出版社 2003 年版，第 47 页。

② 参见［美］凯斯·桑斯坦《极端的人群：群体行为的心理学》，郭彬彬译，新华出版社 2010 年版，第 6—7 页。

及风俗约定等社会心理的影响下，逐渐形成大致相同的观点和意见。而这种意见和观点经过一些个人或者组织的利用和推动后，不同或者对立的观点逐渐被去除，最后形成统一的共识性的看法和观点。在群体极化发生的过程中，一些具有权威性意见领袖也积极地促进意见的统一。一旦群体内部同一性的意见和观点形成之后，群体内部成员迫于身份的认同或者群体归属感的影响，自动放弃与群体不统一的观点，并积极支持和认可群体的观点；同时群体内部不同成员之间互表忠诚，从而进一步强化了群体意见的统一性。

最后，不同群体意见分歧加剧。在群体极化的过程中，一个群体的意见和观点趋于极端化之后，意味着不同群体之间的意见和观点的分歧加剧。不同群体之间发生群体极化之后，双方或者多方的观点对抗和分歧更加剧烈。群体容易在民族主义、伦理道德和民粹主义的社会心理的支配下对其他民族群体进行绝对的排斥，否认其他群体的立场；同时群体站在道德的制高点或者通过制造舆论异化其他群体。群体成员将自己的极端观点作为与其他群体成员相区分的标签和符号，并利用这种标签和符号不断放大和凸显与其他群体的差异。① 这样群体之间的对立和分歧更加激烈，从而在不同群体之间无法达成共识。

(二) 网络群体极化的内涵

网络群体极化是群体极化在网络领域的具体体现。美国学者凯斯·桑斯坦最初在群体极化概念的基础之上提出了网络群体极化。他认为在网络传播的环境下存在群体极化现象。"群体极化的定义极其简单：团体成员一开始即有某些偏向，在商议后，人们朝偏向的方向继续移动，最后形成极端的观点。"② 桑斯坦在此观点上阐述了网络群体极化现象。他认为，网络领域中必然发生群体极化。网络中志同道合的人更容易利用网络的便捷性进行沟通和交流，从而听不到其他不同意见并排斥其他不同的观点。在网络环境下，长期暴露在极端立场中的人们只赞成相同的立场并逐渐强化此立场。本来没有既定观点的人因为彼此间的所见存在差异而各自走向

---

① 参见程岩《群体极化、二阶多样性与制度安排——读桑斯坦〈极端的人群：群体行为的心理学〉》，《环球法律评论》2011 年第 11 期。

② ［美］凯斯·桑斯坦：《网络共和国——网络社会中的民主问题》，黄维明译，上海人民出版社 2003 年版，第 47 页。

极端，最后出现群体之间的严重分裂和对抗甚至带来混乱。① 网络群体极化具有如下特征。

第一，网络群体极化具有很强的持续性和反复性。极化信息源是网络群体极化产生的起点。网络空间中的一起热点案件、一个持续升温的论坛帖子或者一组让人容易产生联想的内部新闻等极化信息源在意见领袖或者网络水军的刺激和推动下，呈现出病毒式扩散的形式，进而形成网络群体极化现象。在已经产生的网络群体极化的基础上，更多的网民不断地通过跟帖或者传播扩散极端观点，从而跟进和强化已经形成的极端意见。因此在网络环境下已经形成的群体极化现象经过多次反复和连续的极化之后，更加极端的观点形成。可见，网络群体极化在网络水军及网络公关公司等的共同作用下，极易出现反复性和连续性。

第二，网络群体极化参与主体复杂，容易形成"从众现象"。由于网络主体的广泛性，网络群体极化形成过程中主体的构成特别复杂。既有普通的信息浏览的公众，也有别有用心的网络推手如"网络水军"和意见领袖以及公关公司。同时网络新媒体技术工作人员也是网络群体极化形成中的主体。这些具有不同身份的主体在群体极化形成过程中怀有不同的目的，同时这些不同的主体之间相互跟进且互表忠诚。网络群体极化中主体的复杂性以及其他种种主客观因素的共同推进，容易形成"从众现象"。

（三）网络群体极化的负面效应

网络群体极化在一定的条件下可以推进网络公众之间形成一致性的观点和看法，促成共识的达成，从而增加群体内部成员间的凝聚力。然而网络群体极化多数情况下具有负面性，容易产生消极影响。网络环境下个人拥有不受限制的信息过滤力量，容易导致极度分裂；同时网络过滤机制阻碍公众之间对不同信息的共享和沟通，进而导致自由受到限制。

首先，阻碍协商民主与沟通的实现。在现实的环境下，信息在传播的过程中不容易被筛选和过滤。不同的社会主体在信息共享的基础上通过对某一议题的交流和协商，从而在不同意见和观点碰撞和融合的基础上形成科学民主的决策。这种决策或者观点在充分吸收来自不同主体不同意见的

---

① 参见［美］凯斯·桑斯坦《网络共和国——网络社会中的民主问题》，黄维明译，上海人民出版社 2003 年版，第 51 页。

基础上形成。因此现实的环境下鉴于不同信息的碰撞和融合，促进协商民主的实现。然而在虚拟的网络环境中，新媒体网络技术的不断发展和革新为网络信息的过滤和筛选提供了强大的技术支撑。在网络群体极化中，在网络群体与网络过滤技术共同的作用下，网络信息被筛选后呈现出高度的同质性。网络群体成员难以与其他持有不同观点和意见的成员进行不同信息的共享和交流，从而无法就某一问题或者现象进行协商和沟通；而民主性的决策的形成则更加难以实现。相反，在网络群体极化下，群体内部形成极端意见和观点。而这种观点是被异化和扭曲的民意，真正的民主基础上的民意被极端的意见所取代。因此网络群体极化阻碍了协商民主和沟通的实现，并导致异化和扭曲的极端意见的形成。正如桑斯坦所言，信息的量身定制将导致民主的弱化。网络群体极化过程中，人们懒于思考新的想法和观点，而是一味地迎合和支持与自己相同的看法，从而不利于信息与经验的沟通和交流。因此网络群体极化导致同质化意见的形成，阻碍民主决策的形成，同时阻碍了协商民主下社会共识的达成。

其次，加剧不同群体之间民意的分裂与扭曲。在网络群体极化的过程中，由于多数网民受限于自身知识结构和专业限制，对某一问题的认知和看法上表现出"集体无意识"。而网民的这种"集体无意识"是多数网民在网络舆论中非理性的体现，其必然不利于网络舆论的正常形成和发展。在涉及国家公权力以及公共利益等敏感话题时，非理性的网络公众在群体极化的影响下逐渐失去理性独立思考和判断能力。正如古斯塔夫·勒庞所言："在集体心理中，个人的才智被削弱，因而其个性也会被削弱，同质性将异质性吞没，无意识的品质占了上风"①，并且"在集体中，智力完全处于无意识情绪的支配下，不会起作用"②。最后导致盲目而激进的非理性情绪和观点肆虐并不断反复地强化。不同群体内部的观点与信息高度同质化，群体内部网络公众之间的统一观点走向极端。群体趋同的意见和观点比网络公众个体的观点更加极端，情绪也更加激烈。不同群体之间相互对立，无法在理性的基础上进行沟通和交流。这样每个群体内部形成一

---

① ［法］古斯塔夫·勒庞：《乌合之众：大众心理研究》，冯克利译，中央编译出版社2000年版，第79页。

② ［法］古斯塔夫·勒庞：《乌合之众：大众心理研究》，冯克利译，中央编译出版社2000年版，第134页。

个高度趋同的观点，不同的群体之间的观点就更加对立，甚至出现群体之间意见的相互攻击。这种不同群体之间观点的对立与攻击，造成群体之间民意的极度分裂与对抗，不同群体的网络公众之间意见的共识无法达成。同时网络群体下公众的民意被严重扭曲，群体的观点与意见不再代表网络公众的集体意见和观点。因此网络群体极化现象会造成不同群体之间共识的消解以及民意的严重异化与失真。

最后，网络群体极化容易引发群体性事件的爆发。网络公众对现实问题产生不满和质疑后，通过网络便捷的信息交流和沟通的平台，迅速在短时间内形成一股所谓"志同道合"的群体成员的意见和观点。这种意见和观点在群体极化发生后形成更加非理性的极端意见。一些别有用心的网络舆论的推动者通过制造更加敏感刺激的舆论来左右网络群体极化的方向。有些公关公司或者现实事件中的利益相关者利用群体极化下网络公众的戾气，将其引向现实环境并引发群体性突发事件。由于政治话题的敏感性，再加之公众个体政治素养缺乏，网络公众极易在群体非理性心理的支配下，推进了群体极化的发生并在现实中聚集导致群体性事件的爆发。例如在 2014 年广州茂名 "反 PX 游行事件" 就是在网络群体极化发生后引发的现实群体性事件。同时现实群体性事件的爆发反过来会进一步刺激网络群体极化。二者同时进行并相互促进。网络群体极化引发的群体性事件往往使得现实问题和事件更加复杂，从而激化现实矛盾并不利于社会的稳定与安全。总之，群体性事件的爆发是网络群体极化产生的负面效应。群体极化是群体性事件爆发的主要力量来源，也是网络群体性事件舆论传播的重要特征。[①]

二　群体法治认同的基础：法治共识

群体法治认同是与个体法治认同相对应的法治认同的一种形式，是指社会中某一特定群体对法治共同的认可、赞许和支持。公众个体因为有了共同的思想认知与价值观念，才能形成一个具有共同特征的稳定的集体，

---

① 参见黄靖逢《网络群体性事件中舆论的 "群体极化" 现象及其应对策略》，《铁道警官高等专科学校学报》2011 年第 6 期。

才能具有共同的价值追求与行为方式。心理学家埃里克森指出，一个成熟的人的心理认同的渐进发展是以人的所属团体为条件的，团体的传统价值与思想对个人的成长意义非凡。"认同的本质不但是'心理'的，它也包含'群体'的概念，是一项'自我的延伸，是将自我视为群体的一部分'，这是认同的核心。"① 群体法治认同是公众个体法治认同普遍化的结果，同时群体法治认同也是全社会形成法治认同的基础和过渡形式。公众个体法治认同的叠加并不必然导致群体法治认同，群体法治认同的形成必须以公众之间的法治共识的形成为基础和前提。

戴维·米勒指出："共识是指在一定的时代生活，一定的地理环境中的个人所共享的一系列信念、价值观念和规范。"② 公众法治共识是指社会公众在长期的共同法治实践中形成的关于法治的概念与原则、法治精神与价值、法治制度与运行的共同的看法、认知与理解。社会公众只有在长期共同的生活与法治实践中才能形成对法治共同的认识与看法。公众的法治共识更多地体现为公众对法治价值的共识。在法治价值共识的基础上，公众才能有着共同的法治行为。按照哈贝马斯交往理性理论，法治共识形成过程也是社会公众在平等自由的交往过程中经过理性的对话与交流形成的相互理解与包容的过程，法治共识是在交往行为中形成的一致看法与意见。关于法治共识与哈贝马斯交往行为理论在第二章已做了详细论述，此处不再展开。

法治共识是群体法治认同形成的前提和基础，没有公众法治共识就不会形成群体对法治的共同认知与理解，也就不会形成群体的法治认同。不同公众个体的法治认同的简单叠加不会必然形成群体的法治认同，只有在不同的公众之间形成法治共识才能实现群体的法治认同。公众只有在对法治的价值和精神的共同认识与理解之上，才能形成具有共同思想和价值追求的稳定团体，公众个体也才能成为群体的一个成员。认同本身就是不同的个体之间逐渐在思想和行为上趋同的过程，所以法治认同也是不同的公众个体在法治价值和法治精神以及对法治规范和运行等方面逐渐达成共识

---

① David. L. Sills Editor, *International Encyclopedia of the Social Sciences*, Volume 15, Crowell-Collier and Mcmill an Inc. , 1968, p. 250.

② ［美］戴维·米勒、［英］韦农·波格丹诺：《布莱克威尔政治百科全书》（修订版），邓正来译，中国政法大学出版社 2002 年版，第 166 页。

的过程。

三　网络群体极化下法治共识的破裂

网络群体极化具有诸多的社会负面效应，对于群体法治认同而言，其阻碍了法治共识的凝聚，造成法治共识的破裂，从而阻碍了群体法治认同的形成。

（一）网络群体极化下民意的分裂与扭曲，消解了公众法治共识的凝聚

在新媒体网络平台中，公众往往通过热点法治案件认知和评价法治，感受法治价值与精神。热点法治案件经过网络新媒体的报道之后，极度容易引起网络公众高度的关注。公众通过新媒体网络社交平台纷纷表达自己对法治案件的看法和观点，形成关于法治案件不同网络舆论。然而在网络群体极化的影响下，舆论群体内部形成关于法治价值、法治制度的高度同质化和极端化的观点，群体内部成员在"集体无意识"的状态下，彼此之间不再进行理性的沟通与交流，而是就关于法治案件的极端观点进行强化，形成比公众个体更加极端的看法和情绪。在这种群体非理性的指引下，同质化的法治意见和观点不再是公众关于法治民意合力的结果，不再是法治民意的真实代表，而是一种扭曲和异化的民意。在群体极化的作用下，不同群体形成了更加异化和扭曲的民意，而且不同群体之间异化和扭曲的民意彼此间相互对立与攻击，造成不同群体之间关于法治对立的认知与看法，这种分裂的法治民意在群体极化进一步发展过程中，更加对立与分裂，最终阻碍了不同群体之间法治共识的凝聚，同时造成已有的法治共识的破裂。法治共识是群体法治认同形成的前提和基础，也是法治认同形成的条件，因此法治共识的破裂直接导致群体法治认同的消解。

（二）网络群体极化下协商与民主的难以实现，阻碍公众法治共识的形成

在新媒体公共领域下，公众之间通过自由平等的理性交流与沟通，就涉及的法治公共问题进行协商，从而在协商与民主的基础上形成理性共识性判断，最终通过舆论压力来约束国家立法机关、司法机关和执法机关。然而在网络群体极化的影响下，面对法治案件，网络公众丧失了独立理性

的判断能力，完全被群体的极化的情绪和观点推着向前不断走向更加暴戾与极端的方向。群体内部无法对法治公共问题进行沟通与交流，不同群体公众之间相互谩骂与攻击，更无法协商与沟通，无法实现民主基础上的法治共识。因此，网络群体极化下民主与协商的困境阻碍了法治共识的形成，进而给群体法治认同的形成造成了消极影响。

（三）网络群体极化下群体性事件，加剧了法治共识的破裂

网络的群体极化容易导致现实生活中群体性事件。公众通过新媒体网络形成关于法治公共问题极端的观点之后，将非理性的法治合意付诸实践，形成群体性事件来影响和干涉司法独立、对执法机关执法行为进行暴力抗法，从而对法治实践造成严重的负面影响。公众通过群体性事件行为将已经分裂的法治民意变得更加扭曲与对立，不同群体成员之间的法治分歧更加严重，加剧法治共识的破裂，给不同群体法治认同的形成造成难以消除的消极影响。

第四章 新媒体背景下公众法治认同困境的原因分析

　　通过对新媒体背景下公众法治认同困境的原因的深入分析和论证，有助于进一步深刻认知法治认同并且为后文公众法治认同重塑和强化的路径的论证奠定基础。本章从法律层面、新媒体层面以及公众层面对新媒体背景下法治认同困境的原因进行深入系统的分析和论证。在法律层面，现代法律专业化形成的认知壁垒是新媒体背景下公众法治认同困境产生的根本原因，这种认知壁垒集中体现在立法专业化和司法专业化两个方面。在新媒体层面，新媒体社会责任的缺失是造成公众法治认同困境的重要原因。在公众层面，公众公民性品格的阙如进一步加剧了新媒体背景下公众法治认同的困境。法律、新媒体以及社会公众三个层面的原因共同造成了公众在新媒体背景下的法治认同困境。

第一节 法律层面：现代法律专业化形成的认知壁垒

　　在卢曼系统论视角下，法律系统具有高度自治性和封闭性。在社会系统高度分化的背景下，法律系统高度的自治性和封闭性必然导致法律的专业化和复杂化，而法律的专业化和复杂化导致普通社会公众的法律认知壁垒，拉大公众与法律之间的疏离感。公众的法律认知壁垒集中体现为立法专业化下的认知壁垒和司法专业化下的认知壁垒。在新媒体背景下，立法专业化下的认知壁垒与司法专业化下的认知壁垒得以放大和巩固，从而影响了公众法治信息的获取，促成法治认知偏差的形成以及法治情感的消解，造成了新媒体背景下法治认同困境。

一　法律专业化的必然性——卢曼系统论视角

卢曼系统论中的前提性认识是整个社会是一个庞大系统，系统之外的一切称为环境，系统与系统外部相互区分与联系。任何系统要维持自身的存在和发展，都必须将外部环境中的复杂性化约为简单性，否则系统将为环境所吞没。社会系统为了维持自身的稳定性，以适应社会环境的多样性，必须丰富自身的内部结构以提升自身化约复杂性的能力，这一过程就表现为社会系统自身内部各个子系统的分化与产生，即"社会分化"。早期的社会分化是纵向上的层级分化，表现为社会上的各个阶层。现代社会的分化方式则是横向上的板块分化，法律、政治、宗教、道德、科学、艺术等从社会中分化成为各个独立的子系统。① 各个子系统共同作用，从而形成了社会整体的系统功能。就像一部合唱一样，每个声部代表了子系统，均有着自己的音调，通过指挥和节奏贯穿于全部声部并形成一部完整的合唱。其中，法律类似合唱中的节奏，贯穿整个社会系统，与经济、宗教、道德等均有关系。但是节奏不可能代替任何一个声部，其只能把握节奏、控制期待，而这种功能的发挥是要建立在节奏与旋律、声部差异性的基础之上，即法律的相对封闭性与自治性。

为什么法律会从社会中分离出来而成为一个相对独立自治的子系统？原因就在于现代社会复杂性增长带来的压力。传统社会中法律与道德、宗教、伦理混同交融的规则（法律规则）不能使人们获得相对稳定行为的预期，这种稳定的行为预期是化约社会复杂性的关键因素。从这个角度讲，法律的自治并不是法学家极力鼓噪或者是权力运作的结果，而是社会客观发展"物竞天择"的结果。社会发展必然导致法律从其他子系统分化出来，并具有独立性，同时随着社会的多元性、复杂性增强，法律的作用会越来越凸显。从现实状况来看，伦理、宗教、道德等传统行为规则退居其次，而法律逐渐成为现代核心的行为规则。

卢曼将法理解为是"依赖于规范行为预期的一般化的社会系统的结

---

① 参见［美］乔纳森·特纳《社会学理论的结构》（上），丘泽奇译，华夏出版社 2001 年版，第 72—73 页。

构",其功能在于实现规范性预期的稳定。① 一切社会生活都是直接或间接地由法所形成的,法最基本的功能在于为社会成员提供行为预期。在社会演进与选择的历史过程中,法律超越了宗教、道德、伦理,而成为唯一能够胜任这种稳定"规范性预期"的功能子系统。② 这要求法律本身即便与社会实效存在落差与分离,依然确保社会及其成员对法律的一般性坚守,否则这种稳定规范性预期的功能就会由于对目标的追求而消失殆尽。从这个意义上讲,"法律必须被信仰"表达的就是法律"规范性预期"功能的必要。

那么这种对规范性期望的稳定对于社会系统有什么作用呢?卢曼将其比喻成为免疫系统的功能发挥。免疫系统作用就在于使系统拒绝外部环境,而非适应环境,正如自治的法律系统一样,其可以拒绝环境,根据自身的设计和预期来处理社会的不安定干扰。法律就是社会的免疫系统,其弥补了社会抗干扰能力低下的缺陷,表现在对社会纷争的预见和处理模式上。法律预设了争议的发生与延续。法律封闭与自治的结构在处理这些纷争时无须考虑环境因素,仅依据法律本身就可以定纷止争。对于法律而言,什么是争议、争议的评判标准、争议的解决路径都是由法律系统自己进行规定的。而现代司法中"禁止拒绝司法原则"进一步强调即便是法律系统认知不足的情况下,也必须做出法律上的裁判。

法律系统这种自治性与结构的封闭性必然导致法律的专业性。法律自身结构封闭性与复杂性在静态上表现为部门法的区分,在动态上表现为立法、司法的区隔,每个部分系统又进一步区分,形成一个高度复杂、专业、相对封闭的自治空间。这种高度复杂化、专业化的结构形成了一种认知壁垒,使得法律专业领域基本是私属于掌握系统法律知识的法律职业人和法律精英,甚至不同部门法研究者对其他部门法领域的基础性知识都不了解。那么社会公众面对专业化、复杂化的法律系统时则显得更为无知,不仅无法理解法律所传达出的预期信息,甚至不知如何守法。伴随法律系

---

① 参见鲁楠《卢曼社会系统论视野中的法律自治》,《清华法学》2008 年第 2 期。

② 卢曼对"预期"进行了区分,进一步区分为"规范性预期"与"认知性预期"。所谓规范性预期,是指那种虽然经历失望仍不会改变的期待,而认知性预期则是经历失望与挫折则会做出相应调试和改变的期待。规范性预期是非学习性的,是"择善固执",而认知性预期是学习性的,是"因势利导"。法律系统的功能在于维持一种"规范性预期"。

统的复杂化趋势，对于涉法信息的认知成本将越来越高，最终会形成吉登斯所谓的"脱域机制"与"抽象体系"，其依赖于"公众对无法验证的抽象能力而非可验证的具体个人品质的信任"。① 此时，对于法治的认知已经脱离了面对面互动的层次，甚至即便面对面公众也会手足无措。如同"火车不是机动车"一案中简单的工伤认定纠纷所牵连出复杂的法律逻辑关系与专业的法律解释完全超出了当事人认知能力。因此，法律的专业性形成了普通公众对法治的认知壁垒，影响了公众的法治认知，进而阻碍了公众法治认同的形成与提高。

二　立法专业化下的认知壁垒

随着社会生产力的不断进步，社会分工更加精细，社会关系变得更加复杂，从而法律调整的对象即社会关系更加多样和复杂。只有积极地促进立法的专业化才能保障立法的科学性。立法的专业化体现在专门的立法人员根据一定的程序和职权制定、变动和修改法律法规的立法活动之中；同时立法活动遵循一定的规律并采用一定的立法技术也体现了立法的专业化。然而，密尔谈到立法专业化问题时曾指出，民主议会的缺点在于参与议会的公众专业知识与训练存在不足；弥补这种不足的办法就是将公众与受过专业训练和具有知识储备的团体融合在一起。同时密尔进一步指出，立法工作不同于其他脑力工作，其需要经过长期专业化训练之后具有丰富经验和专业人员来完成。②

立法专业化具有必然性。首先，法律规范和条文的确立必须由具有相关专业知识的人将其明文化。在众多调整社会关系的规范中，法律是最重要的调整规范。法律的强制性、稳定性、确定性等特征将其与其他社会调整规范得以区分。法律的这些特征要求法律规范和条文必须予以明确规定。明文化的法律法规才能有效调节社会关系并发挥其价值。而法律规范和条文的明文化只有专业化的立法人员在总结社会关系发展的基础上，应用一定的立法技术才能完成。其次，法律的科学性和法学理

---

① 参见［英］安东尼·吉登斯《现代性后果》，田禾译，译林出版社 2000 年版，第 19—24、72—74 页。

② 参见［英］密尔《代议制政府》，汪瑄译，商务印书馆 1984 年版，第 76 页。

论的专业性要求立法工作的职业化。法律作为一门社会科学，其具有自身的运行逻辑和规律。立法人员只有在遵循法律自身规律的基础上才能将法律的价值与精神、原则与理论融入需要和制定的法律法规之中。因此立法活动需要专业化的立法人员予以完成。同时法学理论具有抽象性和系统性、法律术语具有概括性和专业性。而立法活动是建立在法学理论和法律术语基础之上的行为，这就决定了立法活动是立法工作者在系统理解和掌握了法学理论和法律术语的前提下，借助法律自身的规律性与逻辑性而展开的专业化的行为。因此立法者必须具备一定的法律素养。最后，立法过程中利益博弈和平衡决定了立法专业化的必然性。立法是对社会主体各方利益进行衡量和平衡的过程。但由于现实利益的多元化和复杂化决定了利益博弈和平衡需要考虑多方面因素，才能科学合理地平衡和配置权利与利益，实现科学立法并促进社会的发展。因此立法过程中各方利益的博弈与平衡决定了立法专业化的必然性。专业化的立法才能制定出科学有效的法律法规。

　　而立法专业化的实现要求立法语言的专业化。立法语言虽然来自社会生活中的日常用语，但是立法语言是以法律专业术语为主要构成要素的。建立在"法律的语言混乱"基础之上的立法必然引发认知歧义。① 法律专业术语承载着法律基本信息，其具有稳定性、单向性、准确性；同时法律术语具有统一性和规范性。如善意取得、所有权、诉讼时效、防卫过当、过失杀人、肖像权和隐私权等法律术语表达了特定法律意图。法律术语只有具备以上特征，才能准确地表达和传递立法意图，避免对法律法规的理解存在歧义。因此法律术语决定了立法语言的专业化，法律文本只有建立在法律术语的基础之上才能保障法律的准确性和实用性。专业化的立法语言促进立法专业化的实现。

　　然而立法语言专业化会导致普通社会公众对法律文本的认知壁垒。多数公众对法律只是一个笼统的认知，对法律条文、法律结构以及法律实效没有概念性的理解。② 立法文本或者法律条文承载的是法律信息，表达的

---

　　① See C. Geertz, *Local Knowledge*, *Fact and Law in Comparative Perspective*, New York: Basis Press, 1983, p. 220.

　　② See H. L. A. Hart, *The Concept of Law* (2nd, ed), Oxford: Oxford University Press, 1994, p. 114.

是立法者的立法意图以及法律的内容和价值。立法语言的专业化或者通俗化直接影响着社会公众对法律的理解和认知，同时也决定了法律是否可以给公众带来预期的指引功能以及公众是否可以理解立法意图与法律规范。现代立法中高度的专业化语言不同于社会公众的日常用语，普通公众受专业壁垒以及文化程度等影响，很难从立法条文和规范中完全理解立法意图和法律价值等涉法信息。在社会系统高度分化和专业高度细化的背景下，法律自身为了适应不断复杂的社会关系，也在不断地精细化和高度专业化。受过法学教育的社会主体对法学具体学科领域的法律规范都难以认知和理解，比如法制史专业的博士生对法经济学领域的法律规范存在着认知壁垒。因此普通公众更是难以理解现代复杂的法律规范与条文，在认知壁垒的情况下难以理解法律的精神与价值。

根据中国政法大学刘红婴教授的一项关于立法语言的社会认知度的调查，目前我国公众与立法文本之间存在着很大的距离，公众积极主动接触法律文本比例偏低，同时公众对立法语言的存在状态、表述特点认识有限。① 因此，我国公众对立法文本接触较少，而且接触法律文本和条文的公众对法律专业化的语言的认知和理解程度较低。这种现状必然导致公众对法律信息获得的较少，对法律规范和条文的理解和认知方面存在着立法专业化带来的壁垒。

立法文本和法律规范是公众认知法治的基础，是公众获取法治信息从而形成法治认知最基本也是最重要的途径和渠道。然而，立法专业化给公众带来的这种认知壁垒和障碍严重影响了公众涉法信息的捕获和法治认知的形成。公众对法律条文和规范难以理解，导致公众无法充分地理解法治蕴含的内在精神与价值，同时也不能充分实现法律规范的指引功能和公众对法律的预期效果。而法治认知是公众法治认同形成的首要前提和环节，公众的法治情感与法治评价以及法治行为都是建立在公众法治认知的基础之上。因此在立法专业化下，公众法律认知壁垒阻碍了公众法治认同的形成和提高。在新媒体背景下，公众直接认知法律规范和条文受到认知壁垒的阻碍，公众更愿意通过新媒体提供的二手法律信息来间接认知和理解法

---

① 参见刘红婴《立法语言社会认知度的调查与分析》，《江汉大学学报》（人文科学版）2007 年第 5 期。

治，因为新媒体信息获取的便捷性与信息本身的海量性大大降低了公众获取法治信息的成本。然而新媒体法治二手信息鱼龙混杂，新媒体为了自身的商业利益而刻意通过议程设置，迎合观众的"抽象的愤怒"和非理性的情绪，从而向公众提供更多关于法律规范和条文负面的甚至歪曲的理解和认知信息，进一步误导了公众对法律的认知和理解。因此，新媒体加剧和放大了公众在立法专业化下的法律认知壁垒，严重消解了公众的法治认同。

三　司法专业化下的认知壁垒

司法自身的诉求和我国司法现实决定了司法专业化有其必然性。而司法的专业化具体体现在两个方面，即司法程序的专业化和司法裁判结果的专业化。司法程序和司法裁判结果高度专业化下形成了公众对司法程序和裁判结果的认知壁垒，这种认知壁垒造成了公众对司法程序和裁判结果的认知和理解障碍，加大了公众与司法的疏离感。而新媒体在信息传播过程中，放大和加剧了司法程序和裁判结果专业化下的认知壁垒，进一步促进公众法治认知的偏差，阻碍了公众法治认同的形成与强化。

（一）司法专业化的必然性

司法自身的诉求与司法现实决定了司法专业化的必然性。司法活动是在社会分工的大背景下逐渐从其他社会活动中分化出来并不断实现精细化和职业化的行为。司法活动通过法律职业共同体进行。而法律职业共同体是具有共同的教育背景、共同的知识结构、共同的职业信仰与操守和共同的价值理念的一个集合体。[1]

一方面，司法本身的诉求决定司法专业化的必然性。司法活动不同于国家立法、执法和社会管理等其他行为，其自身的基本诉求在于促进社会公平正义的实现。而司法自身天然诉求的实现要求司法活动的专业化作为保障。第一，司法权独立的诉求要求司法必须专业化。"司法权之所以要独立，是因为司法权必须独立，否则就没有足够的政治空间来按照自身的

---

[1]　参见邱飞《通过法律职业化进路的司法改革》，《法学论坛》2005年第2期。

权力逻辑正常运作。"① 司法的独立价值是司法权运作的最本质要求。唯有司法独立，才能保障司法的公平、正义、中立价值得以真正实现，唯有司法独立，司法权威才能树立，法律信仰才能养成。司法职业化才能最大限度地保证司法过程免受外界干扰，因为司法职业化强调的是司法的专业性、逻辑性、理性，法律是作出判决的唯一依据，而不受所谓的道德、民意的约束。司法职业化发展的一个必然后果就是司法独立；同时司法独立也是司法职业化积极实现的一个基本目标。第二，司法正义的诉求的实现要求司法专业化。司法权作为解决纠纷的裁判权，应当把对正义的追求作为自己的价值追求。从法律体系的内部来看，司法专业化正是为了追求司法的正义价值而存在的。司法过程中精英化的职业法官依据一套理性的司法程序运作方式，经过严密的逻辑推理过程，从而使正义得以实现。在司法领域正义的实现过程中，法官的专业法律知识是通往正义之路的一个方面，理性科学的诉讼程序是通往正义之路的另一个重要方面。司法专业化程度越高，就越能排除司法过程中非理性因素的干扰，越有利于正义的实现。

　　另一方面，我国的司法现实决定了司法专业化的必然性。在我国长期的历史发展过程中，法律是封建统治者的工具。封建社会中司法权与行政权高度一体化，司法案件的判决由地方行政官员进行裁判，审判案件只是行政官员本职工作之一。中华人民共和国成立以后，长期信奉的是国家本位的司法主义，法律被看作是维护政权和敌人作斗争的阶级工具。司法权依附于国家行政权，没有从国家行政权中脱离出来。改革开放以后，市场经济体制的逐步建立，原有的司法体制不适应市场经济下的利益多元、主体平等、自由竞争的现实基础，不能满足人民的客观的现实需求。只有司法专业化，司法职业人员才能应用专业知识和法律素养裁判日益复杂化的法治案件。因此我国历史中的司法非专业化的反面现实以及市场经济下的司法现实决定了司法专业化的必然性。

　　（二）司法程序中的认知壁垒

　　司法的专业化在司法程序和司法结果中得到了集中的体现。司法程序

---

　　① 谢佑平、万毅：《司法行政化与司法独立悖论的司法改革》，《江苏社会科学》2003年第1期。

的专业化带来了普通公众的认知壁垒。"法官越专业就越自以为是，民众越不懂就越不信任司法……司法的专业性越高，社会的疏离感越强。"① 司法程序中的认知壁垒影响了公众法治信息的获得和理解，在新媒体的背景下消解了公众法治认同的形成和强化。

司法程序是司法权在诉讼过程中必须遵守的法定的方式、方法、步骤以及顺序的总称。在司法过程中，法官在应用专业的法律知识采用一定的法律技术对涉及的案件事实进行筛选、查证的基础上赋予案件事实法律意义，同时司法机关进行法律适用。司法过程体现了司法的高度独立性与专业化，在这种高度专业化的过程中，普通社会公众无法通过自身的日常生活知识和经验理解和认知司法程序；同时受过系统的法学教育的知识分子一定程度上也不能全面深刻地知晓和了解司法具体程序。司法程序本身是一个包括起诉、审判等诸多环节和步骤的过程，再加上不同性质的诉讼案件有着不同的诉讼程序，普通社会公众受限于法律专业知识的壁垒，无法充分地了解和掌握司法的具体程序，更无法认知和理解司法程序正义。司法程序正义是司法审判活动首要体现和实现的形式正义。公众对司法程序的认知壁垒必然影响其对司法案件审判过程中程序正义的客观理性的认知，从而造成了公众对司法活动的认识偏差与公众和司法的距离感。

在新媒体网络环境下，网络公众对法治案件的司法程序给予了高度的关注。在司法活动过程中不同阶段，公众积极关注案件的具体司法过程。然而在司法程序中形成的认知壁垒的影响下，公众更多地从道德视角和日常生活逻辑出发来认知和评价案件司法程序，而司法程序却是法律系统识别法律信息、剥离"噪声"信息的过程。那些标签化、道德化的背景信息恰恰是法官在法律涵摄与论证过程中主动抛弃的信息，这正是法官职业素养和专业性的体现。于是在司法程序中，网络公众与司法机关对案件关注的焦点出现了对立。公众舆论从道德伦理的层面认知和评价案件司法程序，而司法机关却从法治思维的视角严谨专业地关注案件合法性、定罪量刑的证据以及法律适用的标准。公众在司法程序中的认知壁垒的影响下，选择了以道德情感为导向的思维模式，这种思维模式通过新媒体传播规律

---

① 苏永钦：《漂移在两种司法理念间的司法改革——台湾司法改革的社会背景与法制基础》，《环球法律评论》2002 年第 1 期。

的作用，将普通的刑事案件演绎成了具有极大道德张力的网络舆论热点案件，从而形成舆论审判，进一步放大了公众对司法程序的认知壁垒，加大了公众对司法的质疑与不信任，从而消解了公众对法治的认同和接受。

（三）司法裁判结果中的认知壁垒

司法裁判是指人民法院依照法定职权和法定程序，以事实为依据、以法律为准绳对案件当事人作出的具有法律效力的处理决定。这种处理决定一般通过裁判文书予以表现。司法裁判是司法专业化的结果，司法机关应用一定的法律技术与方法，通过法律思维进行法理说理与论证。普通社会公众法律知识不足以及缺乏法治思维，根据自身日常的生活逻辑和道德思维难以认知和理解司法裁判结果中具体的说理论证过程以及法律适用结果。尽管公众可以通过律师、法律顾问等其他途径来认知和理解司法裁判结果，但出于认知成本的考量，公众更多的是依据自己生活逻辑和直觉来认知与评判司法裁判结果。因此高度专业化的司法裁判结果导致公众对其认知存在壁垒和障碍，产生了公众与司法裁判结果的疏离感，从而影响司法公信力和司法权威的提高。

在新媒体传播环境中，公众在非理性的引导下，往往对一些与身份、社会地位以及财富等敏感焦点相关的法治案件的裁判结果极度关注并形成强大的舆论浪潮。公众之所以对这些法治案件中的敏感信息极度关注，很大一部分原因是公众对这些标签化的信息能够产生共鸣；而对抽象化、专业化的案件司法裁判结果存在认知障碍与壁垒，不能形成情感上的共鸣。所以司法所遵循的这种抽象化和专业化思维必然使得其与舆论传播的内在规律难以匹配甚至对立。公众与司法裁判结果关注的焦点出现对立，公众关注的是案件中的敏感信息下的伦理道德问题，而司法裁判结果关注的是案件事实是否清楚、证据是否确凿、法律适用是否正确以及法律处罚等司法问题。公众的这种道德认知模式与司法裁判结果体现法治思维的认知模式出现对抗和冲突，最终导致公众对裁判结果的不认同，从而消解了新媒体背景下公众对法治的认同，造成公众法治认同的困境。

第二节　新媒体层面：新媒体社会责任的缺失

新媒体社会责任的缺失是导致公众法治认同困境的重要原因之一。目前我国新媒体社会责任整体状况不容乐观。[①] 新媒体社会责任缺失现状制约了公众法治认同的形成和强化。本节在阐述新媒体社会责任概念和内容的基础上，论述新媒体社会责任缺失的具体表现，同时进一步论证新媒体社会责任的缺失如何导致公众法治认同困境的产生。

一　新媒体社会责任的概念与内容

新媒体社会责任是在传统媒体责任的基础上形成的，因此通过对媒体责任相关理论以及传统媒体责任概念的阐述和分析有助于阐释新媒体社会责任的概念。此部分内容在新媒体概念阐释的基础上论述了新媒体社会责任的内容，即准确及时传播信息、正确地舆论引导和舆论监督以及价值引导与文化教育功能三个方面。

（一）新媒体社会责任的概念

新媒体社会责任的概念来源于社会责任理论。笔者在对社会责任论阐述的基础上界定和分析媒体社会责任以及新媒体社会责任的内涵。20 世纪 30 年代，美国相关部门根据新闻机构在实践中出现的多种不负责任的行为和现象而提出了社会责任论。《一个自由而又负责的报刊》和《报刊的四种理论》两个文本集中阐述了社会责任论。社会责任论提出，任何媒体组织应该在客观、及时、准确、全面且真实的基础上报道新闻；大众传媒应该是社会公众进行意见和观点交流和沟通的平台；同时大众传媒需承担对社会价值观和社会目标进行解释的使命；新闻媒体还要承担正确价值观的引导的责任。[②] 社会责任理论认为自由是人类最重要的权利，这种自由权利需要受到保护而不被侵犯和剥夺。然而新闻自由不是绝对的自由

---

① 我国学者钟瑛和李秋华在构建新媒体社会责任评估指标的基础上对部分典型的新媒体的社会责任进行了评估和测量。测量的维度包括信息生产、社会监督、文化教育和协调关系。以满分为 5 分的整体评测结果来看，中国新媒体行业的典型新媒体平台社会责任总体状况不容乐观。51 个评测对象，除 5 家大型商业门户网站、1 家新闻网站（人民网）和 1 家媒体微博（@人民网）表现较为突出外，其他考察对象得分皆低于 4 分；不同新媒体类型的社会责任表现差异明显，大型商业门户网站社会责任整体表现较强，青少年网站则表现偏弱，并且两极分化严重，个别网站社会责任分值不足 1 分。

② 参见童兵《比较新闻传播学》，中国人民大学出版社 2002 年版，第 131—134 页。

和没有限制的自由，新闻自由与新闻义务、责任统一于新闻报道中。新闻自由建立在新闻责任的基础之上。因此新闻媒体在新闻报道中必须坚持新闻自由与新闻责任的统一，积极承担新闻责任并履行新闻义务。根据媒体责任理论，媒体社会责任是指媒体组织机构和媒体从业人员在新闻报道中对公共安全、社会环境稳定以及公共精神健康等所要承担的道德和法律两个方面的社会义务和公共责任。① 媒体社会责任概念强调媒体有义务和责任积极推动社会文明的发展和进步，同时媒体需积极主动维护公共安全利益，从而促进社会公平正义的实现。

新媒体是一种新的媒体形式，因此媒体社会责任理论同样适用于新媒体。新媒体与传统媒体比较而言，其具有自身的特征。因此新媒体的社会责任的内涵继承了媒体社会责任的根本内涵，同时又表现出与新媒体自身特征相符合的新的内涵。传统媒体社会责任的主体主要是指媒体组织和媒体从业人员，而新媒体社会责任的主体不仅包括新媒体组织，还包括广大的具有一定影响力的个人用户。这些个人用户也是新媒体信息的发布者、传播者和接收者。新媒体平台中，个人用户在信息的传播过程中同样需要承担一定的责任和义务。因此新媒体社会责任主要是指新媒体组织以及具有传播影响力的个人用户在信息生产和传播的过程中为了维护社会安定、国家安全以及公共利益而需要承担的法律和道德两方面的公共责任和社会义务。及时、准确、客观地传播信息并正确引导舆论是新媒体最基本的社会责任和义务，同时为社会公众营造和提供一个自由而平等的交流和沟通平台是新媒体需承担的基本义务。

（二）新媒体社会责任的内容

新媒体社会责任的具体内容主要体现在以下三个方面。首先，需要准确及时地传播信息。新媒体改变了社会公众的日常生活方式和信息的接收渠道；社会公众对新媒体形成了强大的依赖，公众日常的基本信息主要来自新媒体。因此新媒体在信息报道和传播过程中需要保障其传播的信息必须是准确和真实的。新媒体机构及新媒体从业人员以及新媒体个人用户需要对信息的来源进行核对和查实，从而确保信息的真实和准确，避免虚假信息和网络谣言误导社会公众。同时新媒体在确保信息真实准确的基础之

---

① 参见梁良《从众》，东方出版中心 2007 年版，第 74 页。

上保障信息传播的及时性。在信息报道和传播中，新媒体机构特别是新媒体个人用户需要平衡好信息传播的真实性与及时性。

其次，正确地舆论引导和舆论监督。新媒体的最基本的社会功能就是合理地引导舆论，进行社会监督。网络公众不同的观点通过新媒体平台交流之后，形成对某一问题的一致性的看法和意见，最后形成代表民意的网络舆论。新媒体需要通过议程设置等手段合理地引导网络舆论正确地传播，避免形成网络舆论群体极化现象，形成极端观点和网络舆论暴力。同时新媒体应充分发挥社会监督功能。新媒体网络舆论是社会公众情绪的集中表达的载体。新媒体应积极地促进社会公众知情权和自由表达权的实现；同时新媒体需要为社会公众提供一个信息共享和信息沟通的公共空间。公众通过新媒体网络平台，对各种社会问题进行监督，提出建议和意见，充分行使宪法赋予公民的监督权。公众可以通过新媒体交流平台对国家权力机关进行监督，如立法监督、司法监督和执法监督，防止立法腐败、司法腐败以及执法不作为等违法现象发生。新媒体需要正确引导公众进行社会监督，提高公众的舆论水平，避免出现舆论审判司法、群体性事件阻碍执法行为的发生。公众监督权的实现依赖于新媒体正确的舆论引导和自由平等话语交流平台的提供。因此，新媒体在积极推动公众监督权利实现的过程也是新媒体自身社会监督功能实现的过程。

最后，积极进行价值导向，发挥文化教育功能。我国新媒体一个重要的社会责任是不断地促进社会公众在公共道德、公共精神以及科学文化素质等方面的提升和进步。新媒体已然成为社会公众获取信息，进行信息交流的重要平台。新媒体信息的海量性和信息传播的及时性以及交互性，决定了公众获取信息的方便性和快捷性。新媒体通过这种快捷的信息传播，不仅给公众提供了信息的来源，同时进行知识传递和价值引导。新媒体在知识传递和价值引导过程中，需要确保所传播知识的准确性和权威性，以免误导公众；同时积极进行正面的道德文化事件的报道，传递正能量和正向健康的价值观的输出与传导，从而提高公众的道德素质和科学文化水平，发挥文化教育功能。

二　商业利益与社会效益的失衡

商业利益和社会效益的失衡是新媒体社会责任缺失的根本性表现。新媒体既是市场经济的主体也是媒体组织，其具有商业性和社会公共性。然而部分新媒体过度地追求商业效益而忽略其社会效益，造成其商业属性和社会公共性的失衡。这种失衡导致新媒体平台中存在负面虚假法治信息和负向消极的公众法治情感，从而造成公众法治认知的偏差和法治情感的消解，造成公众法治认同困境。

（一）新媒体的双重属性：商业属性与社会公共性

在市场经济环境中，新媒体既是新闻报道的组织和机构，也是市场经济的主体，其兼具事业与企业双重属性，即商业性与社会公共性。一方面，商业属性是新媒体的必然属性。新媒体是在市场经济改革和发展过程中产生和发展起来的新型媒体，其运行基础和发展背景都离不开市场经济。新媒体不同于传统媒体，其中一部分新媒体即自媒体完全依靠自身商业利益的实现作为其生存根本，而传统媒体特别是一些官方权威媒体，其运作资本多数来自政府财政拨款，因此其资本压力较小。新媒体作为市场经济组织的一部分，为了实现自身的生存和发展，必须遵循市场规律，实现经济利益。特别是在市场经济中成长起来的新媒体，其运作离不开市场资本的支持。新媒体只有在实现市场商业利益的前提下，才能生存和发展。因此新媒体首先需要实现商业利益，其具有商业性。另一方面，社会公共性是新媒体的基本属性。新媒体是一种相对于传统媒体的新兴媒体，但其仍然是媒介的一种。媒体的基本职责是及时准确传播信息，进行舆论引导和监督，从而满足社会公众对信息的需要和文化价值的追求。新媒体只有发挥了其社会功能和作用，才能立足于社会之中。所以新媒体的自身社会功能决定了其具有社会公共性。具有社会公共性的新媒体积极履行社会责任和公共义务，促进社会公共利益的实现，从而实现新媒体的社会效应。新媒体的双重属性决定了其运作过程中需要同时实现商业利益和社会效益，才能立足于市场经济的发展之中。

（二）商业利益的过度追求和社会效益的轻视

新媒体的双重属性是由其自身性质决定的，在新媒体传播信息和发挥社会舆论监督等社会功能时，商业属性与社会公共性二者之间需要保持一个平衡状态。在新媒体履行其社会责任的基础上，为了生存和发展而去实现一定的商业效益，其中新媒体的社会效益是首要的效益。然而，在信息技术突飞猛进地发展和市场经济竞争日益剧烈的情况下，部分新媒体为了获取更多的商业利益而轻视其社会责任，过度追求市场利益而轻视甚至放弃其社会效益，导致新媒体商业属性与社会属性的失衡。特别是一些商业网站，运营中以营利为目的，从业者以"流量为王""点击率为王"，视关注度为生命，违反行业规范和职业操守，歪曲新闻事实并进行虚假报道，从而吸引更多受众的眼球。新媒体在市场经济利益的刺激下最大化追求经济利益而忽视社会效果，从而导致社会责任的缺失。网易、凤凰、新浪、搜狐以及腾讯这五家新媒体商业网站的社会责任评估分值，显现出其社会责任某种程度的缺失，具体参见图4-1。①

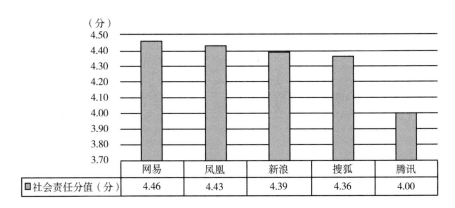

图4-1　商业门户网站社会责任评估得分

　　而这五家商业网站属于大型的门户网站，受社会监督的力度较大，其社会责任的履行状况相比较一些小型的新媒体或者个人用户的自媒体，其评估分值属于较高状态。一些小型新媒体的社会责任评估得分远低于这五家大型的新媒体商业门户网站，如青少年网站中，7个被评估的网站中，只有两个网站的社会责任评估得分高于2分，其他4个都在2分以下，具体参见图4-2。②自媒体以及个人用户的新媒体，其行业规范意识较低，受社会监督程度较低，因此更容易过度追求商业利益最大化，从而报道一些迎合社会公众的低级趣味的新闻、图片甚至是黄色信息以及一些极易引

　　① 钟瑛、李秋华：《新媒体社会责任的行业践行与现状考察》，《新闻大学》2017年第1期。

　　② 钟瑛、李秋华：《新媒体社会责任的行业践行与现状考察》，《新闻大学》2017年第1期。

起社会公众敏感和愤怒的负面信息。

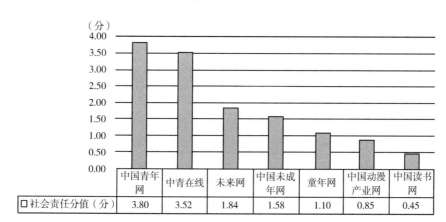

图4-2　青少年网站社会责任评估得分

（三）双重属性失衡与公众法治认同困境

在商业属性和社会公共性失衡的情况下，新媒体为了追求商业利益，违反行业规范。一方面，传播负面法治消息，报道和转载虚假法治新闻，甚至制造虚假法治新闻，从而赢得公众的关注和眼球，进而实现商业利益。然而公众面对新媒体海量的信息时，难以辨别真假法治新闻和消息，造成信息冗余，提高了公众客观真实法治信息获取的成本和难度。另一方面，新媒体在商业利益最大化的驱使下，利用社会公众对现实矛盾的敏感心理，大肆报道和渲染具有煽动性的法治言论和案件；激起社会公众群体对司法腐败和执法不公等法治案件的共同愤怒，诱导社会公众抵制法治，引发公众负向法治情感的形成；从而引起公众对法治的质疑和不信任，造成公众法治认同困境。当然，新媒体商业属性和社会属性的失衡并不是导致新媒体背景下公众法治认同困境的唯一原因，但是由于其是新媒体责任缺失的根本性表现，所以这种失衡在新媒体社会责任视角下，是公众法治认同困境产生的根本原因。

三　新闻自由与社会责任的失衡

新媒体的新闻自由与社会责任统一于社会实践中。然而，部分新媒体突破新闻自由权利的边界，滥用新闻自由权利并且放弃社会责任的履行。

在法治实践中，新媒体新闻自由与社会责任的失衡导致公众法治认知的偏差和法治情感的消解以及否定性法治评价的形成，从而引发公众法治认同困境。

（一）新闻自由与社会责任

新闻自由也被称作出版自由、言论自由或者报业自由，其最初是由英文"freedom of press"翻译而来。在一个民主法治国家，新闻机构的独立与自由对促进和保障民主的发展和进步意义重大。王利明从权利属性的视角出发认为新闻自由体现了我国宪法规定的公民依法享有的出版自由和言论表达自由。我国新闻工作者在进行新闻报道中独立自由地对新闻进行编辑和报道，并对国家工作人员和政府进行监督，不受其他个人和组织的非法干涉和影响。新闻自由是我国人民依法享有的一项基本权利，其受到国家法律的保护。[①] 甄树青认为新闻自由是公民通过各类信息传播媒介表现出来的言论自由和出版自由，新闻自由是广大人民的自由权利的体现。[②] 然而也有观点认为，新闻自由的主体只能是新闻媒体组织和机构，而不包括公民个体；公民自然人享有的是言论自由权利而非新闻自由权利。而新闻自由是保障新闻媒体机构独立自由的专门性权利，只有新闻媒体组织或者媒体机构才享有新闻自由权利。

综合以上观点，笔者认为新闻自由的主体既包括新闻媒体组织，也包括公民个体。而新闻自由的内涵体现在两个层面。首先是新闻媒体从业人员有权依法独立从事新闻采访、编辑和报道的权利，其不受任何组织和个人的非法干涉并受到国家法律的保护。其次是公民个体有获取信息的权利。公民依法享有获取与自身利益密切相关的信息；同时公民有权获得和了解影响公民自身发展和生存的信息。任何组织和机构不得侵犯公民的新闻自由权利。

新媒体作为一种新型媒体，同样享有新闻自由权利。而新媒体时代下，新闻自由权利的主体在不断扩大。新闻自由权利主体包含了更多的新媒体个人用户，而这些个人用户作为媒体组织形式，与其他新媒体组织享有同样的新闻自由权利。新媒体的新闻自由与社会责任二者是统一的。如

---

① 参见王利明等主编《人格权与新闻侵权》，中国方正出版社1995年版，第2页。

② 参见甄树青《论表达自由》，社会科学文献出版社2000年版，第56页。

前文所述，新媒体社会责任是指新媒体组织以及具有传播影响力的个人用户在信息生产和传播的过程中为了社会安定、国家安全以及公共利益的实现而需要承担的法律和道德两方面的公共责任和社会义务。及时准确真实的报道新闻和传播信息是新媒体的最基本社会义务和责任，同时新媒体应积极为社会公众提供一个意见和观点平等自由地沟通与交流的空间。新媒体的新闻自由与其所承担的社会责任相辅相成，新闻自由是在法律法规的范围内行使，而新媒体需要在新闻自由的基础上积极履行其社会责任，二者始终需要保持一种平衡状态。

（二）新闻自由权利的滥用

自由与责任二者在哲学上是对立统一的关系。一方面，责任意味着放弃自我或者牺牲自我从而满足他人；责任是以他人为核心，自由却是以自我为核心。自由与责任在一定条件下二者不能并存。另一方面，自由的实现需要责任的保障，自由以责任为基础。没有责任的履行和实现，自由也就失去根基。所以自由是相对的自由，是有边界的自由。因此新闻自由也是相对的自由，其必须受到相关法律法规保护的同时，也需要对其进行制约。新闻自由不能侵犯他人的合法权益和社会公共利益，否则就是新闻自由权利的滥用，从而承担法律责任。如果新闻自由突破自由边界，那么真正意义上的新闻自由不复存在。一方面，新媒体依法独立按照自己的意志独立自由地报道新闻事件、及时发布信息，不受其他组织和个人的非法干涉和限制，从而正确进行舆论引导和发挥社会监督功能。新闻自由是新媒体实现其自身价值和功能的根本保障。新媒体失去了新闻自由，其社会监督功能和舆论引导的作用就会出现异化歪曲。另一方面，新媒体的新闻自由受到社会责任和义务的限制。新媒体在信息的传播过程中不得侵犯他人的合法权益，不得危害社会公共利益和社会公德，否则新媒体受到国家法律的制裁。因此新媒体不能滥用新闻自由，需要做到新闻自由和社会责任的统一。新媒体只有在承担社会责任的基础上才能真正实现新闻自由。

然而，在实践中新媒体滥用新闻自由权利，背离社会责任的履行。一方面，新媒体技术的日新月异，导致国家关于新媒体社会责任的立法滞后并且缺失。在此背景下，部分新媒体为了实现一定的利益而大肆滥用新闻自由权利，突破新闻自由权利的边界，严重侵害了公民个人权利，如公民隐私权、名誉权等；同时新媒体新闻自由权利的滥用有时候损害国家公共利益，泄露国家商业秘密，给社会稳定与安全带来隐患。法治实践中，新媒体经常利用公众的非理性和新媒体传播特性高度关注和报道一些敏感的法治热点案件，不惜违背新闻真实性原则，故意报道一些极易引起社会公众暴戾情绪的虚假案件细节，激怒社会公众从而形成强大的网络舆论来影响司法审判。这种滥用新闻自由权利的行为不但严重破坏了司法独立，降低了司法权威，同时严重背离了新媒体社会责任的履行和承担，造成新媒体新闻自由与社会责任的失衡。另一方面，由于新媒体中有很多自媒体或者是个人用户的新媒体，如微信朋友圈、个人微博以及 QQ 群聊等，社会责任意识淡薄、职业操守较低，极其容易出现滥用手中的新闻自由权利，损害其他个人权利和国家利益，从而背弃社会责任；打破新闻自由与社会责任的平衡点，滥用新闻自由权利。新媒体享有新闻自由权利的同时，也应积极承担相应的社会义务与责任。然而在实践中新媒体行使自由权利并未以社会责任的承担为基础。由于我国现行相关制度和惩罚机制的滞后和不完善，我国滥用新闻自由权的新媒体及个人用户没有受到惩罚。因此这种非正常现象加剧了新媒体社会责任缺失。①

（三）新闻自由权利滥用与公众法治认同困境

新媒体新闻自由权利的滥用，是引发公众法治认同困境的原因之一。在法治实践中，新媒体已经成为社会公众获取法治信息并进行法治评价的重要场所。然而新媒体滥用新闻自由，报道和传播一些虚假法治信息和案件细节，渲染法治热点案件的伦理道德色彩，引爆公众的愤怒，引发强大的舆论压力，从道德视角审判法治案件；严重干涉司法独立，降低了司法在公众心目中的权威，引起公众对司法的质疑与不信任。另外，新媒体滥用新闻自由权利，报道和传播负面的甚至虚假的法治信息。新媒体是社会公众每天获取法治信息重要的载体，然而背离案件真相与事实的虚假报道必然导致公众客观真实法治信息的获取，相反每天大量的负面的、反社会的法治信息充斥在公众的大脑中，这必然引起公众法治信息的认知偏差，进而引起公众对法治负面的情感的产生以及对法治否定性的评价，最终导致公众法治认同困境的产生。

---

① 参见张潇、丁晓楠《当代中国新闻伦理缺失的原因剖析》，《现代经济信息》2010 年第 3 期。

四　新闻真实性与及时性的失衡

真实性和及时性是媒体新闻报道的两个基本要求。确保报道的新闻和传播的信息的真实性与准确性，是媒体及其从业人员承担的最基本的责任和义务。同时新闻的及时性要求媒体应该在事件发生后快速进行报道。媒体在保证新闻真实性基础上及时准确进行报道。然而，在实践中新闻的真实性与及时性出现对立状态，一些媒体特别是新媒体为了追求新闻报道的及时性，获得观众第一时间的关注和点击率，而不顾新闻材料的真实性和准确性。

一方面，新媒体传播特征对新闻的真实性和准确性有着更高的要求。新媒体信息的传播不受时间和空间的限制，其呈现出病毒式扩散的传播特征。一则新闻能在很短的时间在全球范围内迅速传播。虚假新闻或者是谣言如果被新媒体快速传播，产生的负面的社会效果会被无限放大，从而对社会造成极大的危害。因此新媒体在信息传播中对信息和新闻的真实性和准确性提出了更高的要求。然而随着新媒体技术的不断发展和应用，越来越多的个人成为网络记者和网路编辑，从事新媒体新闻报道和信息发布工作。但是这些网络记者和编辑水平参差不齐，多数没有经过专业化和系统化的训练，更缺乏新闻工作经验。因此缺乏媒体素养的新媒体从业人员在新闻报道中容易出现新闻失真的现象，从而导致网络谣言的产生甚至是群体性突发事件的发生。同时某些新媒体从业人员的媒体职业道德水平较低，在市场经济利益的诱惑下故意制造虚假新闻、歪曲事实，从而提高网络公众的点击率。因此导致新媒体平台中新闻的真实性和准确性难以保障。

另一方面，新媒体新闻追求时效性是其又一基本要求。与传统媒体新闻比较，新媒体新闻的重要优势在于报道和传播的高度及时性。鉴于传统媒体的新闻把关制度以及传统媒体的非交互式的传播特征，传统媒体新闻的报道和传播的时效性较低，而新媒体新闻通过交互式的传播之后，大大提高了新闻的时效性。然而，新媒体新闻为了追求高度的及时性，新媒体从业人员对新闻的来源和真实性并未进行严格的审查和求真，从而导致大量的负面或者虚假新闻的泛滥。同时新媒体为了在市场竞争中不被淘汰而片面地追求新闻的数量而非质量。一些新媒体在无法兼顾新闻的真实性与及时性的情况下，为了追求市场利益而过度追求新闻的及时性。

在真实性与及时性失衡的情况下，部分新媒体在法治实践中过度追求法治新闻报道和法治信息传播的速度而忽视法治新闻的真实性，导致片面的、同质化的、虚假的法治新闻大量传播。由于新媒体传播的及时性以及交互性，这种片面和虚假的法治新闻与信息能够在很短的时间内迅速被社会公众所接收。同时新媒体特别是一些网络新媒体和个人用户的新媒体从业人员缺乏法律知识，法律素养较低。这些新媒体从业人员多数从道德和伦理的视角编辑和报道法治新闻与信息，并没有在法治思维与逻辑指导下应用法治知识剖析法治案件，从而进一步导致法治新闻的真实性降低。同时加之部分新媒体为了追求法治新闻报道的及时性，第一时间获取公众的眼球，而忽视了对法治新闻真实性的求证。最终因为新媒体从业者法律素养偏低以及新媒体追求法治新闻报道和传播的及时性，而出现片面和虚假的法治新闻。而这种片面和虚假的法治新闻与信息，直接误导了公众对法治的认知。公众摄取的法治信息是公众法治认同产生的前提和基础，而虚假和片面的法治信息的获取造成公众对法治片面和武断的认知，直接形成公众法治认知偏差。同时这种失真性的法治新闻与信息往往带有强烈敏感的身份信息。在这种情况下，社会公众对法治形成了负面的消极的法治情感，并且消解了原有的正向的法治情感。而建立在法治信息与法治情感之上的法治评价自然受到法治认知偏差和消极的法治情感的影响，形成否定性的法治评价，最终诱发公众对法治的质疑和不认可，产生法治认同困境。

第三节　公众层面：公众公民性品格的阙如

公众公民性品格的阙如是新媒体背景下公众法治认同困境的重要原因之一。本节内容在阐述公民性品格内涵与公民性品格之于法治认同的意义的基础上，从公众理性的缺乏、公众法治思维的缺乏以及公众公共精神的缺乏三个方面具体论证了新媒体背景下公众公民性品格的阙如如何造成公众法治认同的困境。

一　公民性品格的内涵与意义

公民性品格是对公民所应具备的品性素质、行为认知、思维方式、价值判断的综合指称，其表现形式随着时代的发展变化不断地变化。法治视域下公民性品格主要包括公民的理性、法治意识、公共精神与参与意识。公民性品格从合法性、合理性以及伦理性三个方面有效地促进公民法治认同的形成，为民主和法治发展提供保障。

（一）公民性的内涵

理解公民性的内涵首先需要对公民的概念进行阐述。公民，是指具有一国国籍并享有该国法律规定的权利，同时履行该国法律规定的义务的自然人。法律意义上公民概念具有以下几个内涵。首先，公民是单个自然人，其不具有群体性质。使用公民这一概念时，公民是一个具体而特定的自然人。其次，公民体现了国家与个人之间的关系。公民身份是由一国法律确定的，其是与国家对应的概念。公民的权利规定和保护来源于国家，同时义务的履行也由国家法律规定。具有一国国籍的公民意味着其拥有参与国家政治生活的资格和权利，反映了国家与公民之间的关系。最后，公民的概念体现了公民之间的平等地位。一国的公民具有平等的法律地位。一国所有的公民平等地享有国家法律规定的权利，同时所有公民平等地履行法律规定的义务。

学界目前对于公民性的内涵没有一个统一的概述。亚里士多德从政治的视角出发，认为公民是"有权参加议事和审判职能的人"①。昆廷·斯金纳从个人与共同体视角出发，认为公民性是一个公民必须具备的一系列能力，这些能力促进公民积极主动地维护公共利益，进而维护公民共同体的自由并促进个人自由的实现。②黄湘莲从主客观的视角出发，阐述了公民性的内涵。从客观视角来看，公民性是指公民在一个国家生存和发展必须具备的法律地位和政治权利，以及公民作为个体独立自由参与社会生活

① ［古希腊］亚里士多德：《政治学》，吴寿彭译，商务印书馆1997年版，第113页。
② 参见［英］昆廷·斯金纳《政治自由的悖论》，转引自许继霖《共和、社群与公民》，江苏人民出版社2004年版，第74页。

的基本能力。从主观视角来看，公民性是指公民在参与国家政治、文化和经济生活中应具备的承担社会责任的能力，以及相应的文化修养素质、品性品德等。①

(二) 公民性品格的内涵

马长山认为："现代公民既是私人生活中以自我为中心和实现个人目标的'私人'，也是公共生活中相互依赖和交换情感的'公人'，因此理想的公民性品格应该是一种理性自由、民主参与、平等宽容、尊重法律的思想境界和行为模式，具有公共精神，守法观念和尊重差异，包容异己的情怀。"② 他认为民主法治框架下的公民是一种统治与被统治的角色转换和双向互动，即"社会成员就通过民主代议制、公共参与、地方自治、民间治理、陪审团等民主法治机制，充分行使公民权利和履行公民责任，并以民主契约精神和法治信念来对社会制度进行合理性审视和正当性评判"③。

在公民以及公民性的内涵的阐述基础上，笔者认为公民性品格是指作为一个公民应该具备的品性修养、文化素质、思维方式、价值判断以及目标选择等。公民性品格的内涵丰富，其随着时代的发展而不断地变化。在现代民主法治社会的背景下，公民性品格表现为普遍的公民意识、公民角色的认同以及社会价值的判断。公民性品格体现为对自由自律精神的追求和公民对法律认同以及对社会责任的认同。公民的法治意识和公共道德意识是公民性品格的具体体现。公民性品格在市场经济和民主政治的环境中形成并积极促进市场经济和民主政治的发展。

公民性品格在不同的历史条件下具有不同的内容。在民主法治社会中，公民性品格的具体内容主要包括公民理性精神、公共精神、法治思维以及参与意识。公民理性精神是公民性品格最基本的内容。公民只有具有理性精神，公民其他的公民性品格才能得以实现。公民理性精神促使公民对事物能够进行客观冷静的评判并进行辩证的思考，在此基础上做出价值判断和行为选择。公民理性精神有助于公民科学认知世界，其是现代公民

---

① 参见黄湘莲《公民社会公民性与公民文化建设》，《北京师范大学学报》2005 年第 2 期。

② 马长山：《公民性塑造：中国法治进程的关键因素》，《社会科学研究》2008 年第 1 期。

③ 马长山：《公民性塑造：中国法治进程的关键因素》，《社会科学研究》2008 年第 1 期。

应该具备的品格。法治思维是公民性品格的核心内容。法治思维是法治社会发展和进步的心理文化，为法治社会的进步和发展提供强大的支撑。公民的公共精神形成于民族的历史发展过程之中，是公民在对公共利益的关心、对公共秩序的维护中所体现出来的态度和品格。公民的参与意识是公民性品格与社会实践联系的纽带，是公众积极参与国家法治建设以及国家政治活动中的一种态度。总之，理性精神、法治思维、公共精神和参与意识是公民性品格的四个主要方面和内容，其对法治建设和民主发展有着重要的价值和意义。

（三）公民性品格的意义

公民性品格对法治发展及公民法治认同的形成有着重要的意义和价值。公民性品格促进法治的合法性的认同、提供法治的合理性来源和促进对法治的伦理性支撑，从而促进公民法治认同的形成。

首先，促进法治合法性的形成。在现代民主法治社会下，法治的核心价值在于限制国家公权力并保护公民的合法权益；法治促进社会的公平与正义。法治是现代社会的状态和人们的价值判断。法治获得公众认同的前提是法治具有合法性。法治合法性是法治权威形成和法治正常运行的前提性条件。在民主法治社会中，法治的合法性来源于公民对法治价值与精神的认可和理解。法治的合法性促进公民对法治运行的接受和支持，同时推动公民对法治规范和制度的遵守。然而法治的合法性的形成依赖于公民性品格。公民理性精神促进公民正确认知和评价法治，同时有助于公民对法治基本价值与精神的认同。法治思维促进公众用理性客观的态度认知和看待法治案件，形成正向的法治情感。公共的参与意识积极地引导公民参与国家立法、执法和司法活动，从而促进公众对法治运行的认可和接受。总之，公民性品格促进法治合法性的形成，有助于法治价值实现。

其次，提供法治的合理性来源，促进公众法治认同的形成。一项政策或者制度只有体现了公平正义的价值原则，同时制度或者政策具有科学性，其才能得以长期运行。法治只有具备合理性才能获得公众的认同，从而才能实现维护秩序与保护自由的价值，才能限制国家公权力保护公民合法权益。法治的合理性来自公众对法治的公平正义的理解和认知，来自法治对公众利益与诉求的保护。具有理性精神和法治参与意识的公民通过积极政治参与，将利益诉求与权利主张融入法治制度之中，从而法治更好地体现民意。体现了民意的法治获得了合理性，从而提高了公众对法治的认同。因此公民性品格提供了法治的合理性来源，积极地促进了公众法治认同的形成和强化。

最后，提供法治的伦理基础，促进公众法治认同的形成。法治的本质决定了法治必须获得公众内心的真诚认同和外在的自觉遵守。"现代民主制的健康和稳定不仅依赖于基本制度的正义，而且依赖于民主制下的公民的素质和态度。"[①] 公民美德与公民伦理是公民性品格的重要内容。公民在自身美德与伦理的支配下，积极自觉地遵守法律并远离违法犯罪行为。同时公民在强大的伦理指引下积极同违法犯罪行为作斗争，从而维护公共利益和公民个人的合法权益。因此，公民伦理为法治发展提供了文化支撑。现代公民伦理体现了公民对公平正义的追求，同时现代公民伦理要求公民维护自由与秩序。因此具备美德与伦理的公民，自然接受法治强制力的约束并维护法治权威，从而促进公众对法治自觉地遵守与认同。

二　公众理性的缺乏

公众理性是公民品格的重要内容和表现之一。公众理性同时也是公共领域形成的基本条件。重建和兴起的新媒体公共领域是公众法治认同形成的重要场域。然而，新媒体公共领域中部分公众理性的缺乏促使法治谣言、法治盲从和群体极化的产生，从而导致公众法治认知的偏差、法治情感的消解和否定性法治评价形成，同时法治领域的群体极化导致公众群体法治共识的破裂，最终诱发公众法治认同困境。

（一）理性与非理性的界定

理性与非理性是对立统一的关系，二者是人类精神世界的两个面向。理性往往意味着冷静和稳定，而非理性则意味着盲目和主观。在实践活动中，理性与非理性二者的边界模糊而难以区分。理性与非理性都是相对概念；没有绝对的理性也没有绝对的非理性，因此二者相互依存。尹建军根据理性能力的层次将理性划分为纯粹理性、认知理性和实践理性。纯粹理

---

① ［加］威尔·金里卡：《当代政治哲学》（下），刘莘译，生活·读书·新知三联书店2004 年版，第 512 页。

性是一种以纯粹的概念、理论、推理以及判断进行思想和观点表述的一种精神活动能力。纯粹理性是一种基础性的理性。这种理性不涉及具体的客观世界。认知理性是以纯粹理性为基础，应用概念、推理等逻辑理解和把握客观世界的精神能力。人类通过认知理性掌握客观世界的发展规律，从而更好地适应和改造客观世界。认知理性是纯粹理性向实践理性过渡的一种思维能力。实践理性是一种高级的理性，是指人类在实践活动中以纯粹理性和认知理性为基础进行自我引导、自我评判从而实现一定目标的思维能力。[①] 因此，理性是一种思维能力和思维方式，是人类通过概念、推理、演绎和评价等思维形式，分析、制订行为方案并预估结果从而指导实践活动的一种精神能力。

非理性是人类另一种精神现象。吴宁认为非理性是人类在实践活动中形成的一种具有非特定性、偶发性、情绪性以及非规范化的一种精神现象。非理性形成于实践活动中，同时非理性积极影响着人类的实践活动。[②] 非理性可以积极地促进人类实践活动，从而帮助人类实现一定的目标。同时非理性是一种不受逻辑和程序影响的精神想象，其多数情况下阻碍了人类对客观事物和规律的正确认知和评判，从而给人类的实践活动造成困境。因此在实践活动中，需要积极地控制和引导非理性，尽量避免非理性对实践活动带来的消极影响；同时积极培育人类的理性思维，发挥其实践指导作用，促进人类正确、客观地认知和评判自我与客观世界。

（二）理性是公共领域的基本条件

如第二章所述，公共领域是不同的社会主体对公共利益或者公共问题进行自由平等的沟通和交流，从而形成一种共识性的观点和看法的公共空间。公共领域中形成的共识性看法和观点凝聚成舆论，对政府和国家政策的制定与修改形成一定的舆论压力，从而促进了公众对公共权力的监督和制约，并维护了公民个人的合法权益。公共领域的形成必须具备一定的构成要素，主要包括公众、媒介以及公共舆论三个要素。公共

---

① 参见尹建军《历史唯物主义视角下的非理性再认识》，硕士学位论文，郑州大学，2005年，第5页。

② 参见吴宁《社会历史中的非理性》，华中科技大学出版社2004年版，第12页。

领域下公众之间在自由而平等的交流和沟通之后达成共识性的舆论，从而监督国家公权力。公共领域涉及的是公共利益和问题，因此公众必须具备理性思维和理性能力。公众只有具备了理性思维，才能对公共问题和公共利益做出符合逻辑的判断和认识。理性的公众才能与其他社会公众进行真诚自由的交流和讨论。公众在理性思维的指导下，才能形成维护公共利益的观点和看法。如果公众不具备理性思维，而是在盲目和冲动的基础上发表意见和看法，那么公共领域主体之间无法达成共识，更无法形成对国家和政府的有效监督。反而在非理性的作用下，公众盲目地发泄情绪或者盲目地服从片面的观点，容易形成极端的舆论甚至发生舆论暴力，从而引发严重的现实问题。只有在理性基础上形成的认知和价值判断才能凝聚成真正的具有社会监督功能的舆论。真正公共领域的形成必须要求参与的主体是理性的。只有公众理性地参与公共领域中公共事务的讨论和协商，真正意义上的公共领域才能形成。因此理性是构成公共领域的基本条件之一。

（三）网络公众非理性与法治认同困境

如前文所述，新媒体公共领域在当代得以重建和兴起。在新媒体公共领域中，网络公众构成了公共领域的主体。而公共领域形成的基本条件是公众必须是理性的；公众在理性的指导下，应用自己的概念、判断、推理等思维指导自己的实践活动，从而参与公共事物的讨论和协商，进而形成一致性的认知与意见。新媒体公共领域是公众法治认同形成的重要场域，而部分公众理性的缺乏制约了新媒体公共领域的价值和作用，不利于公众法治认同的形成。

在新媒体公共领域中，部分公众缺乏理性，相反在非理性的支配下，带有一些冲动性、情绪化的非理性因素。非理性存在的网络新媒体公共领域中，容易形成法治谣言和法治盲从以及法治群体极化现象。非理性公众在法治谣言传播的过程中无法识别法治真相和真实的法治信息，而且会促成法治谣言进一步地生成与传播。在法治谣言中，缺乏理性的公众获取更多的法治谣言和错误法治信息，从而造成法治认知的偏差以及对法治消极的情感和否定性的法治评价，诱发公众法治认同危机。同时缺乏理性的公众容易在新媒体公共领域中的法治热点案件讨论中没有自己独立观点和意见，形成法治盲从。法治盲从导致非理性公众缺乏对法治的客观、理性的认知与判断，盲目地跟随一些受制于经济利益的意见领袖和大咖，从而加深了公众的法治认知偏差和法治情感的消解，加深了公众法治认同危机。同时在法治谣言和法治盲从的基础上，公众非理性在新媒体公共领域中促使群体极化产生。而负面的网络群体极化现象会造成不同群体之间形成对法治的对立性的极端认知，造成公众群体的法治认知严重偏差和分歧，从而导致公众群体法治共识的破裂，引发社会公众法治认同困境。

三　公众法治思维的缺乏

一国法治正常运行必须以法治思维的培育为前提和基本条件。[①] 法治思维是公民品格主要内容之一，公民品格阙如的一个重要表现是法治思维的缺乏。公众法治思维缺乏的情况下取而代之的是公众的大众思维。公众大众思维下公众法治认知与法治本身存在分歧甚至是对抗，造成法治认知存在严重偏差。同时大众思维中形成的公众法治情感与法治评价具有一定的消极性和负面性，引发公众对法治的不信任和质疑，导致公众法治认同困境。

（一）法治思维的含义与特征

学界长期以来对法律思维的研究较多，但是近几年法治思维的研究也在不断受到重视。学者们从不同的角度阐述了法治思维的概念。姜明安认为，法治思维是行政执法主体在执法活动中体现出来的一种思想认识活动和过程；这一思想过程就是行政执法主体应用法治理念、法治原则和精神针对执法行为中的实际问题进行分析、推理和判断，从而形成一定的结论和认识的过程。[②] 陈金钊认为，法治思维是在法的具体实施过程中法治原则、法治概念以及法治规则等法的相关因素对思维产生的制约和引导作用的一种体现。[③] 江必新认为，法治思维是一种体现法律至上、限制国家公

[①] See Bant Ika Jaruma, *The Effective Formwork of the Rule of Law for Peace Building and Security*, Procedia Social and Behavioral Sciences, 2013, p. 105.

[②] 参见姜明安《再论法治、法治思维与法律手段》，《湖南社会科学》2012 年第 7 期。

[③] 参见陈金钊《对"法治思维和法治方式"的诠释》，《国家检察官学院学报》2013 年第 2 期。

权力、保障人权、促进公平正义等法治精神与法治原则的思想过程。①　综合以上关于法治思维的阐释，笔者认为法治思维是法治主体在法治实践中应用法治理念、法治精神与价值、法治规则与原则对相关的法治现象和法治行为进行分析、推理、判断，从而形成法治认知结论并将结论外化为具体实践行为的认知过程。

　　法治思维的特征主要体现在以下几个方面。首先，法治思维是一种体现规则意识的思维。国家法治具有强制性和权威性，法治主体需要遵守法治规则依法办事。遵守规则是法治最基本的状态。法治思维首先是规则意识的体现。其次，法治思维是一种限制国家公权力而保护公民个人权利的思维。现代法治最主要的价值是限制国家公权力，防止其侵犯公民个人的合法权利与利益。法治只有充分保障了公民的合法权益，才能得到社会公众的普遍认同，进而法治获得合法性。具有合法性来源的法治才能健康有效地运行。法治实践中出现的权力腐败和权力滥用等行为严重侵犯了公民的合法权益。因此必须加大对国家公权力的制约和监督，从而促进公民权利与自由的实现。法治思维的核心在于限制和监督国家公权力，从而保障公民个体的合法权利与自由。最后，法治思维是一种体现正当程序与公平正义的思维。法治正义是程序正义与实质正义的统一。只有追求程序正义的法治才能保障公平正义的实现。程序正义是法治思维的灵魂。法治思维必然意味着对程序正义的考量。法治主体应用法治思维分析和判断相关法治问题的过程，也是法治主体程序正义理念的应用过程。同时公平正义的理念是法治思维追求的理念。在程序正义的基础上实现公平正义，是法治思维的具体体现。

（二）　公众法治思维缺乏下的大众思维

　　我国法治发展历程较短，公众的法治思维落后于法治自身的发展速度。在新媒体公共领域的法治实践和法治传播过程中，公众的法治思维普遍缺乏，公众并不是从规则思维、权力制衡和权利保障以及程序正义等视角认识和理解法治，而是用大众思维来审视和思考。在新媒体公共领域中的大量热点法治案件中，公众形成的关于法治案件的舆论中凸显的是一种

---

　　①　参见江必新《法治思维——社会转型时期治国理政的应然态度》，《法学评论》2013年第5期。

是非善恶的道德判断，而非关于法治价值与理念的判断。大众思维主要体现了一种普遍的社会道德观念和价值标准。

公众的大众思维与法治思维相比具有如下特征。首先，大众思维追求案件事实的真相。普通公众在大众思维的引导下，往往关注的是案件的客观真相是否得到还原而非法治本身。特别是在司法活动中，大众思维往往忽略了对于程序正义、司法程序以及司法精神的关注和考量，而是关注法官是否澄清了案件的客观真相、关注司法结果是否体现了事实上的公平正义。因此在实践中，大众思维与法治思维经常出现碰撞和对立。其次，大众思维具有不稳定性和盲从性。法治思维是法治主体在冷静客观的基础上对法治问题进行分析、判断和推理，是一种长期稳定的认知过程。法治思维不会随着外在的环境和条件的改变而发生变化。但是大众思维极易受到外界环境的影响而发生变动，改变对案件和问题的理解与认识。同时大众思维具有盲从性。普通大众容易在事件发生变化后失去独立思考和评判问题的能力，从而盲目地支持和认可其他舆论观点。最后，大众思维缺乏逻辑性。大众思维建立在日常生活经验基础之上。公众往往根据自己日常生活的认知方式对法治案件进行评价。而日常生活经验下的认知缺乏逻辑性和系统性，经不起逻辑思维的推敲。大众思维指导下的公众用朴素的日常生活中的正义观认知法治、评价法治，缺乏严密的逻辑推理。因此，大众思维下形成的法治认知和评价会出现偏差。

（三）法治思维的缺乏与法治认同困境

在新媒体公共领域中，公众并不是通过法治思维来认知和理解法治信息和解读法治案件的，而是应用自身日常生活中形成的大众思维来认知法治信息和案件。这样在法治实践中公众认知和理解的法治与法治本身存在诸多偏差与分歧。公众在新媒体公共领域中摄取的法治信息多数是经过其他公众大众思维过滤后的二手法治信息，这种大众思维过滤和渲染后的二手法治信息进一步误导了公众对法治的认知，形成公众与法治之间的分歧和对抗，引发公众对法治负面的情感和评价，从而诱发法治认同困境。

特别是在司法案件中，公众首先应用自身的道德化价值判断和逻辑分析与看待法治案件的司法裁判过程与结果，而不是关注司法程序下的实质正义的实现。公众关注的焦点往往是案件的事实真相，而非法律认定下的法律事实。如在于欢案中，公众从传统孝道和妇女尊严以及流氓行为的道德视角来审视案件，对于欢的拿刀刺人致死的行为给予积极的支持和认可，并对侮辱于欢母亲的行为要求一律严惩。公众对于欢案的司法审判有着更多的道德化期待和诉求。公众并没有应用法治思维来看待于欢案的司法审判过程，对于欢的行为是否构成正当防卫以及是否防卫过当基本没有涉及。于是出现公众的民意与司法裁判的分裂和对抗。公众在法治案件中的道德化的大众思维与法治思维下的司法裁判必然产生分歧和对抗。由于新媒体的交互性、及时性以及用户的广泛性，法治案件经过新媒体的传播，公众大众思维下的道德化的诉求更加浓厚，而且形成强大的民意，因而公众大众思维下的法治认知与司法裁判结果之间的冲突和对抗更加凸显和严重，造成公众法治认知偏差的普遍存在，进而引发社会公众普遍的法治认同困境。

四　公众公共精神的缺乏

公共精神是公民品格的核心内容。公民品格的阙如直接体现为公共精神的缺乏。

目前学界主要从伦理学和政治学两个视角对公共精神的内涵进行了阐述。伦理学的视角下，"公共精神是指以利他方式关心公共利益的态度和行为方式"[1]；公共精神是公民个人从维护公共利益的目的出发，在实践中对公共事物、公共利益以及公共事业的积极自觉地关心和支持的一种品格。[2] 政治学的视角下，公共精神产生于市场经济和民主法治社会之中；其根本价值在于促进整个人类社会的发展与进步和人的自由而全面地发展；公共精神体现了对公平正义、自由与秩序、公共利益的维护、民主与法治等社会价值的认同和追求。[3] 综合以上观点并结合本书研究问题的背景，笔者认为公共精神是社会主体的道德观念与政治意识在公共领域中的根本体现，这种道德观念和政治意识以公共利益和公共价值为其核心内容。公共精神具有公共属性。

---

[1]　李萍：《论公共精神的培养》，《北京行政学院学报》2004 年第 2 期。

[2]　参见龙兴海《大力培养公民的公共精神》，《党政干部文摘》2007 年第 10 期。

[3]　参见周怡君《论公共精神是公民社会建设的基石》，《湖北行政学院学报》2009 年第 3 期。

　　公共精神随着市场经济和民主政治的发展而不断完善，然而在我国由于社会结构转型中社会矛盾的凸显和利益诉求的多元化，以及公众自身的道德素质的滑坡和公民法治意识淡薄，公共精神缺乏的现象比较突出，特别是在具有虚拟性和匿名性的新媒体公共领域中，公众的公共精神的缺乏更加突出。新媒体公共领域中，公众公共精神的缺乏具体表现为公众权利意识和责任意识的淡薄、公众公共参与意识与参与能力不足等。尽管我国公众的权利意识和责任意识随着法治建设的推进不断进步，但是公众公共精神的建构还远远不足。公众在新媒体公共领域中，滥用自己的表达自由权利，侵犯其他公众的合法权益，如公众通过网络人肉搜索等侵犯公民的隐私权、名誉权等，甚至滥用监督权而危害国家安全和公共利益。社会公德的滑坡在新媒体公共领域最为凸显。由于新媒体场域的虚拟性和公众的匿名性，公众社会公德不断弱化。公众在新媒体公共领域中，忽视公共利益和公共环境的维护而进行人身攻击、谩骂、发泄私愤等，一定情况下为了个人利益而歪曲事实、发布虚假信息误导网络公众。公众的参与意识和参与能力是公共精神的实践维度。公众只有通过参与公共事务才能实现公共精神。新媒体公共领域为每个公众参与公共事务提供了前所未有的机遇和条件，实现了公众的广泛参与。然而，公众的参与意识和参与能力不足，制约了公众公共精神的培养和公众有效参与国家立法与政策的制定。

　　新媒体公共领域已然成为公众形成法治认同的重要场域。而公共精神则是新媒体公共领域存在的必然要求。公众公共精神的缺乏，必然制约新媒体公共领域功能的发挥，影响公众法治认同的形成。公众公共参与意识和参与能力的缺乏，导致公众在新媒体公共领域中不能有效地参与到国家立法活动和公共政策的制定与执行中，从而降低了公众民意在法律和政策中的比例，削弱了公众立法共识的形成，拉大了公众与法律和政策之间的距离，从而最终影响了公众的法治认同。另外，公众公共精神中权利意识和责任意识的淡薄制约了公众合法权益的行使和维护，同样阻碍了公众对法治的认可和接受。总之，公共精神是新媒体公共领域形成和存在的必然要求与必备条件，公众公共精神的缺失直接制约了公众法治认同形成的重要场域即新媒体公共领域功能的发挥，进而阻碍了公众法治认同的形成和强化。

第五章　新媒体背景下公众法治
认同重塑路径

本章在前文论证的基础上，具体阐述和论证了新媒体背景下促进和重塑公众法治认同的具体路径。法律专业化下的公众认知壁垒、新媒体社会责任的缺失以及公众公民性品格的阙如是造成新媒体背景下公众法治认同困境的重要原因，因此通过法律专业化的缓解、新媒体社会责任的实现和公众公民性品格的塑造，可以有效地促进公众法治认同的形成和重塑。同时法律职业共同体对网络法治舆论的积极正确的导向，是促进公众法治认同形成和重塑的重要路径。

第一节　法律专业化的缓解

法律专业化下公众认知壁垒是造成公众法治认同困境的重要原因之一。本节内容具体论证新媒体背景下公众法治认同重塑的一个重要路径，即在法律系统内部，促进法律专业化的缓解。而在法律系统内部，主要从立法专业化的缓解、司法专业化的缓解和执法专业化的缓解三个方面促进法律专业化的缓解，消解法律专业化下公众认知壁垒，从而促进和重塑新媒体时代下公众法治认同。

一　立法专业化的缓解

立法专业化是法律专业化最主要的体现，立法专业化下形成的公众认知壁垒是造成公众新媒体背景下法治认同困境的最主要的原因。因此立法专业化的缓解可以有效地消解公众认知壁垒，促进公众法治认同的形成和重塑。此部分内容主要从三个方面阐述立法专业化缓解的策略。首先，在确保立法语言准确性的基础上，促进立法语言专业化和通俗化的平衡。其次，在新的法治背景下，实现公众普法的重构，从公众的角度缓解立法的专业化。最后，公众有效地参与立法，从而增加公众对法律法规的可理解性和可接受性，缓解立法的专业化。

（一）　立法语言专业化与通俗化的平衡

现代立法高度专业化和抽象化的一个重要原因是立法语言过度地专业化。而立法语言的高度专业化引起了公众对立法认知的壁垒，阻碍了公众法治认同的形成。因此需要促进立法语言的专业化和通俗化的平衡。立法语言的通俗化需要在确保立法语言准确性和严谨性的前提下进行；同时立法的专业化需要在日常用语的基础上实现。

1. 立法语言专业化和通俗化的平衡意义

现代社会系统高度的分化和社会关系的复杂化，促使现代法律更加专业化和抽象化，而高度专业化和抽象化的立法文本导致公众的法治认知壁垒，从而消解了公众法治认同的形成。立法语言是立法者表达立法内容并传递立法目的最基本的媒介。立法语言可读性与可理解性直接影响了立法目的的实现。因此立法语言的专业化与通俗化的平衡对于立法质量和效果有着重要意义。立法文本是公众形成法治认知最直接的法律材料来源，立法语言的通俗化和亲民化有效地保障了公众对认知法治所需要的第一手法治信息。而第一手法治信息的获取避免公众通过新媒体等其他途径获取的二手法治信息中的法治谣言。一手法治信息的获取能保障公众法治认知的准确性和全面性，从而避免通过二手法治信息的获取而产生的法治认知偏差以及消极的法治情感和否定性的法治评价。因此，立法语言的专业化与通俗化的平衡能稀释现代法律高度的专业化和抽象化，二者的平衡是公众法治认同形成的前提和保障。

2. 立法语言准确性前提下的通俗化

立法语言通俗化与专门化的平衡，首先需要在确保立法语言准确性的基础上实现其通俗化。第一，适度降低立法文本的法律术语密度，稀释法律专业性。需要在确保立法语言严谨性和准确性的基础上，减低法律术语的使用密度；同时在公众日常语言的基础上形成专业化的立法语言，促进立法语言专业化和通俗化的平衡，从而稀释法律的专业化，促进公众对法治的认同。第二，加大对法律术语的立法解释和学理解释。通过立法对法律术语进行解释有利于提高法律文本的可读性。笔者认为,立法机关在对专业法律术语进行统一的汇编和整理的基础上,对法律术语给予解释,有助于法律文本的统一性并且促进立法语言的通俗化,从而避免立法文本中立法语义分歧的出现和公众认知壁垒的产生。立法对法律术语的解释具有权威性,有利于整体法律文本的通俗化。当立法解释存在不足时,学理解释可以进一步对法律术语进行解释,从而促进立法语言的通俗化。

3. 日常用语基础上立法语言的专业化

立法语言的专业化是法律专业化的必然要求。现代法律已然高度专业化和抽象化。因此立法者在立法过程中应在确保立法语言的准确性和严谨性的基础和前提下,在日常用语的基础上促进立法语言的专业化。一方面,立法语言专业化须摒弃"晦涩化"。如果立法语言过度"专业化",则有可能变得"晦涩化"。因此,立法语言在寻求专业化表达的同时应当避免晦涩化。另一方面,统一规范立法语言的表达。目前我国立法实践中存在滥用立法语言而导致立法语言混乱的情况。一些学者提出通过对立法语言的统一规范从而避免以上问题的产生。针对立法语言的滥用想象,有学者提出在《立法法》中专门对立法语言的规范化进行规定,具体对立法文本的用语、结构、名称以及标点符号等作出统一的规定。① 通过对立法语言表达的统一规范,不失为一种很好的方法来促进立法语言的专业化。

(二) 公众普法的重构

公众普法是缓解立法专业化最重要和最有效的措施。公众在普法的基础上,形成对法律基本知识的认知和理解,同时通过对公众法律精神和法律价值宣传与教育,增强公众法律认知的深度。现代法律系统高度抽象化和复杂化以及社会媒介的不断进步和法治精神与理念的现代化,要求在传统普法的基础上重构公众普法。笔者从普法目标的重构、普法途径的优化以及普法内容的重构三个方面具体阐述公众普法重构这一问题。

1. 公众普法目标的重构——法治认同形成机制的视角

公众普法的目的,一方面是促成公众法治认知的形成。我国传统普法活动重视的是公众法治知识的普及和教育,而忽视对法治价值和法治思维

---

① 参见刘大生《浅论立法语言规范化》,《法学论坛》2001 年第 1 期。

的普及教育，并没有形成公众对法治的普遍遵守和认同。"现在法治道路的关键就是除了继续调整立法思路、完善法律制度外，还要培养公民的法律观念，树立法律的权威，完成传统法律观念的创造性转换，最终实现法治意识的普遍化。"① 另一方面是促进法治情感与评价的培养。公众对法治的认同与积极守法除了需要理性的法治认知外，更需要支撑法治认同与守法的内在情感，这种内在情感是保障公众认同法治的心理状态和积极守法行为的长久动力。

2. 公众普法途径的优化

公众普法的重构的核心是普法途径的优化。以往的普法途径一定程度上不适合当今现实情况。一方面，促进公众参与法治实践。单纯的法治知识与理论的宣传不利于人们法治观念和法律精神的培养。只有在法律实践中公众才能深切地体会和认知法治精神与价值。另一方面，发挥新媒体的普法作用。以往普法活动使用媒介主要是传统媒体，而在新媒体背景下，普法的效果最大化需要依赖新媒体传播媒介。尽管在前文中大量论述了新媒体在法治信息和法治新闻传播与报道中误导公众的法治认知偏差等消极影响，但是不可否认新媒体在当代普法活动中的重要价值与意义。因此需要在规范新媒体社会责任的基础上，发挥其普法的作用，从而缓解法律专业化，促进公众法治认同的形成。

3. 公众普法内容的重构

现代法律高度专业化和复杂化的一个重要原因是法治的价值和精神高度的抽象化和概括化。而公众对法律的理解和认知停留在法律基本知识的认知范围内。同时我国法治在快速现代化的过程中，法治精神与价值的内涵也在不断地发生着变革，公众对法治的理解和认知的难度增大。因此在法治不断发展过程中，普法的内容需要进行重构，缓解法律专业化，从而拉近公众与法律之间的距离。

一方面，权利与义务的转换。我国长期以来奉行的是"法律工具主义"，而政府主导的普法活动的最终目的也是促进社会统治秩序的形成。近些年来我国的普法活动过程中存在"重义务轻权利"问题。普法过程

---

① 柯卫：《当代中国法治的主体基础——公民法制意识研究》，法律出版社 2007 年版，第177 页。

中关于法律的价值与精神以及公民的权利意识的宣传和教育较少，同时基本没有做到通过法治文化来激发公众对法治的共鸣。因此在普法实践中难以取得理想的普法效果，反而造成人力物力和财力资源的浪费。① 在依法治国的背景下，法治的价值发生转变，其是公民维护合法权益，限制国家公权力的有力保障。所以普法中应该更多地强调和宣传法律权利论理念。通过普及法律权利观，增强公众对现代法律内在原则和价值的认知与理解，从而缓解法律专业化，消除法律专业化下的公众认知壁垒，促进法治认同的形成。

另一方面，法律精神与法律知识的平衡。传统普法的内容重点是法律基本知识的普及。而现代法律的复杂化和系统化以及法律所调整的社会关系的复杂化，促使国家立法不断发生变化从而调整新的社会关系。公众法律知识的普及速度有时候落后于立法的速度。因此要促进公众对法律知识认知和理解的广度与速度，只有通过对公众进行法治精神和法治价值的普及和教育，才能以不变应万变，同时才能使公众更加深刻地认知法律，减少法律专业化带给公众的认知壁垒，促进公众法治认同的形成。

（三）公众立法参与的实现

公众立法参与的实现可以有效地缓解立法的专业化。公众通过积极参与立法，提高了公众对立法过程和立法结果的认知与理解，增强了公众对法律知识与法律精神的可理解性和可接受性，从而消解了法律专业化下公众的认知壁垒，促进公众法治认同的形成和重塑。公众立法参与的实现，需要提高公众参与能力和理性参与精神、完善立法参与制度并保障公众参与权利。

1. 公众立法参与对立法专业化的缓解

公众参与立法是现代法治发展的要求。公众通过各种途径有效地参与立法，可以促进公众对立法内容的学习，对立法意图的理解和认知，从而促进了立法的可接受性和可理解性。同时公众通过立法参与，积极主动地将公众的利益诉求输送给立法机关，而立法机关在立法过程中将经过论证的公众的利益诉求融入立法文本之中，促进了公众利益的保护。因此，公众的立法建议和意见不但提高了立法的民主性和科学性，更是从根本上促

---

① 参见曾坚《对我国普法目标取向的法理学思考》，《当代法学》2001 年第 7 期。

进了公众对法治的认同，从而在实践中积极践行法治。而公众参与立法的过程也是公众的权利意识、责任意识不断强化的过程。公众的权利意识和责任意识为公众理解立法精神和立法原则以及抽象化的立法概念提供了法治文化基础，从而消解公众对立法的认知障碍，缓解了立法的专业化并促进公众法治认同的形成。法律规范一旦获得人民的认可和接受，这种外在的法律规范机制就会转化为内在的自律机制。① 因此，公众参与立法促进了公众利益诉求的表达并提高了立法的民主性和科学性，而且有助于公众对立法过程和立法结果的认知与理解，从而稀释了立法的专业化，消解了立法专业化带给公众的法律认知壁垒，促进公众法治认同形成和重塑。

2. 积极促进公众立法参与的实现

公众的参与能力决定了公众是否可以有效地参与立法。而公众参与能力与公众的法律知识、法律经验以及法律参与的方式密切相关。因此提高公众的参与水平和能力，需要提高公众的法律素质并丰富法律经验。同时公众的理性参与也是立法参与实现的重要条件。公众只有具备理性精神，运用法律思维理解和把握立法意图和内容，才能为立法提供客观、真实、符合社会现实的立法意见和建议，克服各种立法参与的盲目性、随意性，从而促进理性有序的立法参与的实现。同时公众立法参与的实现需要立法参与制度对公众参与权利的保障。只有通过制度充分保障公众参与权，才能真正实现公众参与立法。在我国立法实践中，立法听证、座谈会、论证会等制度保障了公众在立法参与中的立法知情权、监督权以及自由表达权的实现，确保了公众立法意见能够有效地输入到立法之中。

二　司法专业化的缓解

司法是新媒体时代下公众认知和理解法治最广泛和最有影响力的途径和方式。司法专业化必然深刻制约公众对法治的认知和理解，并消解公众法治认同的形成和重塑。此部分内容一方面通过阐述司法公开的推进稀释司法过程的专业化；另一方面通过论证司法裁判书专业化的缓解稀释司法结果的专业化，从而促进公众法治认同的形成和重塑。

---

① 参见刘莘《行政立法研究》，法律出版社 2003 年版，第 125 页。

（一）司法过程专业化的缓解：司法公开的推进

司法过程专业化的稀释离不开司法公开。司法公开搭建了公众与司法之间的沟通桥梁，有效促进了公众对司法过程和司法结果的认知与理解，培养公众的法律意识与法律思维，形成了公众与司法的沟通机制，从而消解了司法过程专业化带给公众的认知壁垒，积极地促进公众法治认同的形成和强化。司法公开是现代司法活动的必然要求。司法公开是指司法机关依照法定程序将司法过程及时全面地向社会和公众公开的司法活动。涉及国家秘密和个人隐私的司法过程按照法律规定不得公开。在现代法律系统高度专业化和抽象化的背景下，具有法学教育背景的法律人对不同的部门法也存在认识障碍。而普通公众更是对司法过程存在认知和理解的壁垒。所以通过司法过程的公开，公众可以直观地了解案件审判的程序，更加明确案件中相关当事人的权利与义务，对公众自身也是一种司法教育。类似司法案件的裁判具有类似性，公众在司法公开的过程中可以预见自己在类似案件中的权利与义务，从而对公众产生一定的导向作用。[①] 司法公开过程中，公众与司法机关进行积极的沟通和交流，建立起事实与规范的联系，从而对公众的法律认知和法律情感进行引领，增加公众对司法的认知和正向情感，消解司法专业化带给公众的认知壁垒。因此，司法过程专业化的缓解离不开司法公开。司法公开不仅促进了公众对司法案件审判的各个环节以及司法审判的理念的认知与理解，同时在司法公开中感受司法文明，领会司法精神和原则，最终消解司法过程专业化，促进公众法治认同的形成和重塑。

而司法公开的首要条件是司法公开理念的更新，即被动公开转化为主动公开。司法公开理念的更新，是推进司法公开的基础。司法机关应该积极主动地进行司法公开，而非将司法公开作为一种隐患予以看待。司法机关应将司法公开理解为公众与司法进行有效互动从而实现二者双赢的重要契机。同时司法工作人员与司法机关应充分意识到司法公开是司法机关的法定责任与义务，也是实现公众对司法监督的重要途径，更是促进公众认知和理解司法活动与司法精神的路径。司法公开的实现还需要丰富司法公

---

① 参见张忠厚《能动司法在实践中的若干思考》，载最高人民法院编写组《当代中国能动司法》，人民法院出版社 2011 年版，第 130 页。

开的载体，积极地促进司法公开。在新媒体技术不断进步和发展的背景下，司法机关应积极利用新媒体的传播优势促进司法公开。司法公开的载体不能仅仅局限于传统的司法公开载体，如电视和报纸等传统媒介。通过新媒体和互联网将司法公开的空间从现实空间扩张到网络虚拟空间，大大地促进了司法公开的空间范围，有利于公众更好的获知司法信息，降低了公众与司法沟通的成本，提升了司法公开的效果。最后，司法公开制度的完善可以有效地保障司法公开。司法公开效果的提升需要制度的保障。在全国的司法改革中，司法机关在积极地完善司法公开制度，但是司法公开制度的建立与完善需要长期的实践和积累。因此还需要不断地完善司法公开制度，促进司法公开的实现。

（二）司法结果专业化的缓解：司法裁判书专业化的缓解

司法裁判书是司法结果的具体表现，可通过司法裁判书专业化的缓解，进而缓解司法结果的专业化。司法裁判的最终目的如果仅仅是促进法治权威的存在，将会导致司法失去社会公众的支持和认可。[①] 因此必须促进司法裁判的可接受性。司法裁判书语言的通俗化和司法裁判书法律修辞的应用，可以有效地提高公众对司法判决书的可理解性与可接受性，消解司法专业化下的公众认知壁垒，促进公众法治认同的形成和重塑。

一方面，促进司法裁判书语言的通俗化。司法裁判书是否被公众和当事人认知与接受，直接决定着公众对司法的认同和司法裁判是否得到有效地执行。而司法裁判书语言的高度专业化和抽象化会给公众对其认知和理解带来壁垒。因此需要在确保司法裁判内容准确性和说理论证严谨性的前提下，促进司法裁判书语言的通俗化。司法裁判书的使用对象主要是司法案件当事人和社会公众。与司法机关工作人员的法律知识比较而言，当事人和社会公众的法律专业知识严重缺乏。因此司法裁判书语言的专业化程度必须以当事人和社会公众的理解与接受为底线，否则司法裁判书的意义和作用就会削弱，降低了司法裁判的权威性。因此，司法裁判书语言在确保准确性和严谨性的前提下应尽量实现通俗化。而司法裁判书语言的通俗化应以公众日常用语为基础，从而降低司法裁判书语言的专业化程度，促

---

① See J. Ferejohn and W. Eskridge, *Politics, Interpretation, and the Rule of Law*, New York: New York University Press, 1994, p. 267.

进公众对司法裁判书所表达的法律信息和法律精神的理解，领悟司法裁判书中的法律逻辑推理，增进社会公众对司法结果的信任和理解。总之，在保持司法裁判书法律专业性的同时，应积极促进司法裁判书的通俗化，提高公众对司法结果的认知和理解，缓解司法结果的专业化，从而促进公众法治认同的形成和重塑。

另一方面，司法裁判书法律修辞的应用，能有效地缓解司法裁判书的专业化，提高公众对司法裁判书的可理解性和接受性，从而促进公众对法治的认同。修辞是依据题旨情境，运用各种语文材料、各种表现手法，恰当地表现说者所要表达的内容的一种活动。① 修辞的应用是在语言加工的基础上的一种说理论证的活动。修辞"是一种通过恰当地语言使用，准确地表达言说者的观点，提升表达效果的方法"②。修辞的应用可以促进语言表述被有效地理解和接受。法律修辞是修辞在法律领域的具体应用。法律修辞是指在尊重法律事实和法律逻辑的前提下动用感情等非理性和非逻辑因素，对法律语言进行加工，从而进行说理和论证的一种法学论证方法。因此司法工作人员在司法裁判书中应用法律修辞就案件的法律适用过程进行说理和论证，利用情感、利益等非理性因素促进当事人和社会公众对裁判书的认知和理解，从而稀释司法裁判书的专业化，使其能得到当事人和社会公众的认同。

三　执法专业化的缓解

在新媒体时代，执法专业化造成的公众法治认同困境最为突出和严重。在执法高度专业化和抽象化的背景下，公众对执法的认知壁垒导致公众拒绝配合执法，甚至暴力抗法。因此需要稀释现代执法的高度专业化。从执法机关的视角看，柔性执法是稀释执法专业化的有效措施；从公众的视角看，公众的执法参与可以最大限度地缓解公众与执法机关之间的张力，促进公众法治认同的形成。

---

① 参见朱文雁《论言辞性法律修辞在法官判决书中的运用场域》，《山东省青年管理干部学院学报》2010 年第 5 期。

② 刘兵：《中国古代司法判决的修辞方法与启示》，《山东科技大学学报》（社会科学版）2010 年第 5 期。

（一）执法机关视角：柔性执法

执法专业化的缓解可以消解执法专业化下的公众认知壁垒，促进公众对法治的认同。从执法机关的视角出发，柔性执法可以有效缓解执法的专业化和抽象化与公众之间的张力。而柔性执法的积极推进，首先需要正确认知和理解柔性执法，防止其发生异化；在此基础上最为关键是准确把握柔性执法的限度，确保柔性执法的依法进行，同时执法者素质的提高是推进柔性执法的重要保障。

柔性执法缓解执法专业化，促进公众法治认同的形成。现代行政法理论倡导行政机关在行政执法中尽量减少应用行政强制手段实现行政目的；行政机关通过弱化国家公权力而促进行政相对人积极参与行政执法，从而促使行政相对人自愿接受行政决定。①而这种执法形式是柔性执法。笔者认为，柔性执法是一种集柔性管理与刚性管理优点于一身，以柔性管理为主，以严格的刚性管理为辅的多种执法手段并用的更加人性的管理方式。柔性执法可以有效地缓解执法专业化。首先，柔性执法弱化了国家行政权力在执法过程中的作用，体现的是执法过程中执法主体与执法相对人之间平等协商的一种契约关系。行政相对人在这种平等协商的契约关系中加深了对执法依据、执法程序和执法标准等的认知和了解，特别是对执法所体现的法律精神和价值有新的领悟和理解，从而消解了执法高度专业化带给相对人与社会公众的执法认知壁垒，促进行政相对人对行政执法的心理认同和行为支持。其次，柔性执法所体现的以人为本和权利保障理念保障人的各项基本权利。在以人为本执法理念的指导下，公众容易消除对执法的恐惧而产生信任感和熟悉感；即使行政相对人和公众依然存在执法专业化下的认知障碍，但基于对执法机关的信任，这种认知壁垒和障碍并不影响公众对执法的积极配合，从而提高行政相对人和公众的法治认同，实现执法社会效果和法律效果的统一。最后，柔性执法提高了执法效率，促进执法过程中矛盾和纠纷的解决。柔性执法扩大了简易程序使用的范围，从而有利于行政相对人积极主动地与执法机关进行交流和沟通，增加了双方之间的相互理解和信任，缓解了执法专业带给相对人的执法恐惧和执法认知

---

① 参见罗豪才、崔卓兰《论行政权、行政相对方权利及相互关系》，《中国法学》1993年第3期。

壁垒。

综上可知，柔性执法对缓解执法专业化和促进公众法治认同的形成有着重要的意义，因此在法治实践中应积极促进柔性执法。而正确认知和理解柔性执法是促进柔性执法的关键。否则在执法实践中，容易造成柔性执法的异化和歪曲，反而形成暴力执法。

柔性执法是一种新的执法理念和执法方式的体现。柔性执法依然是行政机关依照法定职权和程序进行的执法行为；柔性执法不是人情执法的表现，而是在法律法规的范围内充分尊重人的主体性价值并发挥相对人的执法参与的积极性，从而兼顾执法效果和社会效果。同时，在执法实践中把握好柔性执法的限度是促进柔性执法的基本要求。由于柔性执法是一种新的执法理念和执法方式，其在实践中形成的执法经验不足。而且柔性执法中行政机关的自由裁量空间较大。因此执法机关必须把握好柔性执法的限度，积极促进柔性执法的社会效果和法律效果的统一。

（二）公众视角：公众参与执法

从公众的视角看，执法专业化的缓解，需要公众的执法参与。公众通过执法参与，扩大和加深了对执法信息的认知和理解，同时培养了公众的权利意识和法治思维，从而提高了执法的可接受度，缓解了执法专业化下公众与执法之间的张力，稀释了执法的专业化，最终促进公众法治认同的形成。而公众执法参与的推进，需要提高公众的公民主体意识与公众执法参与能力。

公众参与执法是现代行政执法理念的体现。公众参与执法是指在执法实践中公众依照法定的途径和方式积极参与到具体的执法行为之中，从而保障公众自身合法权益的行为。公众参与执法可以有效地提高公众对执法的接受度和认可度，同时提高执法的效率。首先，公众在执法参与的过程中，扩大和加深了对执法信息的认知和理解，缩小执法机关与公众对执法信息掌握的差距。公众在参与执法的过程中，对执法的程序、执法的法律依据以及执法产生的实践后果等有了深入的认知和理解，有利于公众对执法行为的深入理解与支持，能化解执法高度专业化下公众对执法的认知壁垒和鸿沟，缓解执法的专业化，提升公众对执法的支持和配合。其次，公众通过参与执法，提高了自身的公民权利意识和法治思维。而权利意识和法治思维是公众法治认知正确形成的主观思想保障。公众在参与执法实施过程中，在法治思维和权利意识的作用下，在积极维护自身合法权益的同时，很好地领悟到执法精神和执法理念，化解了公众与执法之间的张力，稀释了执法的专业化，从而促进公众对执法的积极配合，提高了公众法治认同和执法效率。

公众的公民主体意识与公众执法参与能力是影响公众执法参与的两个重要因素。因此，首先要积极促进对公众现代公民主体意识的培养。现代法治突出和尊重人的主体性。公民的主体意识有助于公民在执法行为中积极主动地参与执法，不将自己视为执法的对象。公民主体意识为公众参与执法提供了心理支撑。而公民主体意识的培育需要政府和社会形成良好的法治环境和氛围。政府和社会努力营造科学立法、严格执法、公正司法和全民守法的法治氛围，培养公众的主体意识和权利责任意识，积极参与执法，从而形成对法治的信任和认同。加强公民主体意识的宣传和教育也是培养公众的公民主体意识的重要途径。其次，提高公众执法参与能力可以有效促进公众参与执法。公众参与能力需要执法参与知识的促进和指导。政府和社会努力宣传执法参与知识，公众积极地学习和践行执法参与知识。公众在具备相关执法参与知识的基础上，还需要通过不断地参与执法，积累相关经验，从而在长期的执法参与实践中不断提高参与执法能力。

第二节　新媒体社会责任的实现

新媒体社会责任的缺失是造成公众法治认同困境的重要原因之一，因此新媒体社会责任的实现可以有效地促进新媒体背景下公众法治认同的形成和重塑。在新媒体他律和自律的同时，提高新媒体从业人员的法律素养，从而促进新媒体社会责任的履行和实现。首先，在立法和执法层面促进新媒体社会责任的法律化，实现新媒体行为的法律化和价值的法律化；其次，加强新媒体自律和新媒体的社会监督，提高新媒体的责任意识和自律性；最后，提高新媒体从业人员法律素养，实现法治信息和法治新闻报道的客观性和真实性，促进法治舆论的正确导向和公众法治价值观的正向型塑。

一　新媒体社会责任的法律化

新媒体社会责任的缺失是造成新媒体背景下公众法治认同困境的重要原因，因此需要对新媒体社会责任予以法律化，从而重塑公众法治认同。新媒体社会责任的实现必须通过法律法规进行立法规范，实现新媒体价值法律化和行为法律化，并且加强新媒体失责的执法力度，才能从根本上保障新媒体社会责任的实现，才能发挥新媒体在公众法治认同中的积极作用。

（一）完善新媒体社会责任的法律法规

我国媒体社会责任专业法规制度还处于不完善的状态，行业专门性法规缺失。新媒体快速发展的背景下，有关新媒体的相关立法更是不健全。目前我国关于电影、广播、互联网以及知识产权的分类管理已有法规出台并实施。但是相关法规只是给出了一些原则性的意见和建议，没有根据内容与分类出台具有针对性的法规。而且仅将互联网新媒体纳入明确的管理范围，而手机新媒体和电视新媒体游离在管理范围之外。我国至今未有《新闻法》出台。因此急需要完善新媒体法律法规，从国家法治层面规范新媒体社会责任。

在新媒体社会责任法律法规完善过程中，需要通过法律以平衡媒体权力与责任关系，制约媒体的过度商业化，促进法治舆论环境的净化。针对新媒体报道严重失实、刻意歪曲、搬弄是非进而损害个人权益或者损害国家公共利益的行为，传统的民法、行政法、刑法已足。上述责任所针对的是已经形成负面舆论的事后救济，多为存在主观恶意的报道行为，但并不能完全涵盖现代媒体社会职责。现代社会媒体系统与法律系统分化所指向的是媒体与法律系统的结构上耦合，域外立法在很大程度上反映了这一趋势，媒体社会责任的法律化已成必然。借鉴德国媒体法经验，我国媒体社会责任的法律化可通过建构系统的传媒法或新闻法体系得以实现，以实现从媒体结果责任向媒体行为风险控制，从权力救济向价值引导的转向，具体包括两个层次的法律化。

一方面，实现新媒体价值的法律化。为平衡商业媒体或者自媒体过度商业化而带来的社会责任退缩，必须通过专门传媒法明确媒体的价值导向即客观性、中立性、多样性和平衡性，而不再局限于客观性与中立性。伴随着媒体传播权力的延伸，媒体不仅承担了信息传播的专业使命，更担负了民主形成与价值引导的社会使命。因此，媒体必须负责组织并保证传播内容观点上的多样性与平衡性。

另一方面，实现新媒体行为法律化。即通过程序性审查法律义务实现将媒体行为纳入法律的控制范围之内，为媒体提供行为预期，保证媒体价值实现。具体包括三点义务：一是信息核实义务，在传播消息之前尽可能谨慎地核实消息的真实性和来源；对某人的指责越严重，案件所潜在的舆论越激烈，则在散布这种指责之前的核实工作就必须越细致。二是信息源注意义务。媒体必须确保信息来源的可靠性，避免信息来源于没有权威性的个人和组织。同时对来自新闻机构的信息优先考虑和采用。三是信息发布程序性义务，应当考虑信息发布的时间机遇而非第一时间绝对优位；发布时应当给予事件当事人充分的发表意见的机会，从而确保事件播出之后当事人不会干涉节目的继续播出。

（二）加强新媒体失责的执法力度

新媒体社会责任的法律化一方面需要完善的法律法规，同时需要加强新媒体的失责的执法力度，保证新媒体社会责任在法律的范围内得以真正实现。由于新媒体网络环境的虚拟性、交互性等特征，新媒体社会责任的执法比其他领域的执法难度较高，因此一方面需要加大对新媒体失责的执法力度，另一方面需要提高新媒体失责执法的专业化水准。法律法规的效力的发挥需要相关执法管理部门的推动。鉴于网络脱域性，网络不能分片化的管理，而是要建立从中央到地方且覆盖全国的管理机构，从而避免执法管理部门之间相互推诿和执法真空地带的出现。同时要确保网络管理机制的稳定性。网络执法需要专业化的执法队伍。由于网络违法行为涉及各行各业，网络执法人员需要具备复合型知识，其不仅要具备传统执法人员的执法素质，同时还需要掌握新媒体网络传播技术和传播理论，从而有效地加强新媒体失责的执法力度。因此新媒体失责执法力度的加强需要专业化的执法水准。

二　新媒体自律与社会监督

新媒体背景下公众法治认同的重塑依赖于新媒体社会责任的实现，而新媒体责任的实现需要国家法治层面的他律，同时新媒体的自律对促进其社会责任的实现有着重要意义。应在增强新媒体从业人员责任意识的基础上，完善自律体系，提高新媒体自律性。同时加大对新媒体的社会监督，充分发挥社会公众和第三方社会机构的监督作用，从而保障新媒体社会责任的实现，促进公众法治认同的形成。

（一）增强新媒体从业人员的责任意识

新媒体社会责任的实现不仅仅依靠他律层面的国家法律制度，实现新媒体的自律是新媒体社会责任履行更为重要的路径。而增强新媒体从业人员的责任意识是实现新媒体自律的主观心理基础。新媒体从业人员不同于传统媒体从业人员，传统媒体从业人员大多是经过专业知识的学习和教育并由国家相关资格考试等层层选拔和考核，并且具有一定的传媒从业实践经验，因此传统媒体从业人员的媒体素养和责任意识较高。新媒体从业人员分为两类，一类是新媒体企业和组织的从业人员，这一类媒体从业人员进入媒体行业时，相较传统媒体从业人员，缺乏严格的媒体从业准入的考核和专业化的教育，因此其媒介素养较低，责任意识相对淡薄。另一类从业人员是自媒体中的个人用户。这类个人用户基本没有任何资格门槛而进入媒体行业，没有经过相关的媒介学习和培训，专业知识匮乏并且游离于国家体制之外而不受相关职业道德规范和伦理的制约。自媒体从业人员作为新媒体时代重要的信息生产者和传播者，由于媒介赋权和信息传播渠道的多样化，自媒体从业人员的信息传播产生了很大的社会影响力。如果自媒体从业人员发布虚假片面的信息将会产生严重的负面社会效果。因此，新媒体从业人员的社会责任意识对新媒体社会责任的实现有着重要的意义。提高新媒体从业人员的责任意识可以从以下两个方面展开。

一方面，加强媒体的专业主义精神。新媒体是一种新型的媒体形态，其从业人员同样需要加强媒体的专业主义精神。"新闻专业主义"是美国报刊自由委员会在《自由而负责的新闻界》中首次提出。新闻专业主义强调作为一个独立系统的媒体需具备新闻媒介的社会功能的信念以及新闻工作的职业规范与伦理，同时强调新闻媒体具有服务公众的态度。新闻媒体积极保障新闻受众知情权，同时新闻媒体应追求公正、公开、公平的价值取向并且强调媒体社会责任意识。新闻专业主义体现了媒体的三个特性，即专业性、客观性及服务性。媒体需发挥媒体专业化的社会功能和价值，同时媒体及从业人员需为社会公众提供高质量的服务以及媒体在信息报道和传播中保持一种相对客观的平衡性。[①] 在新媒体从业人员整体媒介素养缺失的情况下，更需要加强新媒体的专业主义精神，提高新媒体从业人员的责任意识。新媒体从业人员在新闻专业主义的要求和约束下，促进新闻报道的商业利益与社会效果的统一，同时平衡好新闻自由权力与新闻责任；同时积极遵守媒体行业职业规范和伦理道德，从而实现新媒体的社会责任。

另一方面，提高新媒体从业人员的职业伦理道德和专业素养，强化从业人员的媒体责任意识。由于新媒体从业人员特别是自媒体个人用户的新闻专业知识水平和职业规范意识较低，影响新媒体从业人员责任意识的培养。因此需要在传统媒体职业道德规范的基础上，根据新媒体的传播规律和特征进一步制定适合新媒体从业人员的职业道德规范，同时加大职业道德规范的宣传力度，促使职业道德规范内化于新媒体从业人员的责任意识之中，从而自觉抵制商业利益的诱惑和杜绝虚假低俗信息的传播。另外，政府或者行业自律组织通过集中专业化的学习和培训，提高新媒体从业人员的新闻专业知识水平。同时需要设定一定的职业准入门槛，对新媒体从业人员的资格进行审查和评定。在此基础上强化新媒体从业人员的责任意识，为新媒体自律奠定主观心理基础。

（二）完善新媒体行业自律体系

新媒体行业自律是指新媒体通过自身的道德信念和责任意识对其行为进行管理和控制，从而保障媒体自身行为符合媒体职业道德伦理规范。新媒体自律对促进其社会责任的履行具有不可替代的作用。本书从以下三个方面论证新媒体自律体系的建构和完善。

首先，新媒体行业需建立具有稳定性和可操作性的自律规范。新媒体作为一种新型媒体，其发展快速较快，不断呈现出新的传播特点与规律。因此传统媒体的自律规则不完全适用于新媒体。因此需要结合新媒体的传播规律与特征，在传统媒体自律规则的基础之上制定一套系统全面的具有实践操作性的新媒体自律规则。新媒体自律规则的建立和完善需要结合不

---

① 参见吕岩梅、马勇、王翠萍《新闻专业主义的激情传承——评 CCTV4 "连宋大陆行"特别报道》，《现代传播》2005 年第 4 期。

同类别的新媒体的特征，对新媒体自律规则予以细化和类别化，从而增强自律规则的针对性和可操作性，强化新媒体的自律。

其次，需要建立具有执行能力的独立新媒体自律机构。新媒体自律机构不受新媒体和国家的干涉与影响，在实践中独立运作。同时提高新媒体自律组织和机构工作人员的文化科技综合素质以及媒体素养，从而有效地评估新媒体的行为。社会公众通过各种有效形式积极对新媒体自律机构进行监督，增强其运作的公开性。由于新媒体技术的不断发展和革新，新媒体自律机构的自律规则和自律方式也需要不断地更新，从而更好地实现其社会功能。

最后，必须重视传统媒体与新媒体之间的相互监督。较之新媒体，传统媒体具有较高的自律精神和自律能力，同时传统媒体的职业水平和道德伦理水平较高，其可以有效地监督新媒体。媒体行业内部的监督更加专业化，媒体之间相互监督的效果会更加明显。因此传统媒体需要发挥自身的专业性和权威性的优势，积极地对新媒体的信息报道和传播等行为进行监督，促进新媒体社会责任的履行。同时新媒体利用自身的优势积极地对传统媒体进行监督，二者之间形成良性的监督互动关系，从而不断提高新媒体的自律性，促进新媒体社会责任的履行。

（三）加强对新媒体的社会监督

新媒体社会责任的履行和实现，除了国家法律层面的他律和新媒体自律之外，同时需要加强对新媒体的社会监督。新媒体时代，公众可以利用新媒体网络传播的便捷性和互动性，平等自由地行使监督权和自由表达权，可以有效地促进对新媒体的社会监督。较之其他对新媒体的监督形式而言，公众对新媒体的社会监督的力度和广度较高，监督效果较好。同时需要建立第三方监督机构，对新媒体进行系统化、常态化和规范化的社会监督，促进新媒体社会责任的履行。另外，通过建立客观系统中立的新媒体责任评价指标体系，对新媒体社会责任的现状和履行程度给予量化评价，从而进一步加强对新媒体的社会监督。

首先，建立制度化常规化的社会监督机构。这里的社会监督机构与前文的自律机构有所不同。社会监督机构主要来自社会机构自发形成的第三方机构，完全独立于新媒体和政府机构，而自律组织机构虽然在一定程度上独立于新媒体与政府，但其是在媒体行业内部组织起来的机构，并未完全脱离新媒体行业。因此社会监督机构对新媒体的监督更具有中立性和客观性。社会监督机构的组成人员需要具备良好的媒体职业素养和法律素养，对新媒体的日常新闻报道和信息传播行为进行客观评价，同时对新媒体违反职业道德伦理和法律法规的行为进行监督和举报，形成对新媒体社会失责的一股制约力量，促进新媒体社会责任的履行。

其次，动员社会公众对新媒体的监督。新媒体为社会公众的言论自由权和监督权的实现提供了前所未有的平台与空间。新媒体打破了社会精英垄断新闻报道的权力，大大提高了普通社会公众的话语权，有效地提高了社会公众监督的社会效果。因此，动员社会公众对新媒体行为进行监督，可以形成一股强大而广泛的监督力量。社会公众在对新媒体进行监督过程中，需要加强自身的媒介素养和法律知识，同时提升自身的社会公德和理性精神，才能避免对新媒体盲目非理性的监督，从而实现对新媒体客观、理性的监督，促进新媒体健康有序运行和社会责任的实现。

最后，建立新媒体社会责任评价指标体系。新媒体社会责任可以通过一个体系化的全面化的具体可操作的指标体系对其进行具体的量化和评价。第三方社会监督机构以及新媒体行业内自律组织中具备一定的评价资质的机构对新媒体社会责任进行指标评价。这种数字化和指标化的评价方式需要在科学评估方法的基础上进行。同时针对不同类型的新媒体设置不同的指标体系，进行科学有效的评价，从而将新媒体社会责任纳入具体的指标评价体系之中，有助于具体详细地认知和把握新媒体社会责任的履行状况，促进新媒体社会责任的积极履行。

三　新媒体从业人员法律素养的提升

在法治信息传播和法治新闻报道中，新媒体从业人员的法律知识、法律意识以及应用法律的实践能力直接决定了法治信息和法治新闻案件的客观性与真实性，并且影响着法治网络舆论的正确导向和社会公众对法治认知与评价，最终影响公众法治认同的形成。因此提高新媒体从业人员的法律素养对公众法治认同有着重要的意义。

（一）法律素养的内涵

当前学术界对法律素养这一概念的认识较为一致，以周洁为代表的学者从宏观的角度将法律素养定义为"个体认识和运用法律的能力"①。李彩虹认为"法律素养是人们对法律知识的内化、实践运用并自觉提高的能力或素质"②。刘红认为，法律素养是个体应用法律的一种能力，而这种能力是在个人经过长期的学习和法律实践参与的基础上得以形成的；同时这种能力是在个体的法律情感、法律评价以及法律信仰的基础之上形成并不断发展。③ 结合上述观点，笔者认为法律素养是一个人在后天的学习和实践中形成的认识和运用法律的能力或素质。

首先，法律知识是构成法律素养的基本要素。法律知识是关于法律规则的知识以及法律理论和思想。包括两个方面，一方面是对法律理论知识的掌握，另一方面是对法律条文的掌握。了解法律理论的相关知识，有利于了解法律的历史、法律的本质以及法律的作用等理论问题，有助于深入地探究法律存在的理论基础。厘清法律条文是准确地把握相关的法律规定和明确法律要求的关键。因此，掌握一定的法律知识是一个人具备法律素养的基本条件。

其次，法律意识是构成法律素养的主观要素。刘洪旺认为，法律意识是社会主体对法律的一种主观理解与把握，是社会主体对法律现象的信念、情感、评价、认同等心理状态的集合体。④ 法律意识主要包括法律观点和法律情感两个层面。树立正确的法律观点是指导人们采取合法合理行为的重要前提；拥有积极的法律情感是引导人们信仰法律的重要保障。因此，树立一定的法律意识是一个人具备法律素养的主观条件。

最后，法律应用能力是构成法律素养的外显标志，也是法律素养培养的最终目的。法律应用能力是指在法律意识的指导下，运用所掌握的法律知识，以法律思维分析和解决现实生活中的各种实际问题的能力，即人们维护法律，用法律途径解决矛盾冲突，用法律手段维护自己的合法权益的能力。

---

① 周洁：《大学生法律素养现状调查与分析》，《湖北经济学院学报》（人文社会科学版）2010 年第 11 期。

② 李彩虹：《当代大学生法律素养的现状分析及提高途径》，《焦作师范高等专科学校学报》2009 年第 2 期。

③ 参见刘红《加强大学生法律素质培养的方法与途径》，《长春师范大学学报》（人文社会科学版）2014 年第 6 期。

④ 参见刘洪旺《法律意识论》，法律出版社 2001 年版，第 49 页。

（二）新媒体从业人员法律素养缺失与法治认同

新媒体从业人员法律素养的高低一定程度上决定了法治信息和法治案件传播与报道的法律专业化程度。法治信息和法治案件的传播与报道过程中的法律专业化的程度直接影响着社会公众的法治认同。充分体现法律专业化和法治思维的法治信息与法治案件积极地促进公众对法治的客观理性认知和评价，公众形成法治认同。反之，缺乏法律视角解读和非法律专业化的法治新闻报道，歪曲公众对法治的理性客观的认知和评价，从而产生法治认同困境。

新媒体时代自媒体虽然占据绝对的数量优势，但对于热点时事、突发事件一线报道与专业点评仍离不开立基于传统媒体的职业媒体人。媒体人是否因为具有较之普通公众更为专业的法律素养决定了其所加工传播信息的想象空间与敏感性。2017年4月19日《河南法制报》一篇名为"采了3株'野草'男子获刑3年"的案件报道引发公众舆论对当地法院与司法裁判的强烈质疑。标题中"野草"遮蔽了"蕙兰"作为国家重点保护植物的特殊地位，报道内容中用"无意间""顺手"等词汇遮蔽了被告人非法采伐国家重点保护植物罪的主观罪过与恶性。显然作为官方法律媒体其出发点必然是期望通过案件报道向公众传播正向法治信息，而非刻意引发负向舆论。造成这一后果的直接原因，从学理角度看可能是报道者对刑法学中犯罪构成四要件基础理论的缺失。法律专业媒体尚且如此，其他行业媒体的法律素养可想而知。其他主流媒体在对"采草案"的关注转发中，又将"河南""农民""顺手""竟然"等标签词汇标题化，将情感评价与司法裁判截然对立起来，从而严重削弱了公众对法治的认可和接受，阻碍新媒体背景下公众法治认同的形成。而这一切均始于媒体法律素养的不足。法律素养的补强并非增加法律专家的采访或者专家评论，而应是每个涉法媒体人知识结构体系与思维方式的法律化。不同于传统媒体中的职业媒体人相对单一的新闻专业教育背景，现代法治报道中的媒体人应当是具有法律与新闻双重教育背景，是深谙媒体传播规律的法律人抑或是熟悉法律专业领域的媒体人。如此，媒体人才能在传播需求与法治认同之间维系精巧的平衡。

（三）新媒体从业人员法律素养的提高

在法治信息传播和法治案件的报道中，新媒体从业人员的法律素养对公众法治认同产生了一定的影响，因此必须提高新媒体从业人员的法律素养。现代社会关系的复杂化，要求新媒体从业人员不仅具备系统的新闻专业化知识和技能，同时还具备法律系统知识与应用法律的能力。首先，新媒体从业人员接受系统专业化的法律教育，学习法律知识和法律理念。法律是一门专业化程度很高的学科，新媒体从业人员只有经过系统化地学习法律知识与理念，才能掌握法律知识并且领悟法律理念。在高校的新闻专业的学院学生同时兼修法学专业，培育具有媒体素养和法律素养的媒体人。特别是新媒体中自媒体个人用户，由于其媒体行为经常游离于媒体职业道德规范之外，其应该积极主动学习法律知识与理念，优化自身的知识结构，加强法律素养的提高。同时新媒体行业内部，媒体自身或者自律组织机构通过定期聘请法律专家进行法制宣传教育和讲座等形式，促进新媒体从业人员法律知识的学习和法律意识的培养。其次，加大新媒体从业人员的法治实践，提高新媒体从业人员的法律应用能力。仅仅具备法律知识与意识，没有具体的法治实践，从业人员的法律素养只能停留在主观心理层面。通过具体参与法治实践，将媒体从业人员的法律知识与法律应用能力结合起来，提高其应用法治思维分析具体法治案件的能力，提高法律素养。最后，通过新媒体内部考核奖惩机制，对新媒体从业人员法律素养进行评定和考核，从而促进新媒体从业人员的法律素养的提高。在新媒体从业人员法律素养提高的基础上，规范法治信息的传播和法治新闻的报道，积极引导网络法治舆论，塑造社会公众积极正向的法治价值观和法治评价，从而促进公众法治认同的形成和重塑。

第三节　公众公民性品格的塑造

公众公民性品格的阙如加剧了新媒体背景下公众法治认同困境，因此必须塑造公众公民性品格，促进新媒体背景下公众法治认同的形成和强化。本节从市场经济、公民文化以及公众参与三个视角具体阐述公众公民性品格塑造的路径。首先，坚实公民性品格形成的经济基础，即市场经济。市场经济孕育了公众理性精神、公共精神、法治意识以及法治思维，构成了公民性品格形成和塑造的经济基础。其次，通过公民文化的培育，提高公众的公民意识，从而促进公众公民性品格的形成。最后，通过公众民主参与能力的提高以及公众民主理性参与精神的培育，扩大公众的民主参与，进而塑造公众公民性品格。

一　坚实公民性品格的市场经济基础

现代公民性品格孕育于市场经济，市场经济为现代公民性品格的形成和塑造提供了经济基础。市场经济下公众理性精神、法治意识和法治思维、公共精神以及独立性人格才能得以形成。因此公众公民性品格的塑造首先需要发展市场经济，坚实公民性品格的经济基础。市场经济要求民主法治社会与之相适应，为市场经济提供制度保障。市场经济是一种法治经济，其在理性而平等的竞争规则下促进多元利益的形成。而在我国长期的历史发展中存在的农业经济中的"小农意识和臣民意识"与市场经济格格不入。市场经济下，经济主体之间自由而平等地享有权利并履行相应的义务，平等地参与利益竞争与利益合作。同时公平与效率、诚信与合作是市场经济下现代伦理规范。而市场经济中这些新型伦理规范和竞争规则促进了公民性品格的塑造。市场经济为公民性品格的塑造提供了坚实的经济基础；同时公民性品格为市场经济的发展奠定了强大的文化与伦理基础。

我国在长期的历史发展过程中农业经济一直占据主导地位。农业经济的主体主要是分散的农民。在小农意识的支配下，农民具备了中庸、和睦以及平均的主体品性，同时小农意识排斥竞争。农民长期以来处在信息不流通和闭塞的环境中，彼此之间信息缺乏共享和沟通，从而塑造了农民保守和消极的主体品性与人格。同时在长期的封建社会中，农民受到地主阶级以及其他封建势力的压迫和剥削，导致农民在经济和身份两个方面缺乏独立性，形成小农对地主阶级的人身依附不平等关系。因此在小农经济和宗法社会中形成的小农意识和臣民意识阻碍了社会主体参与政治，并且导致社会主体对政治的冷漠和畏惧。因此在小农经济下，公众缺乏独立性人格，缺乏现代公民性品格中的理性、公民的法律意识与法治思维、公共精神。

而市场经济具有平等性、开放性、自主性、竞争性和法制性。市场经济的利益最大化原则，会激发公民的权利意识和自主意识以及理性精神和公共精神。因为商品经济奉行等价交换的原则，"交换价值的交换是一切平等和自由的生产的、现实的基础"①。在社会生产力大力发展之下，与之相适应的生产关系也发生蜕变。在市场经济发展过程中，分散的小农经济自然逐渐退出历史舞台。而在小农经济中产生的小农意识与臣民意识也被市场经济中形成的自由与平等、利益与价值、秩序与权利等社会价值和主体品格所取代。在市场经济下，主体积极地追求自我解放和平等自由，摆脱传统封建社会中的人身依附关系。同时在市场经济的刺激下，主体在平等竞争的基础上追求利益的最大化，同时用理性与法治保障市场经济中利益的实现。因此，现代市场经济酝酿了自由与平等、理性与自律、秩序与独立、权利与义务、诚信与守信的价值理念和伦理规范。而市场经济中形成的这种价值理念和伦理规范为公众公民性品格的塑造提供了基础。公共精神、法律思维、理性精神以及民主自由的公民性品格只有建立在市场经济以及市场经济中形成的伦理规范和价值理念的基础之上，才能形成并不断完善。因此，市场经济为公民性品格的塑造提供了坚实的经济基础，需要在市场经济发展中不断塑造公民性品格。

二　促进公民文化培育，提高公民意识

公民性品格的塑造不仅需要坚实其赖以存在的市场经济基础，更需要在公民文化培育的基础上提高公民意识，从而促进公众理性精神和公共精神、法治意识与法治思维的形成；进而促进新媒体背景下公众法治认同的形成和强化。因此需要在公民文化培育的过程中，逐渐提高公民意识，从而塑造公众公民性品格。

公民意识是公民对自身的政治地位和法律地位、应享有的权利和履行的义务的自我认识和自我认同的总称，是民主意识与法律意识在国家活动领域为主的宏观范围内形成的社会意识。"作为对公民角色及其价值理想的自觉反映，公民意识在本质上必然呈现为民主政治和市场经济相适应的主体自由追求和理性自律精神。"②

在中国古代的传统社会中，传统封建等级文化盛行，公民文化没有生

---

① 《马克思恩格斯全集》第 46 卷（上），人民出版社 1979 年版，第 197 页。

② 马长山：《法治的社会根基》，中国社会科学出版社 2003 年版，第 244 页。

存的土壤和空间，因而缺乏公民意识基础之上的平等自由、权利责任意识、法治思维、公众理性以及公共精神等公民性品格。在封建社会中，不同的思想派别如法家或者儒家，都是为了维护统治阶级的统治而强调集权和专制。社会主体在严格的封建宗法制度中个性与自由基本被束缚和磨灭。封建等级制度将社会主体的人身身份系统地划分为不同等级和类别。而且不同等级和类别的身份之间不得随意变动和跨越。在这种严格的等级制度下，社会主体只是法律统治的对象，法律也只是统治阶级统治社会主体的工具。国家权力基本不受任何其他社会力量的制约和限制。不受约束和限制的国家权力极易侵犯社会个体的利益和权利。因此在权力本位为核心思想的政治体制中，社会主体没有更多的反抗能力，而是无条件地服从国家权力的统治。在专制集权的政治体制和文化氛围中，社会主体缺乏民主选举、政治参与意识，从而社会主体的公民主体意识缺乏文化基础和政治制度的支撑。虽然我国市场经济日趋成熟，民主法治社会在不断地进步和发展，然而几千年以来形成的专制与集权文化和思维惯性难以彻底消除。当代公民的权利意识、责任意识以及理性自律精神等公民性品格依然严重缺乏，一定程度上制约着市场经济和法治民主社会的发展。

　　公民意识的形成是塑造公民性品格的重要前提和举措。公民性品格的塑造只有在公民意识觉醒的前提下才能实现。促进公民意识的形成也是塑造公民性品格的题中之义。在我国长期的历史发展过程中，传统文化意识中缺乏公民意识，使得我国社会主体没有独立的人格。社会主体在国家政治生活中基本处于服从的地位。社会主体没有条件关注和参与公共领域生活，从而没有资格和机会参与国家法律制度以及政策的制定和修改。社会主体的利益诉求在国家法律和政策中得不到合理的体现。因此，在公民意识缺乏的背景下，需要积极地促进社会主体从传统意识文化中解放出来并且积极促进公民意识的形成和发展，从而为公民性品格的塑造提供意识基础和内在驱动力。而公民意识的形成，首先需要克服和摆脱传统政治体制下形成的臣民意识。国家与社会积极加大对公民素质的提升力度，同时通过宪法和法律保护公民自由权利和表达权利，促使公民从传统意识的束缚中解放出来。社会主体积极克服等级观点，而国家和政府更是需要摒弃和消除封建集权与专制思想，促进现代平等自由、民主法治等现代社会价值观的形成。因此应在现代民主理念、法治精神和公共精神形成的基础上，积极促进公民民主参与政治生活。公民意识与参与意识之间相互促进，二者共同促进公民性品格的塑造。公民在参与意识和公民意识的作用下，将会积极主动通过各种途径和形式参与国家立法、执法、司法以及法律监督活动，从而促进公民意识引导功能、耦合功能以及批判功能的实现，为法治社会的实现提供内在动力支撑。① 在实践中，公民意识不仅促进公民理性自律精神和公共精神的形成，更是在此基础上推动社会个体对社会公共生活和社会群体的认同。公民意识不仅体现在公民心理层面，同时需在实践中推动公民积极参与公共生活和政治生活，使公民意识转化为实践动力，促进公民独立人格和现代公民价值观的培育和形成。而以公民意识培育和形成为重要内容的公民性品格的塑造，也在实践中得以进行和完成。

在公民文化的培育和发展过程中，公民主体意识的逐渐觉醒促使更多的社会主体从臣民蜕变为现代公民。社会主体从被动地参与国家政治生活和公共生活转向积极主动参与公共领域中公共政策的制定和讨论以及积极参与国家选举、国家立法执法以及司法活动，从而公民对公共生活和国家政治生活有了理性、包容和批判的认知。在公民意识的引导以及社会实践作用下，社会主体积极参与公共生活，彼此间通过自由平等的对话和交流就涉及公共利益的问题进行充分讨论并达成共识性的一致意见和看法，从而给国家和政府带来舆论压力，促进国家和政府在法律和政策的制定中体现民意并接受社会主体对其的监督和制约。社会主体在政治参与和公共参与的实践中，充分体现了公共精神和理性精神，同时公民自由权利和监督权利也得到进一步的实现。通过公共参与实践，公民对法治形成理性认知与评价，并促进了社会主体对国家法治的信任与尊重，从而逐渐培养了社会公众的法治思维、理性精神与公共精神等公民性品格，提高和重塑了公众的法治认同。总之，在公民文化培育的过程中，积极提高了公民意识，促进公众公民性品格的塑造，进而促进公众法治认同的形成和强化。

三　促进公众民主参与，提升公民性品格

公众在民主参与实践中，可以有效地促进公众理性精神和公共精神的

---

① 参见马长山《法治进程中公民意识的功能及其实现》，《社会科学研究》1999 年第 3 期。

形成与提高，特别是在法治实践中公众的民主参与有效地提高公众的法治意识和法治思维，从而促进公众公民性品格的塑造和公众法治认同的形成。通过提高公众民主参与能力和培育公众民主理性参与精神，促进公众的民主参与。

（一）公众民主参与促进公民性品格的塑造

公众公民性品格的塑造不仅需要公众心理层面的公民文化和公民意识以及物质经济基础，同时更需要公众实践层面的民主参与。公众通过民主参与促进公民性品格塑造和形成所需要的公民文化与公民意识，同时公民文化和公民意识也在公众民主参与实践中不断成熟和完善。公民在良好的公民意识的刺激和指导下，积极有效地参与政治活动，行使自己的合法权利并履行相应的义务和责任。然而公众民主参与的实现需要公众具有民主参与能力和理性参与精神。公众的理性参与精神和参与能力需要与社会经济和民主政治的发展相适应。因此市场经济的发展和民主政治制度的完善为公众理性参与精神和参与能力的形成与提高提供了物质保障和制度保障。目前我国的市场经济快速发展为公众理性参与精神和参与能力形成提供了坚实的物质基础，但是由于我国公众长期缺乏现代民主法治理念和意识，再加之我国现代政治和法律制度起步较晚且发展缓慢，我国民主政治制度和法治环境一定程度上制约着公众理性参与精神和参与能力的形成。我国现阶段公众的参与能力与理性参与精神的现状不容乐观，没有为公众公民性品格的塑造提供强大的内在支撑与动力，进一步阻碍了公众法治认同的形成和强化。因此需要在制度和实践两个层面积极促进公众参与能力的提高和理性参与精神的形成，从而推动公众公民性品格的塑造。

（二）公众民主参与能力的提高

公众民主参与能力的提高需要公民意识的心理支撑，但是更需要民主参与实践的推动和相关制度的保障。培养公众参与意识和参与能力的最有效的方式是公众积极参与地方自治实践活动；地方民主自治活动促使每一个人在参与实践中培养民主法治思想和提高参与能力，同时公众在地方自治参与实践中不断形成民主参与习惯，最终促进全国性公众参与实践活动的开展。[①] 基层自治中的民主参与有效地培养公众法治意识、法治思维和

---

① 参见许纪霖《公共性与公民观》，江苏人民出版社 2006 年版，第 249 页。

精神以及责任意识，从而促进公众参与能力的提升。另外，需要扩大公众民主参与的途径和形式。特别是随着新媒体互联网技术的不断进步和革新，新媒体成为公众了解政治制度和参与政治生活的重要渠道与形式。应积极促进公众利用新媒体互联网及时便捷地参与政治生活和公共生活。新媒体可以有效地扩大公众民主参与的主体范围，同时丰富公众民主参与形式，促进公众实践参与的实现。随着参与实践的不断积累，公众的权利意识和责任意识不断提高和深化，同时可以有效地促进公众公共精神的培育。公众有序地参与政治和法治实践，形成充分表达自己意见的平台与渠道，促进公众对法治的认可和接受，形成有序的法治秩序，从而为我国法治建设提供强大的心理支撑。

（三）公众民主理性参与精神的培育

公民理性精神，并非人与生俱来的天然品质，而是来源于后天的目的性教育，来源于公民对法治价值与形式的独立判断，来源于日常法治活动的心理体验。除了后天教育强化国民独立思考能力与逻辑思维能力外，公民理性精神的培育离不开一种群体性氛围的营造，包容、自由的舆论环境中法治诉求的实践氛围尤为关键。

在新媒体塑造的舆论场中，平等、自由的协商舆论氛围是公共问题进行深入探讨与论辩的前提。目前我国舆论环境在个人与制度两个层面都存在问题。在个人层面，公众个体缺乏平和、理性和宽容的讨论说理的心理素养，同时公众缺乏逻辑推理论证的能力；在制度层面，社会公众教育中社会共识的文明理性议事规则长期阙如。[①] 而平等、自由的协商舆论氛围并不是一两场简单的应景式的集体讨论就能承载的，必须内化到每一个公民日常行动中。一方面在公共领域和国家政治生活中积极促进公众公民意识和自我身份认知的形成，同时公众正确认知和评价公民个体之间、公民个体与群体之间、群体与群体之间以及群体与国家之间的利益关系，促使公众个体尊重基本人性原则、伦理道德和协商讨论逻辑。[②] 另外，在公共舆论中需要确立文明理性的议事规则，促使公众从非理性的谩骂、暴戾情

---

① 参见李晓亮《我们如何向"网络暴戾"说不》，http://news.163.com/12/0802/09/87T32ELC00014JB5.html，2017 年 11 月 18 日。

② 参见马长山《公共领域兴起与法治变革》，人民出版社 2016 年版，第 341 页。

绪和个人私愤的发泄转向理性有序的交流、平等自由的辩论。从《罗伯特议事规则》到《公民论坛的对话守则》，议事规则不是话语权的控制与垄断，而是在合理多元主义下共识形成的基本程序规则与价值导向，其在最大限度上遏制了新媒体中暴戾情绪与非理性的传播。具体而言，舆论场中的议事规则应该包括以下几个方面：讨论的目标是发现真理，而非相互之间的人格侮辱；沟通和交流中始终不偏离主题；发现错误及时承认并予以改正；对话和沟通中尽量宽容和理解对方。① 只有具备公民身份与角色价值的公众在共同的议事规则之下进行探讨才能形成期待的平等、自由、包容的协商氛围。

受限于传统文化中道德理想主义，社会公众对法治一贯采取厌诉或者规避的态度，公民化的诉求表达与维权能力并不显现。需要营造法治诉求的实践氛围，让公众能够以实际行动参与到正式的法治活动中获取切身法治认知与情感，而非一贯的从媒体所承载的信息中认识和感受法治。在嘈杂的广场化舆论场中，公众积极的法治化诉求和法治思维可以摒弃浓厚的道德化诉求和非程序化的参与方式，促进公众通过法治逻辑与思维审视和反思法治舆论中蕴含的价值与诉求。总之，在法治实践中，以公众程序化、规范化和制度化地维护合法权益的行动替换盲目的、偶发的、无序的维权行为，从而促进公众在实践中形成理性法治参与精神，形成多元价值基础上的法治共识与认同。

第四节　法律职业共同体对网络法治舆论的正确导向

在新媒体背景下，法律职业共同体对网络法治舆论的正确导向是公众法治认同重塑的一个重要路径。法律职业共同体通过对网络法治舆论积极正确的导向，可以有效地传播法治知识与法治精神、推动网络法治舆论健康有序发展并且促进网络法治舆论监督作用的实现。而法律职业共同体在网络法治舆论导向中发挥的这种积极作用有效地促进公众法治认同的形成和重塑。促进法律职业共同体对网络法治舆论的正确导向，

---

① 参见彭鹏《中国新闻评论发展"理想图景"的构建研究》，《新闻界》2014年第18期。

首先需要培育法律职业共同体的媒介素养，而媒介素养的培育是其正确导向法治舆论的基本前提。其次，法律职业共同体发挥网络法治舆论意见领袖的作用，是实现法治舆论正确导向的核心路径和对策；而法律职业共同体自身职业伦理道德和法律素养的提高是其实现舆论导向的根本保障。

一　法律职业共同体的内涵与特征

在新媒体背景下，法律职业共同体对网络法治舆论的积极引导，可以有效地促进和强化公众法治认同的形成。通过对法律职业共同体的内涵和特征的阐述，有助于深入论证法律职业共同体如何对网络法治舆论进行正确积极的导向。

（一）法律职业共同体的内涵

学者们对法律职业共同体的概念和内涵从不同视角给予了不同阐释。张文显等认为：法律职业共同体是在法律职业者共性的基础上形成的虚拟的人格化的共同体；法律职业共同体的主要功能在于引导法律职业者达成共识和创造归属感，同时法律职业共同体促进法律思维、法律信念和法律职业伦理道德的形成，从而增强法律体系的权威。[①] 陈信勇则认为法律职业共同体是一个在一定条件下不受地域和组织形式限制的共同体，这个共同体是具有共同语言、共同价值判断、共同教育背景以及共同规则约束的法律工作者的集合体。[②] 张志铭从法律职业共同体的范围的角度对其进行了阐述，认为法律职业共同体是主要包括各级检察官、各级法官、律师以及高校法律教育从业者等在内具有共同精神和习惯的一种共同体。[③] 季卫东提出了法律职业共同体形成应满足三个必要条件：一是法律职业共同体以维护人民合法权益为根本宗旨；二是法律职业者必须具备系统的专业知识和高水平的专业技术；三是法律职业共同体是具有职业准入制度、职业

---

①　参见张文显、信春鹰、孙谦《司法改革报告——法律职业共同体研究》，法律出版社2003年版，第445—446页。

②　参见陈信勇《法律社会学》，中国社会科学出版社1991年版，第77页。

③　参见张志铭《20世纪的中国律师业》，苏力、贺卫方主编《20世纪的中国：学术与社会》（法学卷），山东人民出版社2001年版，第454页。

规范与伦理道德的自治组织。① 学界目前对于法律职业共同体的范围没有形成共识性的观点。关于法律职业共同体的范围目前存在狭义和广义两种观点。狭义的观点认为，法律职业共同体指包括检察官、律师、法官以及法学研究者。而广义的观点认为，法律职业共同体是一个范围较宽的组织，主要包括检察官、法官、法学学者和法学教育者以及律师，同时也包括立法工作者、司法法警以及法律编辑和法律记者等从事法律相关工作的职业者。

综上所述，笔者认为法律职业共同体是一个受过法学专业知识教育、具有一定的法律实践经验、持有共同的法治信念、奉行共同的法治价值与精神、应用共同的法治思维的职业者组成的共同体。根据法律职业者从事的法律工作的性质，法律职业共同体包括实践法律职业者和学术法律职业者。前者如法官、检察官和律师等；后者如法学研究者等。

（二）法律职业共同体的特征

首先，法律职业共同体是一个受过法学专业知识教育的职业者组成的共同体。法律共同体的成员必须是接受过专业的法学教育培训，存储了充足的专业知识，获得了法律职业所需要的知识和技能，同时具备熟练运用法律知识的能力，形成了法律人所独有的法律思维方式和共同的法律理念，这个共同体经过统一的法学教育和长期的法治实践，形成一个知识共同体。

其次，法律职业共同体使用共同的法律语言。法律职业共同体在统一使用法律语言的基础之上从事法律职业。如果没有统一的法律语言的应用，不同法律职业者之间无法进行沟通和交流，更无法形成统一的法治价值观。而法律语言是建立在日常生活语言的基础之上的，但是法律语言具有抽象性和专业性。因此法律职业共同体中不同的法律职业者必须经过法学专业化的学习和训练才能掌握和应用法律语言。法律职业共同体以共同法律语言为纽带进行职业交流和沟通。

再次，法律职业共同体奉行共同的法律价值观。尽管法律职业共同体中不同的法律人从事不同的法律职业，在法治实践中存在利益的分化和对

---

① 参见季卫东《法律职业的定位——日本改造权力结构的实践》，《中国社会科学》1994年第2期。

抗，但是其有着共同的价值追求，即对法治公平与正义、效率与公正、自由与秩序、法律至上、程序正义以及权力限制和权利保障的价值追求，同时对法治制度和价值的共同的认同和信仰。这些充分体现了法律职业共同体奉行共同的法律价值观。共同法律价值目标的追求是其形成和存在的内在动力和支撑。

最后，法律职业共同体是一个具有理性法治思维共同体。法律职业共同体内的法律人通过理性的法治思维看待问题和分析问题。法治思维具体体现为权利和义务意识以及程序正义、法律至上等法治观念。法治思维不同于普通公众的日常生活逻辑思维和道德思维，具有专业化特性。法律职业共同体只有经过长期的法学教育以及法治实践才能培养法治思维。同时理性精神是法律职业共同体必须具备的精神。法律职业共同体应用法治思维认知和评价法律问题和法律现象，并根据法律概念、法律原则、法律原理结合法律事实进行严谨的逻辑推理和论证，从而得出具有逻辑性的法律结论。总之法律职业共同体是一个经过统一法学教育和长期法治实践形成的共同体，这个共同体具有共同的法学知识背景、使用共同的法律语言、追求共同的价值、应用理性法治思维的一个共同体。

二　法律职业共同体在网络法治舆论导向中的积极作用

在网络法治舆论传播过程中，法治职业共同体积极地介入舆论，通过发挥意见领袖的作用对网络法治舆论进行积极的引导。法律职业共同体在对网络法治舆论引导的过程中产生积极的作用。首先，传播法治知识与法治精神，促进普法效果的实现；其次，推动网络法治舆论的良性发展，避免群体极化和网络暴力的发生；最后，促进和强化网络法治舆论监督作用的实现。

（一）传播法治知识与法治精神

在新媒体背景下，公众通过网络法治舆论，及时、快捷地获取法治信息和法治新闻。网络法治新闻和法治信息是公众认知法治、评价法治和感受法治精神与价值最重要的材料来源。网络法治舆论扩大了法治新闻的覆盖面和传播速度。网络法治舆论在传播过程中为公众提供了及时、丰富的法治新闻，而法治新闻涉及大量的法治知识，蕴含着丰富的法治精神和法治价值。同时公众通过参与法治舆论的传播而与其他媒体或者公众及时有效地沟通法治知识与法治精神。网络舆论中的网络法治新闻和法治信息的受众极其广泛，因此对公众的法治知识的接受和法治精神的内化产生重大影响。而法律职业共同体作为公共知识分子，在网络法治舆论的传播过程中经常发挥着意见领袖作用，通过自身专业化的法律素养和法律职业精神在公众中树立权威。而且对法治新闻中的热点法治案件中的法治知识进行专业化的梳理和分析，同时用法治思维解读法治舆论中的热点法治案件中传导的法治精神与法治价值。法律职业共同体积极引导公众对法治舆论中热点法治案件进行理性、冷静和客观的认识和评价。在法律职业共同体引导网络法治舆论的过程中，传播了法治知识和法治精神，促进了普法效果的最大化。而公众通过法律职业共同体的法治舆论的积极引导，不断地丰富自身的法治知识，同时内化法治精神与法治价值，促进了公众法治认同的形成。

（二）　推动网络法治舆论良性发展

在网络法治舆论传播过程中，由于法治新闻中的热点法治案件涉及社会矛盾和社会焦点等敏感问题，容易引发公众的集体愤怒和非理性情绪，形成法律民粹主义甚至是网络暴力。同时网络法治舆论容易走向群体极化，形成极端、非理性和暴戾的法治舆论，严重影响公众对法治的认知和评价，阻碍法治秩序的形成。而法律职业共同体在网络法治舆论传播过程中可以有力推动其良性发展，在一定程度上避免群体极化等恶性传播和演变。勒庞指出，群体领袖是群体意见形成并取得一致的核心，犹如领头羊一般，领导着群众，其动员手段包括断言、重复和传染。[①] 法律职业共同体中的法律人利用自身的法律知识资源优势，积极担任网络法治舆论的意见领袖，引导公众客观、理性地看待和讨论法治热点案件。法律职业共同体利用法律理论和法律精神来解读法治案件，从而将公平与正义、自由与秩序、平等与民主等抽象的法治价值理念具体转化为社会公众对法治的认知、理解、评价和情感。在法律职业共同体的客观、有序和理性的导向下，社会公众通过法治思维而非大众思维对法治案件进行观察和思考，同

---

① 参见［法］古斯塔夫·勒庞《乌合之众——大众心理研究》，宇琦译，湖南文艺出版社2011 年版，第 82—98 页。

时社会公众在奉行法治精神的前提下彼此间就法治案件进行理性自由的沟通和交流，从而公众对法治案件的关注焦点转向法治问题。因此法律职业共同体在复杂的法治舆论中重新凝聚社会公众的看法和观点，形成理性的符合逻辑的共识，从而推动了网络法治舆论朝着理性健康的良性方向发展和演变。

（三）促进法治舆论监督作用的实现

新媒体公共领域中，网络舆论最重要的功能是实现对社会的监督作用。网络法治舆论的监督作用集中体现为对立法、执法和司法的监督，从而维护公民权利并限制公权力，促进法治健康发展和运行。然而在网络法治舆论传播过程中，公众法治思维的淡薄和理性精神的缺乏，加之新媒体低俗化、同质化地进行法治热点案件的报道，导致网络法治舆论并不是真正民意的代表，而是异化和扭曲的民意。而这种并非民意的网络法治舆论弱化了法治舆论监督作用，甚至误导公众形成网络暴力，侵犯公民权利和践踏法治权威。法律职业共同体中的法律人通过积极引导网络法治舆论，促使网络法治舆论在民意的轨道上演化，从而真正实现法治舆论对国家立法、执法和司法的监督。同时法治职业共同体中的法律人可以强化法治舆论监督作用。在网络法治舆论形成和传播过程中，具有权威性的法律人的介入可以形成一股强大的舆论推力，进一步形成强大的民意，从而对国家公权力形成巨大舆论压力。在唐慧被劳教案中，法律职业者利用微博及时有效地对相关问题发表观点和评论，引导公众形成代表民意的网络舆论并对相关政府部门的行为和决策进行理性有力的监督，引导社会公众对劳教制度的合理性进行质疑和批判。因此热点法治案件经过法律职业者和网络媒体共同的报道和关注后，形成强大的舆论洪流对法治案件进行监督，从而实现网络舆论对法治的监督作用。

三　法律职业共同体的法治舆论引导与公众法治认同

法律职业共同体在法治舆论的形成和传播过程中可以发挥积极的作用，引导法治舆论健康有序地形成和传播。法律职业共同体作为新媒体公共领域的公共知识分子，利用自身法律专业知识与法律思维对公共法治热点案件进行专业化和权威化的解读，发挥意见领袖的作用，影响法治舆论的走向，从而促使法治舆论朝着理性、客观的方向传播。法律职业共同体在参与法治舆论形成和传播过程中，积极地促进公众法治认同的形成和强化。

首先，法律职业共同体引导真实客观的网络法治信息的传播，从而促进公众正确法治认知的形成，避免公众在法治谣言的基础上形成法治认知偏差，最终促进公众法治认同的形成。在新媒体平台上，关于热点法治案件的信息极其敏感，从而容易形成法治谣言和极端的法治观点。非理性和缺乏法律知识与法治思维的公众在"抽象的愤怒"情感的支配下，产生对法治的错误的认知和负向的情感。而法律职业共同体中的法律人因具备专业化、系统化的法律知识和法治思维，具有一定的权威性和影响力。所以其在法治信息的传播过程中通过设置公众议题，发挥意见领袖作用，积极对法治信息进行专业化和系统化的权威解读和评论，促使网络法治舆论在法治的轨道上传播。在此过程中，积极地促进了法治案件中法治知识的宣传和普及，同时法治信息和案件中的法治精神与价值也不断内化于公众的心理层面，从而促进公众法治认同的形成和强化。

其次，法律职业共同体在法治舆论传播过程中对法治案件和法治新闻进行专业化的评论，引导公众积极的法治情感和法治评价的形成。热点法治案件的传播过程中，一些别有用心的网络推手和组织极力歪曲法律事实，抹黑司法，制造所谓的法治案件"真相"，吸引眼球。由于新媒体传播规律的影响和法治意识与法治思维的淡薄，公众容易陷入法治"真相"陷阱，形成对法治的消极情感和否定性评价。而法律职业共同体在法治舆论传播中对法治案件进行客观的分析和评论，引导公众理性地对法治进行评价，推进法治舆论向着客观理性的方向发展，从而促进公众法治认同的形成。

最后，法律职业共同体积极影响法治舆论走向，避免群体极化的形成，进而促进法治共识的形成。法治热点案件涉及社会公平正义、道德与法律冲突的敏感问题，法治舆论容易形成不同的极端的观点，造成法治舆论群体极化的产生。不同的法治认知与法治价值观在群体极化下相互碰撞和对抗，促使公众法治共识的破裂，消解了法治认同的形成。而法律职业共同体在法治舆论中通过发挥意见领袖的作用，积极引导法治舆论理性客观地传播，避免群体极化的形成，促使不同法治价值观和法治认知的公众在平等包容的舆论环境中交流与对话，从而促进公众法治共识的形成和公众群体法治认同的形成与强化。

四　促进法律职业共同体对网络法治舆论的正确导向

实现法律职业共同体对网络法治舆论的正确导向，首先需要培养其媒介素养。法律职业共同体只有深谙新媒体传播规律，具备选择和甄别信息、正确评价和判断信息等媒介素养，才能有效引导网络法治舆论。其次，积极发挥网络舆论意见领袖的作用。充当舆论意见领袖是法律职业共同体进行舆论引导最有效的途径。最后，提高法律职业共同体的职业伦理道德和法律素养是其正确导向网络法治舆论的根本保障。

（一）培养法律职业共同体的媒介素养

具有良好的媒介素养是法律职业共同体对网络法治舆论进行正确导向的重要前提。新媒体技术的不断革新和进步，对新媒体舆论引导者的媒介素养提出了更高的要求。法律职业共同体只有具备了较高的媒介素养，深谙媒体传播规律，才能在法治舆论传播过程发挥舆论引导者作用，把握舆论的走向，对法治舆论进行积极正确的导向，从而促进公众的法治认同的形成。

媒介素养的概念最早在西方国家提出，典型的观点认为媒介素养是人们面对媒体各种信息时的选择能力、理解能力、质疑能力、评估能力、创造和生产能力以及思辨的反应能力。[①] 我国学者对媒介素养有不同的定义，其中具有代表性的观点强调，媒介素养是指社会主体对各种媒介所传达的信息的理解和反思的能力以及社会主体应用媒介信息促进个人和社会发展的能力。[②] 以上媒介素养的概念是在传统媒体背景下提出的，在新媒体技术普及的背景下，信息的传播形式和受众发生了颠覆式的变化，公众以及公共知识分子既是信息的传播者也是信息的接收者，媒介素养的核心内涵也发生了一定的变化。综合以上观点和新媒体信息传播特征，笔者认

---

① 参见王莲华《新媒体时代大学生媒介素养问题思考》，《上海师范大学学报》（哲学社会科学版）2012年第3期。

② 参见张志安、沈国麟《媒介素养：一个亟待重视的全民教育课题——对中国大陆媒介素养研究的回顾和简评》，《新闻记者》2004年第5期。

为法律职业共同体的媒介素养包括三个方面的内容。第一，法律职业共同体作为信息的消费者，需具有选择信息、分析信息、判断和评价信息的能力；第二，法律职业共同体作为信息的生产者，其有义务发布真实信息、规避谣言，同时对生产的信息负责；第三，法律职业共同体作为信息的传播者，需具备理性交往能力、公共精神和社会公德。

媒介素养的系统化教育和媒介实践的积极参与是培育法律职业共同体的总体策略。笔者从法律职业共同体法律素养内涵的三个方面阐述媒介素养提高的路径。首先，法律职业共同体需要提高对信息的正确选择和真伪辨别能力，同时需要提高信息的分析和评判能力。这是媒体素养提高的首要路径。法律职业共同体作为法治舆论的导向者和信息的传播者，需要在大量复杂的信息中筛选出有价值的信息，摒弃大量冗余信息和虚假信息。这种信息识别和评判能力是网络舆论引导者应该在网络传播实践活动中努力培养的媒介素养。其次，作为信息的生产者，需提高法律职业共同体的原创信息能力。通过媒介素养教育特别是媒介实践不断锻炼和提高其生产一手真实信息的能力。最后，作为信息的传播者，法律职业共同体需培育自身的理性交往能力和公共精神，作为舆论引导者在信息的传播过程中保持冷静、客观和理性的态度，克服自身个人主义和团体利益倾向。总之，在媒介素养系统化教育和媒介实践积极参与的总体策略下，不断提高法律职业共同体的信息选择甄别能力、信息的评判能力、生产真实信息能力以及培育自身的交往理性能力和公共精神，从而不断提高法律职业共同体的媒介素养。

（二）发挥意见领袖的作用

利用自身的法律知识和法律资源，积极发挥网络舆论意见领袖的作用，是法律职业共同体对网络法治舆论进行正确导向的关键对策和路径。法律职业共同体通过发挥意见领袖作用，汇集民意，从而促进网络法治舆论的良性发展，推进公众对法治的认同。网络意见领袖是指积极活跃于新媒体网络平台中，对某一议题发表观点并积极传播观点和信息的个人或者组织。这些个体或者组织具有众多的支持者和追随者，且对议题和事件具有强大的话语权。在传统媒体背景下，社会精英或者某一领域的专家对社会公众的认知有着引导功能；公共知识分子和专家积极促进公共舆论的发展。普通社会公众由于文化资源的相对匮乏而更多担当的是受众的角色。

公共知识分子利用专业优势在舆论发展中容易扮演意见领袖。然而在新媒体背景下，信息传播方式的改变，瓦解了精英话语权的垄断地位。社会公众人人都可以是"麦克风"，发表自己的看法和观点。在杂乱而复杂的新媒体舆论环境下，法律职业共同体脱颖而出并成为网络法治舆论的意见领袖，从而发挥舆论导向作用。首先，法律职业共同体需要在法治舆论形成和发展过程中通过设置议题，构建舆论讨论的机制。法律职业共同体通过挖掘舆论中新的议题，从法律专业化的视角分析热点法治案件和法治信息，提高自身的关注度和权威性。其次，法律职业共同体需要通过与传统媒体和新闻媒体的互动，跟进设置议题。借助传统媒体特别是官方主流媒体扩大自身的公信力和舆论权威；同时通过不同的新媒体发声，利用新媒体传播信息的快捷性和及时性扩大自身的影响力。最后，推进舆论发生转移或者转变。网络舆论的传播遵循着一定的规律。法律职业共同体需要利用网络舆论的形成和传播规律，积极通过议题的重新设置或者议题的转变引导网络舆论发生转移，从而促进其向着法律职业共同体所期望的方向发展和演变。

（三）提高法律职业共同体的职业伦理道德和法律素养

促进法律职业共同体对网络法治舆论的正确导向，其中职业伦理道德和法律素养是根本保障。新媒体越来越呈现出商业化的运作模式，一些新媒体和社会组织，甚至是法律职业共同体中的法律人为了实现商业利益的最大化，在法治新闻和信息的报道中利用法律职业共同体的权威，故意误导舆论，实现商业利益。因此法律职业共同体必须提高自身的职业伦理道德，恪守公平正义底线，从公共利益出发，在公众与法治之间提供良好的契合点，做好公众认知法治系统的引导者，进而发挥自身在网络法治舆论引导中的积极作用。法律职业共同体应该积极参与到网络法治舆论的正确导向中，走出"沉默的大多数"的圈子，避免"沉默的螺旋"对公众法治认同造成消极影响。法律职业共同体不仅要提高自身的职业伦理道德，法律素养的提升对网络法治舆论的导向也至关重要。网络意见领袖在舆论引导中面对庞大的网络公众，只有提高自身的法律专业知识，才能客观理性地分析法治案件中的法治问题，对法治案件和法治信息进行专业化的解读，从而实现对网络法治舆论的正确导向。

结　语

一　反思与总结

时下中国，微博、微信、QQ 等新媒体已经成为人不离手的通信与社交工具，其重塑并再次定义公民的日常生活与法治生活。朋友圈中点赞与留言、微博中的@与评论记载了公众对于法治的情感与态度。从彭宇案中法官无心插柳引发舆论风暴时的手足无措，到"芭蕾舞团"一夜刷屏法院官媒的"还施彼身"；从许霆案中法律人的自说自话，到于欢案中法律共同体公开发声。我们所能够观察到的是中国法律系统对舆论热点的回应机制的越发成熟。然而这仅仅是法学人的视角，倘若我们留心公众的评论，会发现公众对于热点案件的评论远不如法学人预期的那般乐观。这意味着法学研究需要从自我视角向他我视角的转化，从公民心理世界出发来考察公众对法治的认知与情感。

在此，一个全新的研究视角产生，即法治认同。法治认同实际上是主体公民对客体法治的认可和接受。一般法学意义上的理解将法治状态等同于法治认同，认为法治状况越好公民对法治的认同会越高，其将法治认同作为法治的结果。然而这一认识显然过度强调主体与客体之间的同一性，忽视了主体对法治的认同是一个渐进的过程，其中有诸多因素会影响主体对法治的判断，进而造成法治与认同的疏离和错位。也就是说，即便法治发展，在消极因素的影响下公众也不会生成对法治的正向情感和积极评价，从而无法形成高度的法治认同；而这其中最大的不稳定因素就是现代社会中贯穿整个公民生活的新媒体。故本书将研究对象限定为新媒体背景下的法治认同，重点探讨新媒体对公众法治认同造成的困境极其应对路径。传统法学研究法治认同时，主要是从法治的形式正义和实质正义出发，研究法治与公众的认同关系，其基本观点是法治只有体现了公众的根本利益，彰显了公平正义，法治才能获得公众的认同；但是忽视了法治通过媒介内化公众信息系统的过程中，由于其他因素的影响，良好的法治却得不到公众的认同。

因此，本书从法治如何正确地内化于公众的心理系统出发考察新媒体背景下公众的法治认同。以新媒体背景下公众法治认同存在的现实困境为思考的逻辑起点和现实基础，以法治传导和公众法治认同形成的心理过程为研究视角，提出并论证本书的研究对象即新媒体背景下公众法治认同。本书旨在通过系统阐述新媒体对法治传导和法治内化于公众心理系统的过程中造成的公众法治认同困境，提出在新媒体背景下公众法治认同重塑路径。

二　探索与展望

法治认同是建立在公众与国家法治之间的桥梁。公众的法治认同一定程度上决定了一国法治的发展状态。因此法治发展的道路上公众的法治认同意义重大。本书对于法治认同的研究有利于促进法治权威的提高和全社会依法治国共识的推进。但是本书的研究是法治认同众多研究视角或者研究内容的一个方面。因此笔者在反思本书写作中存在的不足和问题的基础上，对法治认同未来的研究做探索性展望。

首先，在未来研究中，以卢曼的系统论为理论基础，从心理系统、法律系统和媒体系统之间的动态耦合的视角探讨和研究公众法治认同，进一步丰富和完善法治认同的研究内容和研究视角。本书从法律系统、媒体系统以及公众心理系统阐述了新媒体背景下公众法治认同困境的原因和对策，但是基于跨学科带来的研究壁垒以及卢曼系统论的复杂性，对法律系统、媒体系统以及公众心理系统之间的相互辩证关系还需做进一步深刻系统的分析和论证，从而更好地揭示新媒体对公众法治认同的深层次影响并促进新媒体背景下公众法治认同的重塑。其次，进一步研究新媒体背景下公众立法认同、执法认同和司法认同。将新媒体背景下公众法治认同的研究具体化为三个研究领域，从而更加深入地研究新媒体与公众法治认同的关系；同时提出更具有现实针对性的法治认同重塑路径。最后，本书研究的法治认同的主体是社会公众，而未来的研究可以将法律人或者社会组织作为法治认同的主体，进一步研究新媒体背景下法律人或者社会组织的法治认同；从而对不同的社会主体或者组织的法治认同进行研究和论证，扩大研究对象和研究视角。

法治认同为我国法治建设和发展提供强大的文化心理支撑和内在动力，需要积极促进全社会法治认同的形成和强化。未来关于法治认同的研究任重而道远。笔者期望在未来的研究中，不断拓宽法治认同研究的视角和方法，细化法治认同研究领域，对法治认同的研究做出自己的贡献。

参考文献

一 中文著作

曹日昌：《普通心理学》（合订本），人民教育出版社 1987 年版。

车文博：《弗洛伊德主义原理选辑》，辽宁人民出版社 1998 年版。

陈步雷：《法治化变迁的经验与逻辑：目标、路径与变迁模式研究》，法律出版社 2009 年版。

陈信勇：《法律社会学》，中国社会科学出版社 1991 年版。

陈学明：《哈贝马斯的"晚期资本主义论"述评》，重庆出版社 1993 年版。

邓世豹：《当代中国公民宪政意识及其发展实证分析》，中国政法大学出版社 2013 年版。

冯平：《评价论》，东方出版社 1995 年版。

高丽华、赵妍妍、王国胜：《新媒体广告》，北京交通大学出版社 2011 年版。

宫承波：《新媒体概论》，中国广播电视出版社 2012 年版。

黄稻、刘海亮：《社会主义法治意识》，人民出版社 1995 年版。

蒋宏、徐剑：《新媒体导论》，上海交通大学出版社 2006 年版。

柯卫：《当代中国法治的主体基础——公民法治意识研究》，法律出版社 2007 年版。

柯卫：《社会主义法治意识与人的现代化研究》，法律出版社 2010 年版。

李德顺：《价值论》，中国人民大学出版社 2007 年版。

李法宝：《影视受众学》，中山大学出版社 2008 年版。

李图强：《现代公共行政中的公民参与》，经济管理出版社 2004 年版。

梁丽萍：《中国人的宗教心理》，社会科学文献出版社 2004 年版。

梁良：《从众》，东方出版中心 2007 年版。

刘飞宇、王丛虎：《多维视角下的行政信息公开研究》，中国人民大学出版社 2004 年版。

刘洪旺：《法律意识论》，法律出版社 2001 年版。

刘建明：《舆论传播学》，清华大学出版社 2001 年版。

刘建明、纪忠慧、王莉丽：《舆论学概论》，中国传媒大学出版社 2009 年版。

刘津：《博客传播》，清华大学出版社 2008 年版。

刘莘：《行政立法研究》，法律出版社 2003 年版。

卢建军：《法治认同生成的理论逻辑》，法律出版社 2014 年版。

马民虎：《互联网安全法》，西安交通大学出版社 2003 年版。

马长山：《法治的社会根基》，中国社会科学出版社 2003 年版。

马长山：《公共领域兴起与法治变革》，人民出版社 2016 年版。

彭聃龄、张必隐：《认知心理学》，浙江教育出版社 2004 年版。

彭聃龄：《普通心理学》，北京师范大学出版社 2004 年版。

邵培仁：《传播学》，高等教育出版社 2000 年版。

陶丹、张浩达：《新媒体与网络传播》，科学出版社 2001 年版。

童兵：《比较新闻传播学》，中国人民大学出版社 2002 年版。

王利明：《人格权与新闻侵权》，中国方正出版社 1995 年版。

魏永征：《新闻传播法律教程》，中国人民大学出版社 2002 年版。

吴凡：《传播学概论》，浙江工商大学出版社 2012 年版。

辛世俊：《公民权利意识研究》，郑州大学出版社 2006 年版。

薛华：《哈贝马斯的商谈伦理学》，辽宁教育出版社 1988 年版。

俞国良：《社会心理学》，北京师范大学出版社 2006 年版。

张文显、信春鹰、孙谦：《司法改革报告——法律职业共同体研究》，法律出版社 2003 年版。

章国锋：《关于一个公正世界的"乌托邦"构想》，山东人民出版社 2001 年版。

赵凯:《解码新媒体》,文汇出版社 2007 年版。

甄树青:《论表达自由》,社会科学文献出版社 2000 年版。

郑永流:《商谈的再思——哈贝马斯〈在事实与规范之间〉导读》,法律出版社 2010 年版。

二　中文译著

[英] 安东尼·吉登斯:《现代性与自我认同》,赵旭东译,生活·读书·新知三联书店 1998 年版。

[英] 安东尼·吉登斯:《现代性后果》,田禾译,译林出版社 2000 年版。

[英] 查尔斯·泰勒:《自我的根源:现代认同的形成》,韩震等译,译林出版社 2001 年版。

[英] 丹尼斯·麦奎尔:《麦奎尔大众传播理论》,崔保国等译,清华大学出版社 2010 年版。

[美] 德沃金:《认真对待权利》,信春鹰、吴玉章译,中国大百科全书出版社 1998 年版。

[美] 弗里德曼:《选择的共和国——法律、权威和文化》,高鸿钧等译,清华大学出版社 2005 年版。

[法] 古斯塔夫·勒庞:《乌合之众:大众心理研究》,冯克利译,中央编译出版社 2000 年版。

[德] 哈贝马斯:《交往与社会进化》,张博树译,重庆出版社 1989 年版。

[德] 哈贝马斯:《交往行为理论》(第 2 卷),洪郁佩、蔺青译,重庆出版社 1996 年版。

[德] 哈贝马斯:《公共领域的结构转型》,曹卫东等译,学林出版社 1999 年版。

[德] 哈贝马斯:《重建历史唯物主义》,郭官义译,社会科学文献出版社 2000 年版。

[美] 哈罗德·伯尔曼:《法律与宗教》,梁治平译,生活·读书·新知三联书店 1991 年版。

［英］H. L. A 哈特：《法律的概念》，张文显等译，中国大百科全书出版社 1996 年版。

［德］汉娜·阿伦特：《公共领域和私人领域》，刘峰译，生活·读书·新知三联书店 1998 年版。

［德］汉娜·阿伦特：《人的条件》，竺乾威等译，上海人民出版社 1999 年版。

［德］黑格尔：《法哲学原理》，范扬、张企泰译，商务印书馆 1961 年版。

［美］凯斯·桑斯坦：《网络共和国：网络社会中的民主问题》，黄维明译，上海人民出版社 2003 年版。

［美］凯斯·桑斯坦：《极端的人群：群体行为的心理学》，尹宏毅、郭彬彬译，新华出版社 2010 年版。

［法］埃米尔·涂尔干：《社会分工论》，渠东译，生活·读书·新知三联书店 2009 年版。

［加］马歇尔·麦克卢汉：《理解媒介：论人的延伸》，何道宽译，商务印书馆 2000 年版。

［美］乔纳森·特纳：《社会学理论的结构》（上），丘泽奇译，华夏出版社 2001 年版。

三 一般论文

［德］阿尔布雷希特·黑塞：《德国广播电视媒体的社会责任与法律规范》，《中国广播电视学刊》2012 年第 7 期。

毕文佳：《新媒体特性及电视媒介的变革融合》，《现代视听》2012 年第 6 期。

陈柏峰：《传媒监督权行使如何法治——从"宜黄事件"切入》，《法学家》2012 年第 1 期。

陈柏峰：《从"唐慧案"看中国法治生态》，《中国法律评论》2014 年第 3 期。

陈柏峰：《当代传媒的政治性及其法律规制》，《社会科学文摘》2017 年第 7 期。

陈柏峰：《当代中国传媒的商业性和利益场》，《人文杂志》2017 年第 1 期。

陈柏峰：《法治热点案件讨论中的传媒角色——以"药家鑫案"为例》，《法商研究》2011 年第 4 期。

陈金钊：《对"法治思维和法治方式"的诠释》，《国家检察官学院学报》2013 年第 2 期。

程岩：《群体极化、二阶多样性与制度安排——读桑斯坦〈极端的人群：群体行为的心理学〉》，《环球法律评论》2011 年第 11 期。

邓治文：《论文化认同的机制与取向》，《长沙理工大学学报》2005 年第 5 期。

龚廷泰：《法治文化的认同：概念、意义、机理与路径》，《法制与社会发展》2014 年第 4 期。

郭春镇：《法律中"人"的形象变迁与"人权条款"之功能》，《学术月刊》2010 年第 3 期。

韩红俊：《民事公开审判》，《当代法学》2002 年第 7 期。

何宇平、陈炯：《论我国立法工作中法律术语规范化的几个问题》，《无锡教育学院学报》2003 年第 3 期。

黄靖逢：《网络群体性事件中舆论的"群体极化"现象及其应对策略》，《铁道警官高等专科学校学报》2011 年第 6 期。

黄湘莲：《公民社会公民性与公民文化建设》，《北京师范大学学报》2005 年第 2 期。

季卫东：《法律职业的定位——日本改造权力结构的实践》，《中国社会科学》1994 年第 2 期。

江必新：《法治思维——社会转型时治国理政的应然态度》，《法学评论》2013 年第 5 期。

姜明安：《论法治、法治思维与法律手段》，《湖南社会科学》2012 年第 7 期。

阚珂：《对全国人大及其常委会立法中几个问题的看法》，《中国人大》2003 年第 8 期。

匡文波：《到底什么是新媒体》，《新闻与写作》2012 年第 7 期。

赖建东：《法律信仰命题的交锋、探源与出路》，《研究生法学》2014

年第 3 期。

李彩虹：《当代大学生法律素养的现状分析及提高途径》，《焦作师范高等专科学校学报》2009 年第 2 期。

李春明：《传统 "法治" 文化与当代中国公众的法律认同》，《东岳论丛》2007 年第 6 期。

李春明、王金祥：《以 "法治认同" 替代 "法律信仰" ——兼对 "法律不能信仰" 论题的补充性研究》，《山东大学学报》（哲学社会科学版）2008 年第 6 期。

李春明、张玉梅：《 "无讼" 法律文化与中国公众的法律认同》，《法学论坛》2007 年第 4 期。

李春明、张玉梅：《当代中国的法治认同：意义、内容及形成机制》，《山东大学学报》（哲学社会科学版）2007 年第 5 期。

李晖：《法律、法制、法治——公民的法律意识与法治认同》，《社会心理科学》2015 年第 1 期。

李林：《法治的理念、制度和运作》，《法律科学》1996 年第 4 期。

李玲：《微博时代传统媒体的挑战、机遇和对策》，《理论探索》2011 年第 3 期。

李萍：《论公共精神的培养》，《北京行政学院学报》2004 年第 2 期。

林燕：《法律语言：专业化还是通俗化》，《检察日报》2008 年 12 月 25 日。

林渊渊：《互联网的信息冗余现象》，《网络时代》2004 年第 5 期。

刘兵：《中国古代司法判决的修辞方法与启示》，《山东科技大学学报》（社会科学版）2010 年第 5 期。

刘焯：《 "法律信仰" 的提法有违法理》，《法学》2006 年第 6 期。

刘大生：《浅论立法语言规范化》，《法学论坛》2001 年第 1 期。

刘红：《加强大学生法律素质培养的方法与途径》，《长春师范大学学报》（人文社会科学版）2014 年第 6 期。

刘红婴：《立法语言社会认知度的调查与分析》，《江汉大学学报》（人文科学版）2007 年第 5 期。

刘江翔：《生态文明建设的法治维度及其认同》，《湖南科技学院学报》2013 年第 6 期。

刘立明：《民间法与农村社会的法治启蒙》，《延边大学学报》（社会科学版）2012 年第 1 期。

刘杨：《基层执法专业化的实践困境及其解释——兼论基层执法的多元属性》，《华中科技大学学报》（社会科学版）2016 年第 5 期。

龙兴海：《大力培养公民的公共精神》，《党政干部文摘》2007 年第 10 期。

鲁楠：《卢曼社会系统论视野中的法律自治》，《清华法学》2008 年第 2 期。

罗贵榕：《公共领域的构成及其在中国的发生与发展》，《学术界》2007 年第 3 期。

罗豪才、崔卓兰：《论行政权、行政相对方权利及相互关系》，《中国法学》1993 年第 3 期。

马长山：《"互联网 + 时代"法治秩序的解组与重建》，《探索与争鸣》2016 年第 10 期。

马长山：《法治进程中公民意识的功能及其实现》，《社会科学研究》1999 年第 3 期。

马长山：《公民性塑造：中国法治进程的关键因素》，《社会科学研究》2008 年第 1 期。

朴贞子、孙元君：《略论公民对政策制定的参与途径》，《行政论坛》2004 年第 6 期。

齐聚锋、叶仲耀：《刑法认同漫谈》，《当代法学》2001 年第 11 期 。

强昌文、颜毅艺、卢学英、于宁：《呼唤中国的法律职业共同体——"中国法治之路与法律职业共同体"学术研讨会综述》，《法制与社会发展》2002 年第 5 期。

邱飞：《通过法律职业化进路的司法改革》，《法学论坛》2005 年第 2 期。

饶世权：《如何提高法治政府建设的公众认同》，《中国党政干部论坛》2014 年第 2 期。

沈瑞英：《确立"法律信仰"》，《北京日报》2011 年 12 月 5 日。

苏永钦：《漂移在两种司法理念间的司法改革——台湾司法改革的社会背景与法制基础》，《环球法律评论》2002 年第 1 期。

孙保全：《边疆治理视野中的法治认同问题》，《中国民族报》2015年7月24日。

孙青平：《当前社会信任危机问题与信任重构》，《河南社会科学》2010年第4期。

王启梁：《网络时代的民意与法律应有之品性——从"躲猫猫"事件切入》，《法商研究》2009年第4期。

王天意：《网络舆论的功能及社会效应》，《海南广播电视大学学报》2006年第3期。

伍德志：《谣言、法律信任危机与认知逻辑》，《法学评论》2015年第5期。

武晓婕：《思想道德修养与法律基础课教学中大学生法治认同观念培养路径探析》，《价值工程》2011年第11期。

谢佑平、万毅：《司法行政化与司法独立悖论的司法改革》，《江苏社会科学》2003年第1期。

许英：《论信息时代与公共领域的重构》，《南京师范大学学报》（社会科学报）2002年第3期。

于建嵘：《有一种"抽象愤怒"》，《南风窗》2009年第18期。

喻名峰：《法治认同的理论辨析与路径探索》，《湖南师范大学社会科学学报》2015年第4期。

曾坚：《对我国普法目标取向的法理学思考》，《当代法学》2001年第7期。

张潇、丁晓楠：《当代中国新闻伦理缺失的原因剖析》，《现代经济信息》2010年第3期。

张永和：《法律不能被信仰的理由》，《政法论坛》2006年第3期。

张玉磊：《我国城管执法的现实困境与对策》，《山东行政学院山东省经济管理干部学院学报》2007年第3期。

张志安、沈国麟：《媒介素养：一个亟待重视的全民教育课题——对中国大陆媒介素养研究的回顾和简评》，《新闻记者》2004年第5期。

钟瑛、李秋华：《新媒体社会责任的行业践行与现状考察》，《新闻大学》2017年第1期。

周光权：《公众认同、诱导观念与确立忠诚——现代法治国家刑法基础观念的批判性重塑》,《法学研究》1998 年第 3 期。

周洁:《大学生法律素养现状调查与分析》,《湖北经济学院学报》(人文社会科学版) 2010 年第 11 期。

周怡君:《论公共精神是公民社会建设的基石》,《湖北行政学院学报》2009 年第 3 期。

朱文雁:《论言辞性法律修辞在法官判决书中的运用场域》,《山东省青年管理干部学院学报》2010 年第 5 期。

四　学位论文

王琦:《系统、社会和法律:卢曼法律系统理论研究》,博士学位论文,吉林大学,2011 年。

王维林:《法律意志的心理学分析》,博士学位论文,吉林大学,2004 年。

尹建军:《历史唯物主义视角下的非理性再认识》,博士学位论文,郑州大学,2005 年。

叶立周:《当代中国法律接受研究》,博士学位论文,吉林大学,2008 年。

于涛:《公民性品格:法治秩序的文化支撑》,博士学位论文,黑龙江大学,2009 年。

张健康:《媒介生态的失衡与调适——以社会营销的兴起为背景》,博士学位论文,浙江大学,2005 年。

五　外文著作

Black's Law Dictionary, West Publishing Co, Fifth Edition, p. 1083.

Bruce Ackerman, *We the People*: *Foundations*, Cambrige, MA: The Belknap Press of Harvard University Press, 1991.

C. Geertz, Local Knowledge, *Fact and Law in Comparative Perspective*, New York: Basis Press, 1983.

H. L. A. Hart, *The Concept of Law* (2nd, ed), Oxford: Oxford University Press, 1994.

J. Dewy, *The Quest for Certainty: A Study of the Relation of Knowledge and Action*, New York: Minton, Balch, 1929.

James M. Baldwin, *Dictionary of Philosophy and Psychology: Volume 1*, New York: The Macmillan Company, 1998.

Max Weber, *Economy and Society*, Calif: University of California Press, 1978.

Munro, D. J., *Concept of Man in Contemporary China*, Ann Arbor, Mich: University of Michigan Press, 1979.

Munro, D. J., *Concept of Man in Contemporary China*, Mich: University of Michigan Press, 1979.

Nicholas Bunnin and Jiyuan Yu, *The Blackwell Dictionary of Western Philosophy*, Oxford: Blackwell Publishing, 2004.

Tom R. Tyler, *Why People Obey the Law*, New Haven and London: Yale University Press, 1990.

后 记

　　本书是在我的博士学位论文基础上不断修改完善而成的。回想中南财经政法大学南湖之畔硕博七年求学生涯，此刻百感交集。历经两载的不懈坚持与努力，2011 年考入中南财经政法大学攻读硕士学位。2012 年开始进入传媒与法治这一研究领域的学习和研究，2014 年完成硕士毕业论文《论网络舆论主体权利的法律保护》，为博士期间的学术研究和博士学位论文以及本书完成奠定了学术基础。2014 年开始攻读博士学位。寒窗苦读的博士四年时间，继续"媒体与法治"领域的学术研究，并完成了博士学位论文《新媒体背景下公众法治认同的困境及其应对》。博士毕业后入职宁波大学从事科研教学工作，经过一年多的认真修改和完善，最终形成本书书稿。

　　本书从选题、构思、写作到多次修改、完善和定稿，离不开恩师张德淼教授的悉心指导和无私付出。感恩我的导师张德淼教授。老师不以学生驽钝，在七年的求学道路上时刻教导和激励、点播与引导，才有学生今日之所学。老师的审问、谨思、明辨、笃行之治学态度令学生敬慕，言传身教约我以行。从博士毕业论文的选题、开题到预答辩再到盲审，从本书开始探讨出版到本书最终定稿，凝聚了老师大量的心血。无数次的探讨、反复的修改和不断的完善，无不倾注了老师的付出与心血！在老师的包容和支持中，我的求学生涯和家庭生活得以兼顾。感激之情，无以言表！老师教书育人的品德和为人处事的风格耳濡目染于我的学习、工作和生活点滴之中，并潜移默化于我的成长和进步之中！本书定稿之际，言语无法承载学生的敬意与致谢，唯有在今后的人生道路上励志奋斗，不断前行，方能回馈老师的付出与冀望。

　　本书写作过程中，中南财经政法大学张继成教授、陈柏峰教授给予了宝贵的建议和意见。在两位老师的指导和鼓励下，博士学位论文和本书才得以顺利完成。家人的无私付出与支持是本书最终得以完成和出版的最大后盾与保障。从云南大学到中南财经政法大学再到宁波大学十几年的求学、工作奋斗过程中，我的先生杜寅一路与我携手走来，共同经历成长中的挫折与苦难、感悟生活的艰辛与美好、收获学术和知识的馈赠。同时致敬我的父母！父母无私的付出与支持给了我学术研究的勇气与力量；父母坚毅而慈爱的品格更是激励着我在学术研究的道路上不断努力向前。

在此感谢宁波大学法学院对本书出版的大力支持，同时感谢中国社会科学出版社的工作人员为本书出版辛勤付出。特别感谢中国社会科学出版社责任编辑梁剑琴。从本书准备出版到文稿的几次修改再到最终定稿，梁剑琴编辑对书稿进行细心校对和修改，同时鼓励、指导和督促我最终定稿并顺利出版。

高颖于宁波大学真诚图书馆

2021 年 11 月 1 日